南方華人學派系列02

文化資產概論

本書從聯合國教科文組織推動保護世界文化遺產的趨勢為敘述起點，並審視台灣在文化資產保存上的發展及執行層面的內容與特色予以探討。

李汾陽／著

目　錄

第一章
緒論

　　人類珍視自我認同的人文遺產，是一種羣體生物的本能，在人類歷史的發展中起源極早，這種本能可說是人類在時間與空間的歷史進程中找尋自我定位的一種方法。如在東亞文明區在發展進程中，即以其特定的農業文化品質作為國族遺產，透過對三皇、五帝、堯、舜、禹的英雄傳說與行為崇拜，通過國族傳說、活動遺址的崇拜、祭祀與保存的行為，樹立相對於其他族群的特殊性與優越性。這些被保存的傳說遺構至今都已成為文化傳承的代表，這些遺產原先所代表的意義早已跨越了地域，成為特定國族文化或國族歷史的具體象徵。

　　國族遺產的觀念在族群文化的保存上雖有其正面效益，但在歷史上我們也常遇到心懷偏激的領導者，藉由自我文化資產的保存與宣揚，用以解釋與建構自我文化的優越性，以鄙視或仇恨其他民族與文化為手段，實行侵略或摧毀其他文化的行為。

　　從 1750 年工業革命開展至今 260 年以來，人類歷經前所未有的快速經濟發展，帶來的人文與自然風貌急速變化，更刺激了國族文化遺產保存的行為。近代民族國家在歐洲的發展過程中，要形成這種集體國族想像共同體，成為執政者重要的政策任務。在此環境下，文化遺產的指定保存被用來激發民眾認同意識的重要途徑，進而促成了世界各國陸續將文化資產保存觀念的制度化。如義大利在1819 年通過保護國家史蹟的法律、法國的國家史蹟委員會在 1835年開始著手保護古蹟，1913 年公佈《文化資產保存法》、日本在1871 年通過《古器物保存法》，1919 年公佈《史蹟名勝天然紀念

物保存法》、英國則在 1882 年通過《史蹟保護法》（Ancient Monuments Protection）、美國在 1906 年訂定《聯邦古物法》（The Antiquities Act）[1]、中華民國在 1930 年公佈《古物保護法》，都是具體顯現這種趨勢的代表國家。

20 世紀以來各國對於文化資產的保存與古蹟的維護，在法制化與技術層面或許有所進展，但是時至 21 世紀，人類在認同及保存自我的文化資產之餘，仍然還未達到尊重、包容、欣賞甚至跨地域、族群、信仰的共同合作保存人類遺產的理想。

第二次世界大戰期間德國之於歐洲、日本之於亞洲各民族的屠殺與文化的滅絕歷史，並未使我們警醒，從 2001 年 3 月，阿富汗塔利班政權（Afghanistan's Taliban regime），以非伊斯蘭文化之名，炸毀巴米揚山谷（Bamiyan valley）具有 1,500 年歷史的兩尊石雕大佛，當時震驚了全世界，顯示人類仍然深陷鄙視或仇恨其他民族與文化的負面影響未能自拔，使得文化資產的保存工作步入了歧途。

1918 年第一次世界大戰結束後，鑑於戰爭死傷的殘酷，經由巴黎和會所催生的國際聯盟（League of Nations），即有跨域合作的呼籲與行動開展，但是成效有限。1945 年第二次大戰結束之後，11 月 1 日至 16 日在法國和英國的推動下，在倫敦舉行了旨在成立一個教育及文化組織的聯合國會議。約 40 個國家的會議代表以「戰爭起源於人之思想，故務需於人之思想中築起保衛和平之屏障」（since wars begin in the minds of men, it is in the minds of men that the defenses of peace must be constructed）為構想，決定成立一個以追求真正和平為宗旨的組織。這個新的組織應建立「人類智力上和道義上的團結」，從而防止爆發新的世界大戰。會議結束時，37 個國家代表簽署了《組織法》，聯合國教科文組織（United Nations Education、Scientific and Cultural Organization）自此誕生。

---

[1]　顏亮一撰，〈全球化時代的文化遺產——古蹟保存理論之批判性回顧〉，2005 年《地理學報》第 42 期，頁 7。

該組織的宗旨在：「……通過教育、科學及文化來促進各國間之合作，對和平與安全做出貢獻，以增進對正義、法治及聯合國憲章所確認之世界人民不分種族、性別、語言或宗教均享人權與基本自由之普遍尊重。」

1946 年，《組織法》獲得南非、沙烏地阿拉伯、澳大利亞、巴西、加拿大、中華民國、丹麥、埃及、美國、法國、希臘、印度、黎巴嫩、墨西哥、挪威、紐西蘭、多米尼加、英國、捷克、土耳其共 20 個國家的批准並開始生效。同年 11 月 19 日至 12 月 10 日第一屆大會在巴黎召開。[2]

人類跨過族羣、宗教、國界的藩籬，透過彼此的合作保存具有共同價值的重要文化遺產，始於 1959 年埃及蘇丹政府進行尼羅河亞斯文水壩（Aswan High Dam in Egypt）建設計畫的推動，該工程將使尼羅河谷的阿布辛貝神殿（Abu Simbel temples in the Nile valley）面臨永沉水底的危機。而為了救援神殿，當時在聯合國教科文組織呼籲下，基於認知由祖先所建造之人類的偉大遺產，並非僅止於本國的遺產，而是必須超越國境加以保護、保存，以傳承於未來。在近 50 國家的協助下，提供大約 8,000 萬美元完成移築工程，這是人類首次跨族羣、宗教、國界以共同合作的方法保存了人類重要的文化遺產，用行動共同保存世界遺產的起源因此開展。[3]

基於這種成功的合作經驗，以公約來具體保存人類各種遺產（Heritage）的進程也開始逐步發展走向完備。其中重要者有，1972 年 11 月 16 日聯合國教科文組織在巴黎召開的第 17 屆大會一致決議通過的《保護世界文化與自然遺產公約》（Convention Concerning the

[2] The Organizations History-1UNESCO.Org ． http://portal.UNESCO.Org/en/ev.php-URL_ID=6207&URL_DO=DO_TOPIC&URL_SECTION=201.html.

[3] 1959 UNESCO launches an international campaign and collects US$80 million to save the Abu Simbel temples in the Nile valley. A draft of the convention on the protection of cultural heritage is prepared..*World Heritage Information Kit* Published in June 2008 by the UNESCO World Heritage Centre.pp7.

Protection of theWorld Cultural and Natural Heritage），並於 1975 年 12 月 17 日正式生效。[4] 2001 年因蓋達組織（Al-Qaida）以恐怖行動攻擊美國紐約的「911 事件」，促使 10 月 20 日聯合國教科文組織在第 31 屆大會第 11 次全體會議通過《關於為防止和根除恐怖主義行為開展國際合作的呼籲》的決議譴責恐怖主義的行徑外，[5] 並在 11 月 2 日通過《聯合國文化多樣性宣言》（The Universal Declaration on Cultural Diversity）12 項條文，在第一條即強調文化多樣性是人類的共同遺產，文化多樣性是交流革新與創作的源泉之一，對於人類的重要性如同生物多樣性對於大自然的重要性一樣。在相互信任和理解氛圍下，尊重文化多樣性、寬容、對話及合作是國際和平與安全的最佳保障。[6]

此外，第 31 屆大會還同時通過《保護水下文化遺產公約》（Convention on the Protection of the Underwater Cultural Heritage）35 項條文[7]，及通過《制訂一份保護非物質文化遺產的新的準則性文件》的決議，請總幹事松浦晃一郎（Koichiro -Matsuura）在第 32 屆大會時提交相關文件，新增「口述與無形人類遺產」（Proclamation of Masterpieces of the Oral and Intangible heritage of Humanity）的保存項目，因此有 2003 年通過的《保護非物質文化遺產公約》（the Convention for the Safeguarding of Intangible Cultural Heritage）。[8]

2005 年 10 月聯合國教科文組織在第 33 屆大會通過《保護和促進文化表現形式多樣性公約》（Convention on the Protection and

---

[4] ibid.

[5] 《聯合國教育、科學及文化組織第 31 屆大會會議紀錄》，頁 97，巴黎，2002 年聯合國教育、科學及文化組織出版。

[6] 《聯合國教育、科學及文化組織第 31 屆大會會議紀錄》，頁 78-81，巴黎，2002 年聯合國教育、科學及文化組織出版。

[7] 《聯合國教育、科學及文化組織第 31 屆大會會議紀錄》，頁 60-71，巴黎，2002 年聯合國教育、科學及文化組織出版。

[8] UNESCO Culture Sector–Intangible Hertiage –2003 Convention Homepage. http://unesco.org/en/Culture/ich/index.phplg=EN&pg=home.

Promotion of the Diversity of Cultural Expressions）35 條[9]，回應了 2001 年的《聯合國文化多樣性宣言》。

　　從聯合國教科文組織於 1978 年公佈第一批世界遺產名單以來，截至 2010 年 6 月止，《保護世界文化與自然遺產公約》的締約國已達 186 國家與地區，現今擁有世界遺產之國家已超越 148 國，共有 890 處世界遺產地（World Heritage Sites），依其類型可分為文化遺產（Cultural Heritage）689 項、自然遺產（Natural Heritage）176 項以及兼具兩者特性之複合遺產（Cultural & Natural Heritage）25 項。[10]

　　《保護非物質文化遺產公約》的締約國至 2009 年 10 月在阿布達比（Abu- Dhabi）召開第 4 屆大會時，已有 116 個國家加入簽署，並正式確認通過 76 個非物質文化遺產名錄與 12 項急需保護的非物質文化遺產名錄。[11]《保護水下文化遺產公約》在 2009 年正式生效，締約國至 12 月在巴黎教科文組織總部召開第 2 屆大會時，已有 31 個國家加入簽署。[12]

　　迄 2010 年聯合國教科文組織共有 191 個會員國和 6 個準會員。中華民國自 1945 年即參與聯合國教科文組織的建成立，直至 1971 年退出聯合國之後，在聯合國教科文組織的代表權才被中華人民共和國取代。

　　現今世界各國對登入各種遺產名錄，不僅意味著文化遺產保護受到國際認可，還可得到教科文組織在經費與技術的援助、免受戰爭捲入等等的條款保證，也刺激所在地區的人文、山川成為國際觀光景點，創造出一定程度的經濟與社會效益。因此近年來，尤其是開發中國家，對申請登入世界遺產的行動，可說風起雲湧。

[9]　《保護和促進文化表現形式多樣性公約》中文版，頁 1，2005 巴黎，聯合國教科文組織。

[10]　World Heritage Centre-World Heritage List.　http://whc.UNESCO.Org/en/list.;

[11]　http://www.unesco.org/culture/ich/en/lists/.

[12]　http://www.portal.unesco.org/la/Convention.asp？KO=13520&language=E&order=alpha.

　　我國自 1971 年退出聯合國及其相關組織之後，在國際上的孤立及封閉，使國人對於 1972 年以後世界文化遺產保存的蓬勃發展趨勢相對陌生，也使我國文化資產保存的認識並不彰顯。雖然臺灣政府為因應社會經濟發展的轉型以及教育的普及化，體認到文化資產保存的重要性，在 1981 年於行政院下設置文化建設委員會，並於 1982 年 5 月 18 日立法院審議通過《文化資產保存法》，同年 5 月 26 日公布施行，並廢止 1930 年制定之《古物保存法》。1984 年 2 月 22 日《文化資產保存法施行細則》亦由行政院文化建設委員會、內政部、教育部、經濟部、交通部會銜訂定發布，本法之制定，就我國文化資產保存而言，可謂創舉，可說是我國面對世界文化資產保存的浪潮的具體回應。

　　《文化資產保存法》實施至 21 世紀初，即使歷經四次修法，仍因時空環境變遷及文化資產保存觀念的不斷改變，使許多規定被認定不符社會期盼與實際需求，特別是文化資產業務主管機關，分散在行政院文化建設委員會、內政部、教育部、行政院農業委員會等機關，惟文化資產之管理，有時並非單一面向，在涉及多個機關權責時，常有權責難以釐清之情事發生，致處理曠日費時，迭遭民怨。

　　2005 年第五次修正通過的《文化資產保存法》，在立法精神上就是以統一文化資產保存事權於文化建設委員會，但是 5 年以來在實際的執行層面上，因為文化建設委員會的預算與員額未能隨著文化事權的歸併而大幅增加，使我國的文化資產保存不進反退，喪失了原先的立法本意。[13]

　　2010 年 1 月 12 日立法院三讀修正行政院組織法，未來行政院將從 37 個部會減為 27 個部會加 2 總處，成為 14 部、8 會、3 獨立機關、1 行（央行）、1 院（故宮）、2 總處，將從 2012 年 1 月 1 日施行，在未來文化建設委員會將整併新聞局的部分業務後成立文

---

[13] 李汾陽撰〈臺灣文化資產保存的發展與特質 1984-2007〉，2008.06《通識研究集刊》第 13 期，頁 1-16。

化部，期待在權與責並俱的文化部能真正有效執行《文化資產保存法》與《文化創意產業發展法》。

臺灣在過去的四百年中保有舉世罕見的多元民族互動經驗，先住民族面對來自中國、荷屬東印度公司、西班牙、日本各種文明不同階段的輪替統治與移入，事實上已將臺灣凝聚為一多元文化所形成之社會。臺灣常民歷經多次文化的匯集，已然層累形成一種特定多元的內涵文化與價值觀。惟過去臺灣各時期的主政者在單一文化主流意識影響或政治考量之下，常民記憶與生活演變所形成的特質不但未受到應有重視，甚至還遭受不同程度的壓抑。

過去經驗顯示，曾經或正欲以單一文化完全涵蓋；或認為單一民族政權能完全掌握的統治嘗試均不能成功，此正足以彰顯執政者這種單一政治企圖的不足性與遭遇失敗的連續性。時至今日臺灣即使歷經了政治、經濟與社會的快速巨變，成為一現代化的區域，執政者在歷史解釋權的理解上，不可否認的仍深受傳統的影響，官方或與其相關之學者企圖牢牢的掌握解釋權，舉凡歷史研究或解釋，唯有經官方認可的，始為「正確的歷史」，然而，所謂「正確的歷史」是依照為政者的更替做為承接的脈絡，內容不過是為政者施政的內容及其言行舉止予以合理化甚至神化而已。

因此，文資保存對於臺灣地區而言，應著重於多元文化的特色而非單一文化的固守，同時文化資產保存是促進歷史與文化意識覺醒的一個很重要面向，社區中的文化資產是居民生活的共同記憶，對於社區認同的維繫或重建扮演了很重要的角色。因此，若是文化資產保存的過程能結合了社區民眾參與，那麼保存工作對不同社區的社會動員都是一個有力的工具。[14]

我國對於文化資產保護的執行效果並不彰顯，不僅是孤立於世界相關組織之外，無法參與相關的文化遺產保存的活動，在內部面

---

[14] 李汾陽撰，〈臺灣地區古蹟保存與歷史意識建構的關係〉，2003.8 社區營造與知識份子的關懷學術研討會論文集，頁 1-11。

對經濟發展與文資保護孰重的矛盾問題上始終無法取得平衡點，在文化資產的指定與保護問題上更存在單一文化獨大，忽視多元文化的情況。都些情況都使我國在文化資產保存領域存在著更多的矛盾與問題。

我國在 2005 年完成《文化資產保存法》的最新修訂，並依該法第 11 條之規定，及立法院 95 年度第 6 屆第 2 會期教育及文化、預算及決算兩委員會聯席會議之決議，籌設「文化資產總管理處籌備處」，專責推動文化資產業務。[15]至 2010 年 6 月主管機關公告的文化資產總數計有 2,535 項，包括壹、古蹟 699 筆（含國定古蹟 88 筆、直轄市定古蹟 154 筆、縣市定古蹟 457 筆）、歷史建築 853 筆、聚落 5 筆（重要聚落 1 筆，一般聚落 4 筆）合計 1,560 筆；貳、遺址 32 筆（含國定遺址 7 筆、直轄市定遺址 2 筆、縣市定遺址 23 筆）；參、文化景觀 19 筆；肆、傳統藝術 70 種（含重要傳統藝術 5 種、一般傳統藝術 65 種）；伍、民俗及有關文物 61 種（含重要民俗及有關文物 3 種、一般民俗及有關文物 58 種）；陸、古物 214 組 771 件（含國寶 318 件、重要古物 151 件、一般古物 302 件）[16]。柒、自然地景 25 種（含自然保留區 20 處、自然紀念物珍貴稀有植物 5 種、珍貴稀有礦物 0 種）[17]

---

[15] http://www.cca.gov.tw/business.do？method=list&id=2。

[16] 依行政院文化建設委員會文化資產總管理處籌備處 2010.6.12 公告資料 http://www.hach.gov.tw/hach/frontsite/cultureassets/announceAllTypeAction.do？method=do find AllType&menuld=309。

[17] 行政院農委會林務局自然保育網 http://conservation.forest.gov.tw/lp.asp？CtNode=174&CtUnit=120&Base DSD=7&mp=10&nowpage=1&pagesize=20。http://conservation.forest.gov.tw/ct.asp？xitem=7731&ctNode=212&mp=10。http://conservation.forest.gov.tw/ct.asp？xitem=1896&ctNode=213&mp=10。自然地景之主管機關為行政院農業委員會，自然地景依其性質，區分為自然保留區及自然紀念物；自然紀念物包括珍貴稀有植物及礦物。至 2010 年 1 月為止，臺閩地區的自然保護區域依文化資產保存法，已指定公告有 20 處自然保留區。自然紀念物中珍貴稀有植物 5 種，合計 25 種。

　　與世界潮流比較，我國在主管機關與制定相關法律方面已落後了一段距離，同時我國又非聯合國的會員國，在文化資產領域接受國際合作與協助上也產生隔離現象，因此國民對於文化資產保存的觀念至今亦不普及，縱使我們擁有世界級的人文資產或獨特的自然景觀，至今也不能達成任何申登的成績。

　　同時，在面對社會與經濟發展建設時，我們仍存在著與文化資產保存工作的衝突，如臺北樂生療養院是否指定保存、中正紀念堂的指定保存的對抗等命題。本書僅在嘗試從聯合國教科文組織對於文化遺產保存的起源與趨勢介紹為起點，並審視我國在文化資產保存上的相關法規、權責機構、過程及發展特質及執行層面進行探討，嘗試喚起民眾對文化資產的注意與保存意識。

第二章
世界文化遺產保存的組織與現況

第一節　聯合國教科文組織的理念與推動

壹、理念與內涵

　　1922 年由國際聯盟所成立的國際智力合作委員會、1925 年成立的國際教育局、1926 年成立的國際智力合作研究所，是推動跨國文化與教育合作的組織先聲，第二次大戰期間 1942 年 11 月 16 日英國英格蘭與威爾斯教育委員會主席邀請比利時、捷克斯洛伐克、法國、希臘、荷蘭、挪威、波蘭、南斯拉夫等歐洲同盟國流亡政府教育部長在倫敦亞力山德拉宮召開第一次會議，由於反應熱烈，二個月後在第二次會議中比利時代表提議戰後在教育領域成立一個永久性的合作組織。1945 年 8 月第二次大戰結束，11 月 1 日至 16 日在法國和英國的聯合邀請下，於倫敦僅存少數未遭戰爭破壞的土木工程師學會所在的大樓召開會議。[1]

　　與會代表決議要成立一個以建立真正和平文化為宗旨的組織，會議結束時即有 37 個與會國簽署了《組織法》，聯合國教科文組織從此誕生。其宗旨在於「通過教育、科學及文化來促進各國間之合

---

[1]　《教科文組織 1945──個理想的誕生》，1985 年 12 月，北京，中國對外翻譯公司出版，頁 7 至 12。

作，對和平與安全做出貢獻，以增進對正義、法治及聯合國憲章所確認之世界人民不分種族、性別、語言或宗教均享人權與基本自由之普遍尊重」。1946 年，《組織法》獲得中華民國等共 20 個國家的批准，開始生效。同年 11 月 19 日至 12 月 10 日，第一屆大會在巴黎召開。[2]

總部設在法國巴黎的聯合國教科文組織，成立至今致力以教育、科學、文化為途徑，推動跨國合作以達成人類和平的目標，至 2010 年簽署加入的共有 191 個會員國和 6 個準會員。中華民國自 1945 年即參與聯合國教科文組織的成立，直至 1971 退出聯合國之後，在聯合國教科文組織的代表權也被中華人民共和國取代。

貳、世界遺產保存的具體行動

聯合國教科文組織在人類文化遺產保存的努力推動方面，在於世界各個國家因歷史等之組成不盡相同，各有其傳統文化及歷史根源。但是人類常因國家間之領土紛爭或種族、宗教偏見或經濟活動、開發行為引發許多紛爭與破壞的問題，使得人類經常失去許多珍貴的自然及文化資產。因此，必須透過連串的努力以遏止這種情況的持續發生。1954 年的《軍事衝突下的文化資產保護協定》（Protocol for the Protection of Cultural Property in the Event of Armed Conflict），是全世界第一部直接透過聯合國教科文組織對簽署締約國進行道德約束的文化遺產保護協議，聲明在戰事期間戰地的文化遺產應該受到保護與關切。[3]

人類跨過族羣、宗教、國界的藩籬，透過彼此的合作保存具有共同價值的重要文化遺產，從 1959 年在埃及蘇丹開展，並且成功的

---

[2] The Organizations History-1UNESCO.Org . http://portal.UNESCO.Org/en/ev. php-URL_ID=6207&URL_DO=DO_TOPIC&URL_SECTION=201.html。

[3] 榮芳杰撰，〈威尼斯憲章〉，《Dialogue 建築雜誌》，第 111 期，2007 年 3 月，pp.80-87，台北：美兆文化。

移存尼羅河谷的阿布辛貝神殿之後，世界遺產保存的技術工作體系也開始逐步建構而日趨完備。

1962 年聯合國教科文組織第 12 屆大會通過《關於保護景觀和遺址的風貌與特性的建議》（Recommendation on the Safeguarding of the Beauty and Character of Landscapes and Sites）42 條，1964 年 5 月第二屆歷史古蹟建築師及技師國際會議（ICOM）則通過《國際古蹟保護與修復憲章》（International Charter for the Conservtion and Restoration of Monuments and Sites)16 條，又稱《威尼斯憲章》(Venice Charter)，該文件是追溯 1933 年 8 月國際建築協會（C.I.M.）在雅典會議上制定的一份關於城市規劃的綱領性文件，又稱《雅典憲章》（Charte d'Athènes）的概念而來，《威尼斯憲章》代表的是一個追求文化遺產普世價值共識的開始。[4]

1965 年國際古蹟遺址理事會（International Council On Monuments and Sites）（ICOMOS）在波蘭華沙（Warsaw）正式成立，美國華盛頓召開的白宮會議（A white house Conference in Washington, D.C.），則提出設立世界遺產信託（World Heritage Trust），及跨國合作共同保存人類文化與宏偉的自然與秀麗的景觀的的構想。

1966 年聯合國教科文組織再次發起共同協助行動，協助修復遭遇洪水災難的歷史名城威尼斯（Venice）。1968 年國際間自然及資源保護聯盟（The World Conservation Union）（IUCN），針對世界遺產信託提交具體的規劃文件。1970 年聯合國教科文組織通過《關於採取措施禁止並防止文化產非法進出口和所有權非法轉讓公約》，支持並促使文物送回原有國或歸還非法占有文物。[5]

1972 年經由合併了在瑞典斯德哥爾摩（Stockholm）所召開的聯合國人類環境會議（United Nations Conference On the Human

---

[4]　榮芳杰撰，〈威尼斯憲章〉，《Dialogue 建築雜誌》，第 111 期，2007 年 3 月，pp.80-87，台北：美兆文化。

[5]　《聯合國教育、科學及文化組織 2010-2011 年決議草案》，頁 37-40，巴黎，2009 年聯合國教育、科學及文化組織出版。

Environment in Stockholm）、國際間自然及資源保護聯盟、國際文物保護與修護中心（The International Centre for the Study of the Preservation and Restoration of Cultural Property）（ICCROM），各方的討論及建議，世界文化與自然遺產保存論述的文本正式提交聯合國教科文組織本部巴黎召開的第 17 屆大會議程。[6]

第二節　保護世界文化遺產暨自然遺產公約

1972 年 11 月 16 日在第 17 屆大會中獲得出席會員決議通過《保護世界文化遺產暨自然遺產公約》38 條，並於 1975 年 12 月 17 日正式生效。為執行公約相關活動的業務，組成了締約國總會（General Assembly of States Parties to the Convention）、世界遺產委員會（World Heritage Committee）。1992 年再成立世界遺產中心（The UNESCO World Heritage Centre）負責行政的執行工作。

1976 年 11 月聯合國教科文組織第 19 屆大會再通過《關於歷史地區的保護及其當代作用的建議》」（the Recommendation concerning the Safeguarding and Contemporary Role of Historic Areas）55 條，使得整個文化遺產的保存工作逐步充實完整。

隨著 1980 年代開始，陸續加入成為締約國的非歐系國家逐漸增多，對於《威尼斯憲章》等文獻在文化遺產的價值論述，開始產生質疑與挑戰。希望透過自己國家及地區的特點作更完整的詮釋與註解，因此又推動了多次的改造運動。

如在 1982 年國際古蹟遺址理事會（ICOMOS）與國際歷史園林委員會，依據 1981 年 5 月 21 日在佛羅倫薩（Florence）召開會議通過，把歷史園林也納入文化遺產行列的保護憲章，又稱《佛羅倫薩憲章》（Florence Charter），1987 年 10 月由國際古蹟遺址理事會在華盛頓通過的《保護歷史城鎮與城區憲章》，把街屋、歷史中心與

---

[6]　《World Heritage Informatiom Kit》，published in June 2008 by the UNESCO World Heritage Centre，pp.7-8.

聚落也包含在文化遺產以內，又稱《華盛頓憲章》（Washington, D.C. Charter），1992 年，第 16 屆世界遺產大會正式將文化景觀（Cultural Landscape）亦納為文化遺產中的特殊類型。1994 年《奈良真實性宣言》（Nara Document on Authenticity），1999 年《布拉憲章》（Burra Charter），2003 年《會安宣言──保護亞洲歷史街區》（Hoi An Declaration on the Conservation of Historic Districts in Asia）、2004 年《整修巴姆文化遺產宣言》（Declaration on the Recovery of Bam's Cultural Heritage）、2005 年《首爾宣言──亞洲歷史城鎮和地區的旅遊》（Seoul Declaration on Tourism in Asia's Historic Towns and Areas）等。

這些宣言或憲章在特定時間內彰顯了個別地區的特色，也曾對人類遺產保存的觀念轉變發生重要作用，具有其時代意義，如針對當前城市和人類聚居環境發展的現狀，2005 年 10 月 17 日至 21 日，在中國西安所舉辦的國際古蹟遺址理事會第 15 屆年會，會後共同發表了《西安遺產結構物、歷史場所與地區之場域維護宣言》（Xian Declaration on the Conservation of the Setting of Heritage Structures, Sites and Areas），簡稱《西安宣言》來強調「場域」（setting）的重要性，並且指出文化遺產場域「動態」（dynamic）管理的概念及趨勢。[7]

從世界遺產委員會於 1978 年公佈第一批世界遺產名單以來，截至 2010 年 6 月止，《保護世界文化和自然遺產公約》的締約國已達 186 國家與地區，現今擁有世界遺產之國家已超越 148 國，共有 890 處世界遺產地（World Heritage Sites），依其類型可分為文化遺產 689 項、自然遺產 176 項以及兼具兩者特性之複合遺產 25 項。[8]

---

[7]　（1）〈從《威尼斯憲章》到《西安宣言》〉，文匯報　蕭建莉（同濟大學國家歷史文化名城中心博士）2006 年 2 月 26 日 http:www.ccmedu.com/bbs 51_12826.html。

（2）榮芳杰撰，〈威尼斯憲章〉，《Dialogue 建築雜誌》，第 111 期，2007 年 3 月，pp.80-87，台北：美兆文化。

[8]　World Heritage Centre-World Heritage List.　http://whc.UNESCO.Org/en/list.

在 890 處的世界遺產中,代表西方基督教文明的歐洲,就佔了 400 餘處。由於歐洲各國高度重視文化遺產的保護,對登入遺產名錄的遺址更是不遺餘力的照顧。相關單位更透過公民教育宣導,保護遺產是每個公民的義務。

迄今為止,登入世界遺產名錄最多的國家是義大利多達 44 處;西班牙為 41 處居第二位;而中國大陸後來居上以 38 處排名第三;接著是法國的 33 處、德國 33 處、英國 28 處、俄羅斯 23 處、希臘 17 處、瑞典 14 處、波蘭 13 處、葡萄牙 13 處、瑞士 10 處。亞洲地區的印度 27 處、日本 14 處、南韓 9 處。澳洲 17 處、美洲如加拿大 15 處、美國 20 處、墨西哥 29 處、巴西 17 處。

近年來尤其是開發中國家,對申請登入世界遺產可說蔚為風潮,至 2009 年擁有 1 處遺產的國家已達到 33 個,但也有 38 個會員國沒有任何遺產申登成功的記錄。

壹、相關組織單位

一、締約國總會

申請世界遺產的國家必須簽署《保護世界文化和自然遺產公約》,共同組成締約國總會,總會每二年召開一次大會,迄今已召開 17 次大會。作為會員必須承諾遵守公約並繳交會員費用。締約國(State Parties)在提報世界遺產候選地點時,必須備有該地點的保護規劃以及未來執行方式的保證,通常世界遺產在被指定之前,必須經過 5 年的評估時間,而每一個遺產地點也可獲得會費百分之一的補助費用。總會則由多種國籍工作人員組成,擔任自然遺產、文化景觀、文化遺產、青年世界遺產教育企劃、出版宣傳、電子網站、世界遺產資訊網絡(WHIN)、媒體企劃等等工作。

總會主要工作內容有六:

（一）提供締約國在申請登錄世界遺產之時各種建議及技術協助

（二）對世界遺產保護情形及緊急狀況採取適當回應

（三）管理世界遺產基金（World Heritage Fund）

（四）舉辦技術研習會或工作營

（五）更新世界遺產名錄及相關資料

（六）舉辦世界遺產推廣活動等[9]

二、世界遺產委員會

　　世界遺產委員會係依據公約第 8 條之 1 的規定在聯合國教育、科學及文化組織內，要建立一個保護具有突出的普遍價值的文化和自然遺產政府間委員會，稱為「世界遺產委員會」的規定而成立。世界遺產委員會通常由 2 年召開一次的世界遺產條約締約國總會中選出 21 個委員國（Member of the Committe）。任期 6 年，每 2 年改選 3 分之 1 委員。

　　世界遺產委員會每年召開一次大會，每年在世界遺產委員會閉幕前，由 21 個委員國中選出 7 個輪值國家，組成世界遺產委員會執行局（Bureau of the World Heritage Committee），成員分別擔任主席、副主席和起草報告的代表。同時負責協調委員會的工作並且商定會議日期、命令。

　　自 1977 年 6 月在巴黎舉行第一次世界遺產委員會，至 2009 年計已召開 33 次大會，第 33 次理事會在 2009 年 6 月 22-30 日於西班牙塞維利亞（Sevilla）召開。第 34 次理事會將在 2010 年 7 月 25 日至 8 月 3 日於巴西（Brazil）的巴西利亞市（Brasília）召開。[10]委員會之決議方式以超過 3 分之 1 以上委員國出席且投票之多數決決

9　World Heritage Centre-The World Heritage Convention.　http://whc.UNESCO.
　　Org/en/Convention.

10　World Heritage Centre-The World Heritage Committee　http://whc.UNESCO.
　　Org/en/Committee/.

定。此外,世界遺產委員會提供的國際協助為調查、研究、專家派遣、研修、器材提供、資金協助等。目前,每年約有 20 到 40 件新增加的世界遺產登錄申請名單,目前最多的是第 24 次理事會的 61件,最少的是第 13 次理事會的 7 件。委員會的主要任務是決定締約國所推薦之物件地點登錄為世界遺產的名單、決定年度世界遺產基金的預算、監看已登錄世界遺產之保護情形、審查各締約國為保護世界遺產所提出的國際協助、以及決定營運方向。世界遺產委員會功能在

（一）就締約國所提出推薦物件決定最新應登錄世界遺產名單（World Heritage List）

（二）《瀕危世界遺產名錄》（List of the World Heritage in Danger）

（三）決定下年度世界遺產基金預算

（四）監看已登錄世界遺產之保護情形

（五）審查各締約國為保護世界遺產所提出國際協助

（六）決定營運方向[11]

聯合國科教文組織每 6 年都要對名錄中的世界遺產進行檢查,如果遺產原狀受到破壞或改變,就可能被列入《瀕危世界遺產名錄》,目前全球仍有 31 處被為《瀕危世界遺產名錄》,其中計文化遺產 17 處,自然遺產 14 處。[12]

除了人為不合理的開發、挖掘,決策失誤、管理不當等導致遺產失去原貌外,自然天災、盜獵、走私以及政治動亂、戰火等等都是世界遺產保護過程中,難免要面對的問題。最著名的案例是阿富汗巴米揚山谷的文化景觀和考古遺跡（cultural landscape and archaeological remains of the Bamiyan Valley）,2001 年 3 月阿富汗神學士塔利班政權,以非伊斯蘭文化之名,炸毀巴米揚山谷具有 1,500

---

[11] World Heritage Centre-The World Heritage Committee. http://whc.UNESCO. Org/en/Committee/.

[12] World Heritage Centre-World Heritage List of Heritage in danger. http://whc. UNESCO.Org/en/danger.

年歷史的兩尊石雕大佛，當時震驚了全世界，2003 年被列為瀕危名單。[13]

　　如果當地政府不能在保證期限恢復遺產原貌，最終將遭到除名。如 2007 年，阿曼王國（Sultanate of Oman）因將阿拉伯羚羊保護區範圍縮小，被《世界遺產名錄》除名。德國德勒斯登易北河谷文化景觀區（Dresden Elbe Valley），因計畫修建 Waldschlösschen Bridge 大橋而被列入《瀕危世界遺產名錄》，2009 年 6 月更從《世界遺產名錄》中除名。[14]

　　相反的致力於恢復遺產原貌的國家，也可以解除《瀕危世界遺產名錄》列名，如亞塞拜然（Azerbaijan）的巴庫城牆及城內的希爾梵王宮和少女塔遺址（Walled City of Baku with the Shirvanshah's Palace and Maiden Tower），該遺址於 2000 年列入世界遺產名錄。同年 11 月遭到地震破壞，同時，該遺址也受到城市發展壓力、缺乏保護政策和修復活動不穩妥等負面影響。2003 年被列入《瀕危世界遺產名錄》。此後，因管理得到改善，世界遺產委員會欣見亞塞拜然當局在保護巴庫城牆及城內的希爾梵王宮和少女塔方面取得佳績，使得該遺址的突出普遍價值得到保護，因此 2009 年決定將該遺產從《瀕危世界遺產名錄》中除名。[15]

三、世界遺產中心

　　世界遺產中心成立於 1992 年，是在教科文組織架構之內的組織，負責執行世界遺產公約相關活動業務，包括對於締約國總會、

---

[13] Cultural Landscape and Archaeological Remains of the Bamiyan Valley World Heritage Centre-. http://whc.UNESCO.Org/en/list208/.

[14] UNESCO.World Heritage Centre- Dresden is deleted from UNESCO's World Heritage List. http://whc.UNESCO.Org/en/news522/.

[15] UNESCO.World Heritage Centre- World Heritage Committee removes Baku from Danger List welcoming improvements in the ancient city's preservation. http://whc.UNESCO.Org/en/news/521/.

世界遺產委員會、世界遺產委員會理事局的年會與日常工作的協調
與支援。[16]

貳、世界遺產的屬性與分類

聯合國教科文組織在文化領域對於世界遺產的業務區分計有世
界遺產可分為三類，分別是自然遺產、文化遺產、與兼有二者之複合
遺產。此外，另有非物質文化遺產的保護公約與組織系統。

一、世界遺產之文化遺產

（一）對於文化遺產的定義，依據《保護世界文化與自然遺產公約》
第 1 條規定，以下各項為「文化遺產」
1. 文物：從歷史、藝術或科學角度看具有突出的普遍價值的
建築物、
2. 碑雕和碑畫、具有考古性質成份或結構、銘文、窟洞以及
聯合體；
3. 結合方面具有突出的普遍價值的單立或連接的建築羣；
4. 遺址：從歷史、審美、人種學或人類學角度看具有突出的
普遍價值的人類工程或自然與人聯合工程以及考古地址等
地方。[17]
（二）世界遺產中心文化遺產的認定標準
凡提名列入世界遺產名錄的文化遺產項目，必須符合下
列一項或幾項標準方可獲得批准：
1. 表現人類創造力的經典之作。

---

16 World Heritage Centre- World Heritage Centre　http://whc.UNESCO.Org/en/134/.
17 《保護世界文化和自然遺產公約》，巴黎，聯合國教科文組織 2009 中文版，
頁 2。

2. 在某期間或某種文化圈裡對建築、技術、紀念性藝術、城鎮規劃、景觀設計之發展有巨大影響，促進人類價值的交流。

3. 呈現有關現存或已經消失的文化傳統、文明的獨特或稀有之證據。

4. 關於呈現人類歷史重要階段的建築類型，或者建築及技術的組合，或者景觀上的卓越典範。

5. 代表某一個或數個文化的人類傳統聚落或土地使用，提供出色的範例——特別是因為難以抗拒的歷史潮流而處於消滅危機的場合。

6. 具有顯著普遍價值的事件、活的傳統、理念、信仰、藝術及文學作品，有直接或實質的連結。[18]

（三）提供世界遺產委員會諮詢組織的定義

1. 國際文物保護與修護中心（ICCROM）

　　成立於 1956 年，屬於非政府組織，總部位於羅馬，依據公約第 8 條之 3 的規定可派遣代表以諮詢者身份出席委員會的會議，其功能主要對於怎樣保存遺產提供專家意見，並且協助訓練恢復技術人員。ICCROM 評定世界文物條件

(1) 文物：從歷史、藝術或科學角度看，具有突出、普遍價值的建築物、雕刻和繪畫，具有考古意義的成分或結構，銘文、洞穴、住區及各類文物的綜合體。

(2) 建築群：從歷史、藝術或科學角度看，因其建築的形式、同一性及其在景觀中的地位，具有突出、普遍價值的單獨或相互聯繫的建築群。

---

[18] World Heritage Centre- World Heritage Centre　http://whc.UNESCO.Org/en/134/.

(3) 遺址：從歷史、美學、人類學或人種學角度看，具有突出、普遍價值的人造工程或人與自然的共同傑作、以及考古遺址地帶。[19]

2. 國際古蹟遺址理事會（ICOMOS）

　　1965 年成立，屬於非政府組織，總部位於巴黎。是由世界各國文化遺產專家組成的國際間非政府組織。藉由跨學科的學術交流，共同為保護建築物、古鎮、文化景觀、考古遺址等各種類型的文化遺產研擬完善的標準，改進修復技術而努力。依據公約第 8 條之 3 的規定可派遣代表以諮詢者身份出席委員會的會議，提供世界遺產委員會以文化和複合的遺產評估提議是否登入世界遺產名單。[20]

二、世界遺產之自然遺產

（一）公約第 2 條規定以下各項為「自然遺產」

1. 從審美或科學角度看具有突出的普遍價值的由物質和生物結構或這類結構群組成的自然面貌；

2. 從科學或保護角度看具有突出的普遍價值的地質和自然地理結構以及明確劃為受威脅的動物和植物生境區；

3. 從科學、保護或自然美角度看具有突出的普遍價值的天然名勝或明確劃分的自然區域。[21]

---

[19] （1）《保護世界文化和自然遺產公約》，巴黎，聯合國教科文組織 2009 中文版，頁 5。
　　（2）World Heritage Centre- Advisory Bodies　http://whc.UNESCO.Org/en/Bodies/.

[20] （1）《保護世界文化和自然遺產公約》，巴黎，聯合國教科文組織 2009 中文版，頁 5。
　　（2）World Heritage Centre- Advisory Bodies　http://whc.UNESCO.Org/en/Bodies/.

[21] 《保護世界文化和自然遺產公約》，巴黎，聯合國教科文組織 2009 中文版，頁 2。

（二）世界遺產中心自然遺產的認定標準

    1. 代表生命進化的紀錄、重要且持續的地質發展過程、具有意義的地形學或地文學特色等的地球歷史主要發展階段的顯著例子。

    2. 在陸上、淡水、沿海及海洋生態系統及動植物群的演化與發展上，代表持續進行中的生態學及生物學過程的顯著例子。

    3. 包含出色的自然美景與美學重要性的自然現象或地區。[22]

（三）國際間自然及資源保護聯盟（IUCN）的定義

    成立於 1948 年，總部位於瑞士，依據公約第 8 條之 3 的規定可派遣代表以諮詢者身份出席委員會的會議，提供世界遺產委員會自然遺產資訊並利用分佈於的全世界專家，以網路提供報告、技術評估列於名單遺產的保護狀態，是擁有超過 1,000 名成員的國際非政府組織。國際間自然及資源保護聯盟自然遺產的認定標準：

1. 化石遺址。

2. 獨特的地貌景觀（land-form）或地球進化史主要階段的典型代表。

3. 具有極特殊的自然現象、風貌或出色的自然景觀。

4. 有罕見的生物多樣性和生物棲息地。[23]

第三節　保護非物質文化遺產公約

    聯合國教育、科學及文化組織於 1972 年 11 月 16 日在巴黎本部召開的第 17 屆大會中通過《保護世界文化與自然遺產公約》，引領

---

[22] （1）《保護世界文化和自然遺產公約》，巴黎，聯合國教科文組織 2009 中文版，頁 5。

    （2）World Heritage Centre- World Heritage Centre. http://whc.UNESCO. Org/ en/134/.

[23] World Heritage Centre- Advisory Bodies. http://whc.UNESCO.Org/en/Bodies/.

人類跨過族羣、宗教、國界的藩籬，透過彼此的合作保存具有共同價值的重要文化遺產成果斐然之後。

1989 年保護傳統文化與民俗建議書（Recommendation on the Safeguarding of Traditional Culture and Folklore）的提出則帶動了非物質文化遺產概念的發展，1992 年聯合國教科文組織開始推動「非物質文化遺產」計畫，1997 年由摩洛哥提案，聯合國教科文組織第 29 屆大會通過「人類重要口傳與非物質文化遺產公告計畫」（Proclamation of Masterpieces of the Oral and Intangible Heritage of Humanity），每兩年受理會員國的申請，提報該國重要的非物質文化資產傑作，委由專業的非政府組織評估及建議後，由國際教科文組織國際評審團認定，發佈全球公告為「人類重要口傳與非物質文化遺產」。

1999 年的「1989 年建議書之全球評估」國際會議（A Global Assessment of the 1989 Recommendation）決議由會員國提案聯合國教科文組織應建立一保護傳統文化與民間藝術的新規範。自 2001 年開始，聯合國教科文組織開始每隔兩年公告一次「人類重要口傳與非物質文化遺產」（Proclamation of Masterpieces of the oral and Intangible Heritage of Humanity）。2002 年 9 月，74 國的文化部長於伊斯坦堡召開的第三回合文化部長會議「文化多樣的反照──非物質文化遺產」，共同發表《伊斯坦堡宣言》（Istanbul Declaration），支持聯合國教科文組織國際保護公約計畫，成為公約的重要文件。2003 年 12 月聯合國教科文組織正式通過《保護非物質文化遺產公約》，期待成為國際文化保護共識與集體行動。[24]

公約第一條的規定其宗旨如下：

一、保護非物質文化遺產。

二、尊重有關社區、群體和個人的非物質文化遺產。

三、在地方、國家和國際提高對非物質文化遺產及其相互欣賞的重要性的意識。

---

[24] UNESCO Cultule Sector–Intangible Hertige–2003 Convention Homepage.

四、開展國際合作及提供國際援助。[25]

以推動並確保非物質文化遺產生命力的各種措施，包括各方面的確認、立檔、研究、保存、保護、宣傳、弘揚、傳承（特別是通過正規和非正規教育）和振興。至 2009 年 9 至 10 月於阿布達比召開第 4 次大會時已有 116 個國家加入簽署了 2003 年通過的《非物質文化遺產公約》，並正式確認通過 76 個非物質文化遺產名錄與12 項急需保護的非物質文化遺產名錄。在 76 個名錄中，中國就擁有 22 個排名第一。[26]

非物質文化遺產的內容，依公約第二條之規定包括以下方面：

一、口頭傳統和表現形式，包括作為非物質文化遺產媒介的語言。

二、表演藝術。

三、社會實踐、儀式、節慶活動。

四、有關自然界和宇宙的知識和實踐。

五、傳統手工藝。[27]

第四節　未來之發展重點

2010 年是聯合國指定的國際文化和睦年（International Year for the Rapprochement of Cultures），被要求主導及推動本項工作的教科文組織即以 Building peace in the minds of people 為宣傳口號，並以保護各個層面的遺產並加強文化表現形式，促進文化多樣性、多元主義、文化間對話、和平文化以及文化在可持續發展的核心作用，增強社會的凝聚力作為主體工作內容。[28]

---

[25] 《保護非物質文化遺產公約》，巴黎，聯合國教科文組織 2003 中文版，頁 3。

[26] UNESCO Cultule Sector–Intangible Hertige–2003 Convention Homepage http:// unesco.org/en/Cultule/ich/index.php？lg=EN&pg=home.

[27] 《保護非物質文化遺產公約》，巴黎，聯合國教科文組織 2003 中文版，頁 3。

[28] 《2009 年聯合國教科文組織簡介》頁 1，www.unesco.org/webworld。

表 2-1　聯合國教科文組織文化部門組織表

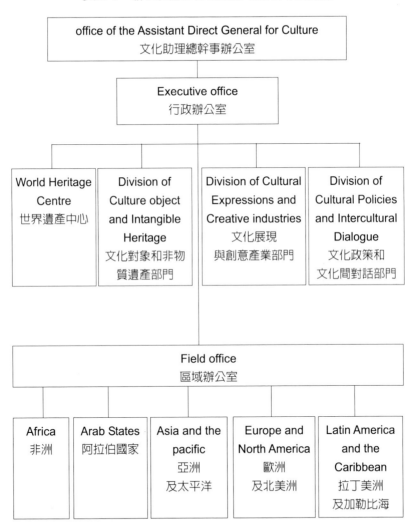

資料來源：聯合國教科文組織網站 Who'sWho?UNESCO–CULTURE
　　　　　http://portal.unesco.org/en/ev.php-URL_ID=2697&URL_DO=DO_
　　　　　TOPIC&URL_SECTION=201.html。

　　身為教科文組織支柱之一的文化部門，就現階段的部門架構（參見表 2-1)分析，負責人為文化部門助理總幹事(Assistant Direct General for Culture)，其下共設立的四個行政辦公室與五個地區辦公室，就聯合國教科文組織已通過的對 2010-2011 重大計畫 IV——文化的決議草案的內容觀察，可以具體知悉其年度發展計有五大重點。

壹、保護、保存及管理世界文化暨自然遺產

　　以世界遺產中心為執行機構，規劃四項工作重點一、通過理事機構的有效運作，加強《公約》的實施。二、更加有效的保護世界遺產，以面對新的全球性挑戰和威脅。三、通過能力建設和培訓活動，加強有利於可持續發展的保護工作。四、開發世界遺產教育、傳播和知識管理的工具，擴大合作伙伴網絡。持續推動及落實《保護世界文化遺產暨自然遺產公約》，保護和保存不可移動的文化和自然遺產，達成四大重要目標：

一、為《保護世界文化遺產暨自然遺產公約》締約國服務，舉辦世界遺產委員會法定會議和大會，確保理事機構的各項決定得到順利的執行，尤其是擬定一份更可信、更平衡、更具代表性的《世界遺產名錄》。

二、實施《保護世界文化遺產暨自然遺產公約》理事機構批准的主要優先事項，以解決全球性戰略問題和挑戰，特別是氣候變化、旅遊和城市化等問題，其中要特別重視保存、管理和監督世界遺產，並促進其持續發展。

三、與非洲世界遺產基金密切合作，特別加強非洲的遺產保護及能力，尤其是《瀕危世界遺產名錄》中的遺址以及衝突後和災後國家的遺址，並加強在小島嶼開發中國家和未開發國家的宣傳和實施《保護世界文化遺產暨自然遺產公約》。

四、提高公眾對遺產保護和保存的意識，包括擴展世界遺產中心的合作伙伴，開發中心與《保護世界文化遺產暨自然遺產公約公約》相關的信息知識管理系統。

貳、保護、保存及管理非物質文化遺產

以文化對象和非物質遺產部門（Division of Culture object and Intangible Heritage）為執行機構，以三項工作重點一、通過《保護非物質文化遺產公約》理事機構的有效運作，確保《保護非物質文化遺產公約》的實施。二、加強會員國保護非物質文化遺產、促進相關社區發展的能力。三、提高對保護非物質文化遺產重要性的認識；持續推動《保護非物質文化遺產公約》的實施，落實保護和保存及宣傳《保護非物質文化遺產公約》。達成三大重要目標：

一、確保 2003 年《保護非物質文化遺產公約》的實施順利進行，重點是根據《工作方針》制定《急需保護名錄》、《代表性名錄》和《計畫匯編》，協調磋商進程和向非物質遺產基金提出的援助申請，對開發中國家，尤其是非洲給予特別關注。

二、促進改善非物質遺產的保護和傳承，其中特別要在政策諮詢方面幫助會員國，通過推廣識別遺產和保護遺產的措施加強其識別非物質文化遺產（尤其是瀕危語言）的能力，收集、分析和推廣的正面行動。

三、通過合作伙伴發起和開展傳播行動，通過正規和非正規的教育系統以及新傳播媒體，特別讓青年了解、認識和欣賞非物質文化遺產。

參、保護文物、打擊非法販賣文物暨水下文化遺產

宣傳和實施 1970 年《關於採取措施禁止並防止文化財產非法進出口和所有權非法轉讓公約》和 2001 年《保護水下文化遺產公約》

以及發展博物館,加強文物保護和對非法販毒文物行為的打擊,以三項工作重點一、有效實施 1954 年《海牙公約》(《關於在武裝衝突情況下保護文化遺產公約》)及其《第二議定書》以及 1970 年《關於採取措施禁止並防止文化財產非法進出口和所有權非法轉讓公約》,促進和解、社會和諧和國際合作。二、加強 2001 年《保護水下文化遺產公約》的實施和保護水下文化遺產的國際合作。三、提高未開發國家在國家發展工作中的保護和保存可移動文化財產的能力。以達到三大重要目標:

一、促進保護文物、打擊非法販賣文物的準則制定和業務活動,重點是有效地實施 1954 年《海牙公約》及在 1999 年通過的《第二議定書》和 1970 年《關於採取措施禁止並防止文化財產非法進出口和所有權非法轉讓公約》,並支持促使文物送回原有國或歸還非法占有文物政府間委員會的工作。

二、提高和發展教科文組織會員國保護水下文化遺產的能力和機構,並有效地實施 2001 年通過,2009 年正式生效的《保護水下文化遺產公約》。

三、特別在非洲和未開發國家支持國家和當地在博物館發展方面所開展的名聲大、影響大的項目,重點為能力建設,加強現有的基礎設施,製作保護、保存文物的教育工具以及加強博物館機構的能力。

肆、促進文化表現形式多樣性促進和平文化

以文化展現與創意產業部門(Division of Cultural Expressions and Creative industries)為執行機構,以五項工作重點持續推動《保護和促進文化表現形式多樣性公約》,一、通過實施 2005 年《保護和促進文化表現形式多樣性公約》和發展文化與創造性產業,保護和促進文化表現形式的多樣性。二、實施 2005 年《保護和促進文化表現形式多樣性公約》和 1950 年通過 1971 年修訂的《世界版

權公約》，並加強相關工作機制。三、加強和展示文化產業和創造性產業對發展的促進作用。四、通過出版和翻譯促進語言多樣性。五、加強手工藝者和設計者創作、製作和管理的能力；落實保護和保存及宣傳《保護和促進文化表現形式多樣性公約》。達成三大重要目標

一、確保 2005 年《保護和促進文化表現形式多樣性公約》得到有效的實施，其中特別是要落實《工作方針》，保證業務機制的良好運轉，落實向國際促進文化多樣性基金（FIDC）所提出的國際援助申請。

二、通過能力建設，監督和支持圖書產業、翻譯、手工藝和設計領域的地區和分地區一體化行動，特別是通過開發手工藝「優秀獎」、「社會設計 21」及「夢幻中心」，推廣「創造性城市」網絡，來促進北南、南南、北南南公共和私立合作伙伴發展創造性產業；資助會員國實施教科文組織統計研究所和各國統計機構聯合擬定的《國際文化統計框架》修訂本。

三、鼓勵各國發展藝術教育的行動，將有質量的教育作為培養個人的知識能力和創造能力的手段，促進其發展。

伍、促進文化間對話，促進和平文化

以文化政策和文化間對話部門（Division of Cultural Policies and Intercultural Dialogue）為執行機構，以三項工作重點持續推動將文化間對話和文化多樣性納入國家政策的目標，一、在國家發展政策框架和聯合國國家工作隊的共同國別計畫編制工作中普遍重視文化問題。二、加強和宣傳非洲歷史和販賣奴隸悲劇的知識。三、在地方、國家和地區層面改進文化間對話和宗教間對話的環境、能力和方式；落實保護和保存及宣傳文化間對話和文化多樣性的工作，達成三大重要目標：

一、特別要在非洲和未開發國家推動把文化納入國家發展政策和地區進程，包括使用共同國家評估／聯合國發展援助框架（CCA/UNDAFs）的「統一行動」方法、減貧戰略（PRSs）、實施聯合國開發計劃署／西班牙實現千年發展目標基金（MDG-F）項目和其他方式，重點是通過政策諮詢和能力建設、應用「文化多樣性計劃編制長鏡頭」等手段。

二、宣傳非洲歷史、特別是販賣奴隸和奴隸之路等相關文化互動進程的知識，其中包括將教科文組織的《非洲通史》用於宣傳教育，開展消弭偏見和成見的行動。

三、努力促進文化間對話，其中包括與「文明聯盟」合作和發揮教科文組織在《國際文化和睦年》（2010）活動中的領導作用，以及土著人計畫、培養跨文化技能、促進宗教間對話、創立吸納青年和婦女的新空間、提高解決宗教問題的能力。[29]

　　針對聯合國教科文組織所通過的文化部門 2010-2011 的預算（參見表 2-2）分析，聯合國教科文組織全年預算計 653,000,000 美元，加計預算外資金 462,751,400 美元，總計為 1,115,751,400 美元，其中文化部門全年預算計 53,749,700 美元，加計預算外資金 71,376,700 美元，總計為 125,126,400 美元。文化部門的總支出約占聯合國教科文組織總支出 11.21%，文化部門的預算支出約占聯合國教科文組織預算支出 8.23%，文化部門的預算外資金支出約占聯合國教科文組織預算外資金支出 15.42%，與教育、科學部門相比在預定比例中是最少的。

　　同時文化部門在 125,126,400 美元的支出規模中，用於落實《保護世界文化暨自然遺產公約》的相關工作排名第一，實施 2005 年《保護和促進文化表現形式多樣性公約》和發展文化與創造性產業，保護和促進文化表現形式的多樣性的相關工作排名第二，宣傳和落實

---

[29]　《聯合國教育、科學及文化組織 2010-2011 年決議草案》，35 C/5 修訂本——關於重大計畫 IV——文化的決議草案，頁 37-40，巴黎，2009 年聯合國教育、科學及文化組織出版。

2003 年《保護非物質文化遺產公約》的相關工作排名第三，將文化間對話和文化多樣性納入國家政策的相關工作排名第四，宣傳和實施 1970 年《關於採取措施禁止並防止文化財產非法進出口和所有權非法轉讓公約》和 2001 年《保護水下文化遺產公約》以及發展博物館，加強文物保護和打擊非法販賣文物行為的的相關工作排名第五。（參見表 2-2）

　　臺灣自從 1971 年迄今，因非屬聯合國的成員國，所以也無從參與聯合國教科文組織的各項文化遺產的保護公約，縱使我們即使擁有國際遺產級的人文資產或獨特的自然景觀，至今仍然在國際體制之外發展。國人與各級主管機關在體認到孤獨之外，更應努力的認識世界的文化保存的趨勢，對內教育、向外宣導，努力爭取支持，企求能一舉衝破困境，讓文化資產有機會能夠登上世界遺產的名錄之中。

表 2-2　聯合國教科文組織文化部門 2010-2011 年預算表

項目	活動費	人事費	修訂的 35 C/5 總額	預算外資金（1）
重點有效落實《保護世界文化暨自然遺產公約》，保護和保存不可移動的文化和自然遺產	4,573,200	11,400,300	15,973,500	34,376,700
宣傳和落實 2003 年《保護非物質文化遺產公約》，保護活的遺產	3,841,200	6,496,800	10,338,000	9,142,400
宣傳和實施 1970 年《關於採取措施禁止並防止文化財產非法進出口和所有權非法轉讓公約》和 2001 年《保護水下文化遺產公約》以及發展博物館，加強文物保護和對非法販賣文物行為的打擊	2,789,100	5,713,000	8,502,100	5,110,300
實施 2005 年《保護和促進文化表現形式多樣性公約》和發展文化與創造性產業，保護和促進文化表現形式的多樣性	3,512,000	6,538,700	10,050,700	13,018,300
將文化間對話和文化多樣性納入國家政策	2,485,500	6,399,900	8,885,400	9,729,000
文化部門重大計畫共計	17,201,000	36,548,700	53,749,700	71,376,700
教科文組織總部共計	254,755,300	398,244,700	653,000,000	462,751,400

註：修訂的 35 C/5 總額由各會員國分攤的會費提供；預算外資金為總幹事有權接受為實施符合本組織的宗旨、政策和活動的計畫和項目所提供的資金（會員國分攤的會費除外），並根據本組織的規章條例和與資助者簽訂的協定，承付這類活動所需的款項。

資料來源：依《聯合國教育、科學及文化組織 2010-2011 年決議草案》，35 C/5 修訂本——附件，頁 14–15，巴黎，2009 年聯合國教育、科學及文化組織出版.

第三章
我國文化資產的起源與發展

第一節　日治時期的文化資產保存及法規

　　臺灣對於文化資產保存工作的制度化始於日治時期，日本於1911年設置史蹟名勝天然紀念物保存協會，1919年4月10日帝國議會通過《史蹟名勝天然紀念物保存法》（法律第44號）。台灣總督府至1930年3月才公布《史蹟名勝天然紀念物保存法》施行要旨，9月再公布《史蹟名勝天然紀念物保存法》施行規則11項條文，取扱規程15項條文，10月公布調查會規程15項條文，11月任命調查委員。[1]

　　《史蹟名勝天然紀念物保存法》在分類方面，區分為史蹟、名勝、天然紀念物三個項目，至1945年各州廳指定的史蹟名勝天然紀念物方面，有關史蹟指定部分，台北州49處、新竹州14處、台中州44處、台南州10處、高雄州18處、花蓮港廳16處、澎湖廳2處，合計153處。有關名勝指定部分，台北州43處、新竹州11處、台中州10處、台南州6處、高雄州4處、花蓮港廳7處、澎湖廳2處，合計83處。天然紀念物方面，台北州37種、新竹州1種、台中州3種、台南州4種、高雄州9種、台東廳20種、花蓮港廳9種、澎湖廳4種，合計87種。總計323處（種）。[2]總督府並在1933、

---

[1]　吳永華著，《臺灣歷史紀念物》，2000年，台中，晨星出版社，頁8-10。
[2]　吳永華著，《臺灣歷史紀念物》，2000年，台中，晨星出版社，頁277-290。

1935、1941 年 3 次公布國指定史蹟及天然物保存名單，累進史蹟計 29 項，天然紀念物 19 項。[3]

其中國指定史蹟之北白川宮能久親王遺跡地、琉球藩民之墓、北白川宮能久親王遺跡鹿港軍情御視察之所、南菜園、乃木館、乃木母堂之墓、三角湧戰跡、千人塚等地，在 1945 年之後因國族觀念的對立，多遭毀損或未列入保護。至今僅比志島混成枝隊良文港登陸地、海軍聯合陸戰隊林投登陸地的列入縣定古蹟予以保存。

《史蹟名勝天然紀念物保存法》是有關臺灣文化資產保存的第一部相關法規，雖然僅施行 15 年，但在文化資產保存概念與行動的引領上具有一定的貢獻。

表 3-1　國指定史蹟及天然物保存名單

國指定史蹟	
1933 年公布史蹟名單	
史蹟名稱	所在地
北白川宮能久親王遺跡地	鹽寮、台北市、彰化市
芝山岩	台北州七星郡士林庄
北荷蘭城城址	台北州基隆市社寮町
熱蘭遮城城址	台南州台南市安平
鳳山縣舊城址	高雄州高雄市、岡山郡左營庄
琉球藩民之墓	高雄州恆春郡車城庄
1935 年公布史蹟名單	
北白川宮能久親王御遺跡地	台北州等 34 處
耶魯騰布魯夫城址	台北州基隆市社寮町
圓山貝塚、大砥石	台北州台北市圓山町
台北城門（承恩門、景福門、麗正門、重熙門）	台北州台北市
竹塹城迎曦門	新竹州新竹市東門町
普羅民遮城城址	台南州台南市台町

---

[3]　吳永華著，《臺灣歷史紀念物》，2000 年，台中，晨星出版社，頁 10。

台南城門	台南州台南市
恆春城	高雄州恆春郡恆春庄
明治七年龜山本營之址	高雄州恆春郡車城庄
石門戰跡	高雄州恆春郡車城庄
墾丁寮石器時代遺跡	高雄州恆春郡恆春庄
佳平社蕃屋	高雄州潮州郡蕃地
民蕃境界古令埔碑	高雄州潮州郡內埔庄
太巴塱社蕃屋	花蓮港廳鳳林區太巴塱
比志島混成枝隊良文港登陸地	澎湖廳湖西庄
1941 年公布史蹟名單	
北白川宮能久親王遺跡鹿港軍情御視察之所	台中州彰化郡鹿港街
伏見宮貞愛親王御遺跡地	台南州東石郡、新營郡、台南市
南菜園	台北州台北市兒玉町、古亭町
乃木館	台北州台北市乃木町
乃木母堂之墓	台北州台北市三橋町
三角湧戰跡	台北州海山郡三峽街
第二師團枋寮登陸地	高雄州潮州郡枋寮庄
文石書院	澎湖廳馬公街文澳
千人塚	澎湖廳馬公街文澳
海軍聯合陸戰隊林投登陸地	澎湖廳西庄林投
國指定天然紀念物	
1933 年公布天然紀念物名單	
天然紀念物名稱	所在地
海蝕石門	台北州淡水郡石門庄
北投石	台北州七星郡北投庄
泥火山	高雄州岡山郡燕巢庄
儒艮	高雄州恆春郡沿海
黑長尾雉	全島
芝山岩	台北州七星郡士林庄
1935 年公布天然紀念物名單	
過港貝化石層	新竹州竹南郡後龍庄過港

紅樹林	高雄州高雄市中州海岸、高雄州鳳山郡小港庄
毛柿及榕樹林	高雄州恆春郡恆春庄鵝鑾鼻
熱帶性海岸原生林	高雄州恆春郡恆春庄鵝鑾鼻
寬尾鳳蝶	全島
華南鼬鼠	全島
1941 年公布天然紀念物名單	
仙腳石海岸原生林	新竹州新竹郡舊港庄
野生稻種自生地	新竹州桃園郡八塊庄、新竹州竹南郡竹南街
台灣原始觀音座蓮及菱形奴草自生地	台中州新高郡魚池庄
台灣高地產鱒	台中州東勢郡大甲溪流域大保久駐在所以上
穿山甲	台北州、台中州、台南州、高雄州
水雉	全島
小紅頭嶼植物相	台東廳台東郡蕃地小紅頭嶼

資料來源：吳永華著，《臺灣歷史紀念物》，2000 年，台中，晨星出版社，頁 274
　　　至 276 製作

第二節　我國文化資產保存的相關法規

壹、文化資產的法律依據與定義

一、《古物保存法》與《文化資產保存法》

　　1945 年之後臺灣回歸中華民國治理，台灣總督府頒布的《史蹟名勝天然紀念物保存法》自然廢止，改由 1930 年 5 月 24 日制定，1931 年 6 月 15 日施行的《古物保存法》14 條及 1931 年 7 月 3 日由行政院公告的《古物保存法施行細則》19 條所取代，該法對於所稱

之古物，指與考古學，歷史學，古生物學，及其他文化有關之一切古物。主管單位為中央古物保管委員會。該會由行政院聘請古物專家，6 人至 11 人，教育部、內政部代表各 2 人，國立各研究院、國立各博物院代表各 1 人，為委員組織之。[4]由於政府對文化資產保存一直未予重視。《古物保存法》在施行期間未能發揮保存文化資產的功能。

　　至 1982 年 5 月 26 日公布《文化資產保存法》後，《古物保存法》同時公告廢止。1982 年起至 1997 年施行之《文化資產保存法》將文化資產區分為古物、古蹟、民族藝術、民俗及有關文物與自然文化景觀五類，經過漫長的 15 年時間，執行上亦因時代與社會變遷出現若干窒礙難行之處，為配合施行之需要，因此陸續經過五次的修法。

（一）1997 年 1 月 22 日修正公布，增訂第 31 條之 1 及 36 條之 1
　　　條文。

（二）1997 年 5 月 14 日修正公布第 27 條、第 30 條、第 35 條及第
　　　36 條條文。

（三）2000 年 2 月 9 日，增訂第 27 條之 1、第 29 條之 1、第 30 條
　　　之 1、第 30 條之 2 及第 31 條之 2 條文；修正第 3 條、第 5
　　　條、第 3 章章名、第 27 條、第 28 條、第 30 條及第 31 條之
　　　1 條文。本次修法並將文化資產改區分為古物、古蹟、民族
　　　藝術、民俗及有關文物、自然文化景觀、歷史建築六類。

（四）2002 年 6 月 12 日，修正公布第 16、31、32 條條文。

（五）2005 年 2 月 5 日修正公布，計 11 章 104 條，將文化資產區
　　　分為古蹟、歷史建築及聚落、遺址、文化景觀、傳統藝術、
　　　民俗及有關文物、古物、自然地景七類。是現今我國文化資
　　　產保護的根本法規依據。

4　參見《古物保存法》，第 1 條、第 9 條。

二、《文化資產保存法施行細則》

　　《文化資產保存法施行細則》是相關政務機關配合執行《文化資產保存法》的重要規範。依照該法第 60 條之規定，施行細則由行政院文化建設委員會會同教育部、內政部、經濟部、交通部定之。因此《文化資產保存法施行細則》於 1984 年 2 月 22 日由行政院文化建設委員會、內政部、教育部、經濟部、交通部會銜訂定發布全文 77 條，其後亦因配合母法之修正經二次修正或增訂過程，分別是：

（一）2001 年 12 月 19 日行政院文化建設委員會、內政部、教育部、經濟部、交通部、行政院農業委員會會銜公布增訂《文化資產保存法施行細則》第 3 條之 1、第 3 條之 2、第 4 條之 1、第 39 條之 1、第 39 條之 2、第 39 條之 3、第 39 條之 4、第 40 條之 1、第 40 條之 2、第 56 條之 1、第 76 條之 1；刪除第 49 條及第 56 條；並修正第 3 條、第 23 條、第 3 章章名、第 37 條、第 38 條、第 39 條、第 40 條、第 42 條、第 45 條、第 46 條、第 47 條、第 48 條、第 50 條、第 55 條、第 62 條及第 68 條條文。

（二）2006 年 3 月 14 日，行政院文化建設委員會、行政院農業委員會會銜發布《文化資產保存法施行細則》30 條，是因應 2005 年《文化資產保存法》的修訂依第 103 條規定所完成之修正。[5]

　　在 1982 年至 2000 年施行的《文化資產保存法》各版本中，所指之具有歷史、文化、藝術價值之資產計有：古物、古蹟、民族藝術、民俗及有關文物、自然文化景觀五種。中央主管機關而言，古物、民族藝術屬教育部主管，古蹟、民俗及有關文物屬內政部主管，自然文化景觀則有內政部、教育部、經濟部、交通部牽涉主管業務

---

[5]　行政院文化建設委員會──文化法規《文化資產保存法施行細則 I》，http://chmis.cca.gov.tw/law.do?method=do find&id=30。

於其中。各主管部門間彼此間各自為政，文化建設委員會雖有事涉各部會時由該會負責協調之權責，但與其他部門相比較，不論在預算與編制上，文化建設委員會均無法與之相比，因此很難發揮統籌的功能。

　　同時在政府繁雜的架構下，行政院主導的文化資產保存工作，還遇到無力規範的特殊機構，如中央研究院、國史館、故宮博物院，均未配合納入《文化資產保存法》主管機關的管制，如中央研究院歷史語言研究所的文物陳列館所藏殷商考古發掘文物、居延漢簡、明清內閣檔案，民族研究所所藏南島文化文物、國史館所藏檔案文獻、故宮博物院所藏清宮文物、圖書、宮中檔案等⋯⋯均為國際級的重要文化資產。疊床架屋卻無法有效管理是重大缺點。

　　2000 年 2 月至 2005 年 2 月施行的《文化資產保存法》各版本中，所指之具有歷史、文化、藝術價值之資產計有：古物、古蹟、民族藝術、民俗及有關文物、自然文化景觀、歷史建築六種。究其中央主管機構而言，古物、民族藝術屬教育部主管，古蹟、民俗及有關文物屬內政部主管，自然文化景觀則有內政部、教育部、經濟部、交通部、農業委員會牽涉主管業務於其中。新增歷史建築則由文化建設委員會負責。顯現的疊床架屋現象較以往更為明顯。

　　2005 年 2 月至今施行的《文化資產保存法》，所指之具有歷史、文化、藝術價值之資產計有：古蹟、歷史建築、聚落、遺址；文化景觀、傳統藝術、民俗及有關文物、古物、自然地景七種。古蹟、歷史建築、聚落、遺址、文化景觀、傳統藝術、民俗及有關文物及古物之主管機關，為行政院文化建設委員會；自然地景之主管機關，為行政院農業委員會。本期針對以往顯現的疊床架屋現象雖然有所改善，文化建設委員會成為集合文化資產事權的主導機關，但是顯然並未因事權集中而使文建會在編制與預算有所大幅成長。對於我國在文化資產的保存工作上顯得力有未逮。

第三節　文化資產的法定種類及其管理方式

依照 2005 年版本《文化資產保存法》[6]第一章總則第 3 條之規定，文化資產指具有歷史、文化、藝術、科學等價值，並經指定或登錄之下列資產：

一、古蹟、歷史建築、聚落：指人類為生活需要所營建之具有歷史、文化價值之建造物及附屬設施群。

二、遺址：指蘊藏過去人類生活所遺留具歷史文化意義之遺物、遺跡及其所定著之空間。

三、文化景觀：指神話、傳說、事蹟、歷史事件、社群生活或儀式行為所定著之空間及相關連之環境。

四、傳統藝術：指流傳於各族群與地方之傳統技藝與藝能，包括傳統工藝美術及表演藝術。

五、民俗及有關文物：指與國民生活有關之傳統並有特殊文化意義之風俗、信仰、節慶及相關文物。

六、古物：指各時代、各族群經人為加工具有文化意義之藝術作品、生活及儀禮器物及圖書文獻等。

七、自然地景：指具保育自然價值之自然區域、地形、植物及礦物。

在分類上，古蹟、歷史建築、聚落；遺址、文化景觀又可視為不可移動的文化遺產，古物、民俗及有關文物項目中的有關文物部分，又可稱為可移動的文化遺產，傳統藝術、民俗及有關文物中的民俗部分也被視為非物質的文化遺產。

我國《文化資產保存法》現階段在終極目標上，應與聯合國教科文組織《保護和促進文化表現形式多樣性公約》理想相互結合，

---

[6]　行政院文化建設委員會——文化法規《文化資產保存法》，http://chmis.cca. gov.tw/law.do?method=do find&id=30。

同時依照七種文化資產的種類來比較，古蹟、歷史建築、聚落；遺址；文化景觀；自然地景四類的保存項目，和聯合國教科文組織《保護世界文化與自然遺產公約》的精神相符，傳統藝術、民俗及有關文物中的民俗部分的保存項目，則與聯合國教科文組織《保護非物質文化遺產公約》的精神相當，古物、民俗及有關文物項目中的有關文物部分，則和聯合國教科文組織《關於採取措施禁止並防止文化產非法進出口和所有權非法轉讓公約》；遺址、古物還兼含聯合國教科文組織《保護水下文化遺產公約》的保護精神。

　　在負責執行文化資產保存的政府部門，我國採取的是中央與地方政府的分層負責管理制，在中央政府，行政院文化建設委員會為古蹟、歷史建築、聚落；遺址、文化景觀、傳統藝術、民俗及有關文物及古物之主管機關，行政院農業委員會是自然地景之主管機關。在地方政府方面，文化資產保存的責任，直轄市為直轄市政府；縣（市）為縣（市）政府。

　　除非遇到具有二種以上類別性質之文化資產，因處理與管轄權產生爭議時，在主管機關、文化資產保存之策劃及共同事項之處理，則由文建會會同有關機關決定。[7]文化資產範圍跨越二個以上直轄市、縣（市）轄區時，其地方主管機關由所在地直轄市、縣（市）主管機關商定之；必要時得由中央主管機關協調指定。[8]

　　在各類文化資產之指定、登錄及其他本法規定等事項之決定權，我國則採取審議委員會的集體合議制，由於政府部門在文化資產之指定、登錄、修復、技術保存諸領域的專業知識及客觀能力，都需要國內外相關學者、專家或團體的共同協助，所以採取合議制才能達到有效推動保存的目標。[9]

　　在文化資產調查、保存及管理維護的實務工作上，採取主管機關負責之外，還得以委任、委辦其所屬機關（構）或委託其他機關

---

[7]　《文化資產保存法》第一章總則第4條。
[8]　《文化資產保存法》第一章總則第5條。
[9]　《文化資產保存法》第一章總則第6條。

（構）、文化資產研究相關之學術機構、團體或個人辦理文化資產調查、保存及管理維護工作。[10]

在文化資產的所有權的保障方面，公有之文化資產，由所有或管理機關（構）編列預算，辦理保存、修復及管理維護。在私有文化資產方面，主管機關應尊重文化資產所有人之權益，並提供其專業諮詢。同時，所有人對於其財產被主管機關認定為文化資產之行政處分不服時，還得依法提請訴願及行政訴訟。[11]

在文化資產教育、推廣及研究工作方面，主管機關為從事文化資產之保存、教育、推廣及研究工作，得設專責機構承擔相關業務。[12]

接受政府補助之文化資產項目，其調查研究、發掘、維護、修復、再利用、傳習、記錄等工作所繪製之圖說、攝影照片、蒐集之標本或印製之報告等相關資料，均應予以列冊，並送主管機關妥為收藏。前項資料，除涉及文化資產之安全或其他法規另有規定外，主管機關應主動公開。[13]截至2010年6月我國依法所登錄之各類文化資產達到2,535種，其分布與數量統計請參見表3-2。

表3-2　中華民國文化資產數量統計表

2010.06.12

項目 縣市	古蹟	歷史建築	聚落	遺址	文化景觀	傳統藝術	民俗及有關文物	古物	古物	合計
中央主管機關	0	0	1	0	0	5	2	466	25	499
臺北市	145	130	0	1	6	4	0	6	0	292
高雄市	22	20	0	2	1	4	0	21	0	70
臺北縣	58	19	0	3	1	4	2	3	0	90

[10] 《文化資產保存法》第一章總則第7條。
[11] 《文化資產保存法》第一章總則第8條、第9條。
[12] 《文化資產保存法》第一章總則第11條。
[13] 《文化資產保存法》第一章總則第10條。

宜蘭縣	28	66	0	1	2	6	5	11	0	119
桃園縣	12	53	0	1	0	0	0	0	0	66
新竹縣	20	11	0	0	0	4	3	0	0	38
苗栗縣	8	20	0	0	1	3	4	0	0	36
臺中縣	18	19	0	3	0	1	1	1	0	43
彰化縣	37	55	0	0	1	7	2	0	0	102
南投縣	14	27	0	3	0	5	3	0	0	52
雲林縣	15	21	0	2	0	0	2	0	0	40
嘉義縣	15	10	0	1	0	0	3	0	0	29
臺南縣	18	36	1	3	1	12	15	256	0	342
高雄縣	21	19	0	2	1	9	0	0	0	52
屏東縣	18	16	1	0	1	0	3	0	0	39
花蓮縣	8	30	1	3	2	0	3	0	0	47
臺東縣	0	44	0	5	0	0	4	1	0	54
澎湖縣	23	18	1	0	1	0	1	5	0	49
基隆市	10	20	0	0	0	3	3	0	0	36
新竹市	23	5	0	0	0	2	1	0	0	31
臺中市	13	49	0	1	0	0	2	0	0	65
嘉義市	14	13	0	0	0	0	1	2	0	30
臺南市	112	8	0	1	0	0	1	0	0	122
金門縣	44	144	0	0	1	0	0	0	0	189
連江縣	3	0	0	0	0	0	0	0	0	3
合　　計	699	853	5	32	19	69	61	771	25	2,535

資料來源：

1. 依行政院文化建設委員會文化資產總管理處籌備處公告資料製作修訂
   http://chmis.cca.gov.tw/chmp/frontsite/cultureassets/announceAllQueryAction.do
   ?method=doFindAll
2. 依行政院農委會林務局自然保育網公告資料製作
   http://conservation.forest.gov.tw/lp.asp？Ct Node=174&CtUnit=120&Base DSD
   =7&mp=10&nowpage=1&pagesize=20
   http://conservation.forest.gov.tw/ct.asp？xitem=7731&ctNode=212&mp=10
   http://conservation.forest.gov.tw/ct.asp？xitem=1896&ctNode=213&mp=10

第四節　文化資產主管機關的經營規模

壹、中央政府預算與支出

　　我國在文化資源的主管事權方面，在中央與地方政府均散處於各個不同的單位，如以「凡辦理藝術、音樂、美術、體育、歷史文物、大眾傳播、圖書出版、天文、宗教、民俗等業務之支出均屬之。」[14]的廣義統計，自 1997 至 2007 年 11 年間文化支出預算占中央政府總預算的比例處在 0.96% 至 1.53% 之間。（參見表 3–3），其中以 2001 年的 1.53% 最高，1998 年的 0.96% 最低，我國長期以來顯然對於文化支出的預算一直屬於偏低情況。

　　再從總預算支出的規模來看，這 11 年間文化預算的執行率在 93.99% 至 97.61% 之間。以 2005 年的 97.61% 最高，2007 年的 93.99% 最低。（參見表 3-4）

表 3-3　1997 至 2007 年中央政府文化支出與占總預算比例

單位：新台幣千元

年別	文化支出預算	中央政府總預算	所占總預算比例
1997	13,201,927	1,194,260,587	1.11
1998	11,767,337	1,225,264,656	0.96
1999.1-6	18,493,866	1,317,197,273	1.40
1999.7-2000	20,520,501	1,543,179,477	1.33
2001	25,062,137	1,637,079,123	1.53
2002	18,152,133	1,590,738,472	1.14
2003	23,879,020	1,656,760,149	1.44
2004	20,019,768	1,597,269,910	1.25

---

[14] 行政院文化建設委員會編《2007 文化統計》，頁 26，2009 年 12 月，台北，行政院文化建設委員會出版。

2005	18,836,369	1,608,326,140	1.17
2006	20,977,396	1,571,685,071	1.33
2007	20,706,934	1,628,351,207	1.24

資料來源：《2007 文化統計》，2009 年 12 月，台北，行政院文化建設委員會出版，頁 28

　　以行政院文化建設委員會總預算與依《文化資產保存法》所執行業務之相關預算比較，經過 2005 年《文化資產保存法》修法，將文化資產保存的主管事權，歸併在行政院文化建設委員會之後。文化建設委員會 2005 至 2007 年的總預算規模並未因此有大幅擴增現象，相反的 2005 至 2007 年用於文化資產保存的金額與比例，呈現較 2002 至 2004 年用於文化資產保存的金額與比例達到近倍的成長。（參見表 3-5）加上新增文化創意產業預算支出，對於行政院文化建設委員的預算出現排擠現象，這種情形在文化設施預算的金額支出方面表現尤其明顯。（參見表 3-6、3-7、3-8）

表 3-4　1997 至 2007 年中央政府文化支出預算
與決算金額及執行率

單位：新台幣千元

年別	文化支出預算	文化支出決算	執行率
1997	13,201,927	12,714,639	96.31
1998	11,767,337	11,501,472	97.74
1999.1-6	18,493,866	18,025,550	97.47
1999.7-2000	20,520,501	19,480,810	94.93
2001	25,062,137	23,829,587	95.08
2002	18,152,133	17,103,300	94.22
2003	23,879,020	22,976,083	96.22
2004	20,019,768	19,395,439	96.88
2005	18,836,369	18,386,681	97.61
2006	20,977,396	20,173,681	96.17
2007	20,706,934	19,461,682	93.99

資料來源：《2007 文化統計》，2009 年 12 月，台北，行政院文化建設委員會出版，頁 27

表 3-5　2002-2007 年文化建設委員會總預算
與文化資產保存預算及比例比較表

單位：新台幣千元

年別	文化資產保存預算	文化建設委員會總預算	所占比例
2002	286,481	5,265,663	5.44
2003	490,594	7,159,811	6.85
2004	387,247	5,284,143	7.33
2005	744,381	5,308,232	14.02
2006	823,430	5,212,655	15.80
2007	654,328	5,629,714	11.62

資料來源：《2007 文化統計》，2009 年 12 月，台北，行政院文化建設委員會出
版，頁 36

表 3-6　2002-2007 年文化建設委員會總預算
與文化設施金額預算及比例比較

單位：新台幣千元

年別	文化設施預算	文化建設委員會總預算	所占比例
2002	1,706,145	5,265,663	32.40
2003	1,140,255	7,159,811	15.93
2004	1,390,139	5,284,143	26.31
2005	1,314,364	5,308,232	24.82
2006	1,095,644	5,212,655	21.02
2007	896,494	5,629,714	15.92

資料來源：《2007 文化統計》，2009 年 12 月，台北，行政院文化建設委員會出
版，頁 37

表 3-7　2002-2007 年文化建設委員會總預算
與文化數位建置預算及比例比較表

單位：新台幣千元

年別	文化數位建置預算	文化建設委員會總預算	所占比例
2002	9,375	5,265,663	0.18
2003	37,350	7,159,811	0.52
2004	361,860	5,284,143	6.85
2005	203,276	5,308,232	3.83
2006	162,432	5,212,655	3.12
2007	125,242	5,629,714	2.22

資料來源：《2007 文化統計》，2009 年 12 月，台北，行政院文化建設委員會出
　　　　版，頁 38

表 3-8　2002-2007 年文化建設委員會總預算與
文化創業產業預算及比例比較表

單位：新台幣千元

年別	文化創業產業預算	文化建設委員會總預算	所占比例
2002	N	5,265,663	N
2003	600,000	7,159,811	8.38
2004	500,000	5,284,143	9.46
2005	321,515	5,308,232	6.06
2006	540,500	5,212,655	10.37
2007	570,234	5,629,714	10.13

資料來源：《2007 文化統計》，2009 年 12 月，台北，行政院文化建設委員會出
　　　　版，頁 38

貳、地方政府的預算與支出

　　2007 年地方各縣市政府文化局、處、中心的預算加總為
6,459,668,000 元，占各地方各縣市政府總預算 774,478,982,000 元的

比例僅約 0.83%較中央政府的 1.24%更低。而各地方縣市政府中編列預算比例最高的是澎湖縣的 3.33%，其次依序為連江縣的 3.17%、金門縣的 2.38%、台南市的 1.82%、嘉義市的 1.67%、宜蘭縣的 1.35%、臺中縣的 1.28%，最低的則是嘉義縣的 0.17%。（參見表 3-9）

表 3-9　2007 年各縣市政府總預算與文化支出預算及比例比較表

單位：新台幣千元

單位	總預算	文化局、處、中心預算	所占百分比
臺北市	140,692,194	545,724	0.39
高雄市	67,849,008	374,482	0.55
臺北縣	78,615,737	618,102	0.79
宜蘭縣	22,988,000	309,718	1.35
桃園縣	45,882,632	270,610	0.59
新竹縣	25,301,817	301,081	1.19
苗栗縣	18,636,364	169,740	0.91
臺中縣	37,936,390	484,415	1.28
南投縣	19,384,370	170,549	0.88
彰化縣	31,808,345	163,155	0.51
雲林縣	24,288,664	195,569	0.81
嘉義縣	20,263,300	34,027	0.17
臺南縣	30,986,111	263,747	0.85
高雄縣	32,185,135	230,791	0.72
屏東縣	27,194,100	264,701	0.97
花蓮縣	17,782,441	162,561	0.91
臺東縣	11,834,186	132,516	1.12
澎湖縣	7,446,924	248,254	3.33
基隆市	16,355,790	155,908	0.95
新竹市	17,605,779	172,364	0.98
臺中市	33,069,717	272,250	0.82
嘉義市	10,404,343	173,405	1.67

臺南市	23,961,718	437,154	1.82
金門縣	9,089,855	216,430	2.38
連江縣	2,916,062	92,415	3.17
總　計	774,478,982	6,459,668	0.83

資料來源：《2007 文化統計》，2009 年 12 月，台北，行政院文化建設委員會出版，頁 61

參、文化人力運用

2007 年文化建設委員會及其所屬機構人力為 745 人（參見表3-10），地方各縣市文化局及其所屬機構人力為 1,560 人，合計為2,305 人。再加上志工 7,822 人（參見表 3-11），合計為 10,127 人。

表 3-10　文化建設委員會暨所屬場館人力概況表

單位	人數
文化建設委員會	140
文化資產總管理處籌備處	45
國立傳統藝術中心	84
國立臺灣博物館	34
國立臺灣美術館	99
國立臺灣工藝研究所	89
國立臺中圖書館	85
國立臺灣歷史博物館	38
國立臺灣文學館	27
國立臺灣交響樂團	104
合計	745

資料來源：《2007 文化統計》，2009 年 12 月，台北，行政院文化建設委員會出版，頁 20-21

表 3-11　各縣市文化局人力概況表

單位	職工人數	志工總人數	總數
臺北市政府文化局	120	1,572	1,692
高雄市政府文化局	176	159	335
臺北縣政府文化局	86	426	512
宜蘭縣政府文化局	55	355	410
桃園縣文化局	47	425	472
新竹縣文化局	55	83	138
苗栗縣國際文化觀光局	46	113	159
臺中縣文化局	38	—	38
南投縣政府文化局	23	1,477	1,500
彰化縣文化局	72	—	72
雲林縣政府文化局	28	86	114
嘉義縣政府文化局	39	252	291
臺南縣政府文化局	81	686	767
高雄縣政府文化局	77	119	196
屏東縣政府文化局	60	334	394
花蓮縣文化局	48	105	153
臺東縣政府文化局	51	104	155
澎湖縣文化局	54	135	189
基隆市文化局	84	88	172
新竹市文化局	64	353	417
臺中市文化局	118	319	437
嘉義市文化局	38	162	200
臺南市政府文化觀光局	64	310	374
金門縣文化局	21	85	106
連江縣政府文化局	15	74	89
合計	1,560	7,822	9,382

資料來源：《2007 文化統計》，2009 年 12 月，台北，行政院文化建設委員會出版，頁 22-23

第四章
文化資產分類概說

第一節　古蹟、歷史建築、聚落

　　「古蹟、歷史建築、聚落」指人類為生活需要所營建之具有歷史、文化價值之建造物及附屬設施群。[1]在 2005 年《文化資產保存法》修訂之前，「古蹟、歷史建築、聚落」，各有不同之文化資產分類規定，古蹟自 1982 年《文化資產保存法》制定公告迄今都是文化資產的項目之一，歷史建築則在 2000 年 2 月修訂的《文化資產保存法》中首次出現，並且與古蹟並列為六種文化資產的項目之一，由地方政府負責指定與維護，中央主管機關文化建設委員會並無指定歷史建築的權限，僅有接受核備與得予補助之業務功能。聚落更僅是《文化資產保存法》規定中古蹟類型的一種，由於歷史建築是在不符指定為各級古蹟的條件下，給予地方政府得予指定保存重要具有保存價值之建築及其附屬物的規定，但也使得古蹟原先的法定價值受到混淆與爭議。因此，為平息爭議及與世界文化遺產對於大面積聚落保存的概念與潮流相互結合，2005 年《文化資產保存法》將三者合併成為「古蹟、歷史建築、聚落」的文化資產項目。「古蹟、歷史建築、聚落」因形成時間、建築特色及使用用途的不同，可區分為各種不同的類型。

---

[1]　《文化資產保存法》第一章總則第 3 條第 1 款。

壹、古蹟、歷史建築、聚落之類型

一、古蹟、歷史建築

為年代長久且其重要部分仍完整之建造物及附屬設施群，依照其建築用途區分為祠堂、寺廟、宅第、城郭、關塞、衙署、車站、書院、碑碣、教堂、牌坊、墓葬、堤閘、燈塔、橋樑及產業設施等16種類型。

二、聚落

為具有歷史風貌或地域特色之建造物及附屬設施群，依照其人文特徵區分為原住民部落、荷西時期街區、漢人街庄、清末洋人居留地、日治時期移民村、近代宿舍及眷村等7種類型。[2]

貳、古蹟、歷史建築、聚落之主管機關

「古蹟、歷史建築、聚落」的主管機關：在中央為行政院文化建設委員會，在直轄市為直轄市政府、在縣（市）為縣（市）政府。[3]相關的指定、登錄及其他相關之重大事項，各級政府業務主管機關均應設相關審議委員會，進行審議。前項審議委員會之組織準則，由文建會會同農委會定之。如有跨越二個以上直轄市、縣（市）轄區，其地方主管機關由所在地直轄市、縣（市）主管機關商定之；必要時得由中央主管機關協調指定。[4]

---

[2] 《文化資產保存法施行細則》第 2 條。

[3] 《文化資產保存法》第一章總則第 4 條。

[4] （1）《文化資產保存法》第一章總則第 6 條。
    （2）《文化資產保存法》第一章總則第 5 條。

參、古蹟、歷史建築、聚落的等級區分

一、古蹟的等級區分

　　我國對於古蹟的等級的區分，自 1982 年以來歷經多次改定，其原因係反應中央政府與地方政府的對應關係，由中央集權走向地方分權的時代趨勢。

　　古蹟在 1982 年版本的《文化資產保存法》第 27 條之規定中，區分為國家一級、國家二級、國家三級三類，分別由內政部審查指定，可說是中央集權環境下的產物。

　　1987 年 7 月 15 日起臺灣解除戒嚴，同時在黨禁與報禁也相繼去除之後，社會氛圍逐步改變，地方政府權限逐步上升，1997 年 5 月 22 日修正《文化資產保存法》第 27 條之規定，古蹟依其主管機關，區分為國定、省（市）定、縣（市）定三類。原先一級古蹟，改稱為「國定」古蹟，由內政部主管審查指定，二級古蹟修正為「省（市）定」古蹟，由省政府或直轄市政府主管審查指定，第三級古蹟，修正為「縣（市）定」古蹟，由直轄市政府及縣市政府審查指定，地方政府指定古蹟後，報請上級主管機關備查即可。1997 年的修法即在反映文化資產保存權限的變化，地方政府開始擁有古蹟的指定與登錄的權力。

　　1997 年 7 月國民大會修憲通過凍結台灣省政府的行政層級，為適應 1998 年 12 月 21 日之後臺灣省政府變成諮詢機關的新行政狀態，《文化資產保存法》也在 2000 年 2 月 9 日修訂第 27 條古蹟依其主管機關，區分為國定、直轄市定、縣（市）定三類，分別由內政部、直轄市政府及縣（市）政府審查指定。

　　原由省政府主管的省定古蹟業務，須有同步移轉或改列的機制，因此，再於 2001 年 12 月 19 日公布修訂《文化資產保存法施行細則》第 76 條之 1 規定，將 1997 年 6 月 30 日以前公告之第一級古蹟視為國定（市）定古蹟；直轄市第二級、第三級古蹟視為直轄市定古蹟。前項之視為省定古蹟及自 1997 年 7 月 1 日起公告之省定古蹟，自 1999 年 7 月 1 日起視為國定古蹟，其主管機關為內政部。但自修法以來，上自中央政府下至直轄市及縣市政府並未依法全面改定或標示，造成古蹟標示之混亂現象。

　　2005 年修正公布的《文化資產保存法》第 14 條規定古蹟依其主管機關區分為國定、直轄市定、縣（市）定三類，由各級主管機關審查指定後，辦理公告。直轄市、縣（市）定者，並應報中央主管機關備查。截至 2010 年 6 月我國經各級主管機關公告之古蹟等級與數量統計及分布縣市參見表 4-1。

二、歷史建築的等級區分

　　依據《文化資產保存法》第 15 條規定，歷史建築由直轄市、縣（市）主管機關審查登錄後，辦理公告，並報中央主管機關備查。對已登錄之歷史建築，中央主管機關得予以輔助。因此，歷史建築依無分級之規定，其數量統計與分布縣市（參見表 3-2）。

三、聚落的等級區分

　　依據《文化資產保存法》第 16 條規定，聚落由其所在地之居民或團體，向直轄市、縣（市）主管機關提出申請，經審查登錄後，辦理公告，並報中央主管機關備查。中央主管機關得就前項已登錄之聚落中擇其保存共識及價值較高者，審查登錄為重要聚落。因此，聚落的等級可區分為一般聚落與重要聚落二種。聚落數量統計與分布縣市（參見表 3-2）。

表 4-1　古蹟數量暨分級統計表

2010.06.12

項目 縣市	國定古蹟	直轄市定古蹟	縣市定古蹟	合計
臺北市	12	133	0	145
高雄市	2	20	0	22
臺北縣	6	0	52	58
宜蘭縣	0	0	28	28
桃園縣	1	0	11	12
新竹縣	1	0	19	20
苗栗縣	1	0	7	8
臺中縣	1	0	17	18
彰化縣	6	0	31	37
南投縣	1	0	13	14
雲林縣	1	0	14	15
嘉義縣	2	0	13	15
臺南縣	2	0	16	18
高雄縣	2	0	19	21
屏東縣	3	0	15	18
花蓮縣	0	0	8	8
臺東縣	0	0	0	0
澎湖縣	8	0	15	23
基隆市	3	0	7	10
新竹市	5	0	18	23
臺中市	1	0	12	13
嘉義市	1	0	13	14
臺南市	20	1	91	112
金門縣	8	0	36	44
連江縣	1	0	2	3
合計	88	154	457	699

資料來源：依行政院文化建設委員會文化資產總管理處籌備處 2010.6.12 公告
　　　　　資料製作
　　　　　http://www.hach.gov.tw/hach/frontsite/cultureassets/announceAllQuery
　　　　　Action.do?method=doFindAll

肆、古蹟、歷史建築、聚落之普查與指定

一、古蹟、歷史建築、聚落之普查

　　各級主管機關應普查或接受個人、團體提報具古蹟、歷史建築、聚落價值建造物之內容及範圍，各級主管機關依法進行普查時，鄉（鎮、市）於必要時，得予協助。並依法定程序審查後，列冊追蹤。[5]其法定審查程序為：（一）現場勘查或訪查。（二）作成是否列冊追蹤之決定，主管機關應以書面通知提報之個人或團體。[6]在取得資訊後，再據以建立主管範圍內古蹟、歷史建築及聚落之調查、研究、保存、維護、修復及再利用之完整個案資料。[7]

二、古蹟、歷史建築、聚落之指定、登錄與變更

（一）古蹟之指定與變更

　　古蹟區分為國定、直轄市定、縣（市）定 3 類，不論公、私有之建物均可主動申請或被動接受各級主管機關之古蹟審查指定，相關指定基準、審查、廢止條件與程序及其他應遵行事項之標準，均應遵照中央主管機關所頒之規定執行。各級古蹟經指定後應辦理公告，為直轄市、縣（市）定者，還應報中央主管機關備查。古蹟滅失、減損或增加其價值時，亦應報中央主管機關核准後，始得解除其指定或變更其類別。[8]

---

[5]　（1）《文化資產保存法》第二章古蹟、歷史建築、聚落第 12 條。
　　　（2）《文化資產保存法施行細則》第 8 條。
[6]　《文化資產保存法施行細則》第 2 條。
[7]　《文化資產保存法》第二章古蹟、歷史建築、聚落第 13 條。
[8]　《文化資產保存法》第二章古蹟、歷史建築、聚落第 14 條。

就執行層面而言，凡是進入古蹟指定之審查程序者，即為暫定古蹟。暫定古蹟之條件及應實行程序之辦法，由中央主管機關定之。具古蹟價值之建造物在未進入前項審查程序前，遇有緊急情況時，主管機關也可逕列為暫定古蹟，並通知所有人、使用人或管理人。於審查期間內視同古蹟，應予以管理維護；其審查期間以 6 個月為限。但必要時得延長一次。主管機關應於期限內完成審查，期滿後即喪失其暫定古蹟之效力。同時，建物經列為暫定古蹟，致權利人之財產受有損失者，主管機關應依中央主管機關所規定之標準與其協議，給與合理之補償金。[9]

（二）歷史建築之登錄與變更

歷史建築由直轄市、縣（市）主管機關負責審查及登錄，不論公、私有之建物均可主動申請或被動接受直轄市、縣（市）主管機關審查及登錄，但其相關指定基準、審查、廢止條件與程序、輔助及其他應遵行事項之辦法，均應遵照中央主管機關所頒之規定執行。直轄市、縣（市）主管機關經登錄後，應辦理公告，並報中央主管機關備查。對已登錄之歷史建築，中央主管機關得予以輔助。其補助標準與辦法由中央主管機關定之。[10]

（三）聚落之登錄與變更

聚落由其所在地之居民或團體，向直轄市、縣（市）主管機關提出申請，經審查登錄後，辦理公告，並報中央主管機關備查。中央主管機關得就前項已登錄之聚落中擇其保存共識及價值較高者，審查登錄為重要聚落。[11]

---

[9]　《文化資產保存法》第二章古蹟、歷史建築、聚落第 17 條。
[10]　《文化資產保存法》第二章古蹟、歷史建築、聚落第 15 條。
[11]　《文化資產保存法》第二章古蹟、歷史建築、聚落第 16 條。

伍、古蹟、歷史建築、聚落的管理與修護

一、古蹟、歷史建築、聚落的管理維護

（一）古蹟管理維護的個人、機關、團體

古蹟應由所有人、使用人或管理人管理維護。公有古蹟必要時得委任、委辦其所屬機關（構）或委託其他機關（構）、登記有案之團體或個人管理維護。

但應考量古蹟類別、古蹟現況、古蹟管理維護之目標及需求。前項委任、委託或委辦，應以書面為之，並訂定管理維護事項之辦理期間，報主管機關備查。公有古蹟及其所定著之土地，除政府機關（構）使用者外，得由主管機關辦理撥用。私有古蹟依前項規定辦理委任、委辦或委託其他機關（構）、登記有案之團體或個人管理維護時，應經主管機關審查後方可為之。[12]

（二）古蹟管理維護業務之內容

古蹟的所有人、使用人或管理人在管理維護方面應包含五大事項：1.日常保養及定期維修。2.使用或再利用經營管理。3.防盜、防災、保險。4.緊急應變計畫之擬定。5.其他管理維護事項。

應依照中央主管機關定立的管理維護辦法擬定管理維護計畫，如果古蹟所有人、使用人或管理人擬定管理維護計畫有困難時，主管機關應主動協助擬定。在完成管理維護計畫後，呈報主管機關備查後才能據以執行。[13]

---

[12] （1）《文化資產保存法》第二章古蹟、歷史建築、聚落第 18 條。
　　（2）《文化資產保存法施行細則》第 10 條。
[13] 《文化資產保存法》第二章古蹟、歷史建築、聚落第 20 條。

古蹟經主管機關審查認因管理不當致有滅失或減損價值之虞者，主管機關得通知所有人、使用人或管理人限期改善，屆期未改善者，主管機關得逕為管理維護、修復，並徵收代履行所需費用，或強制徵收古蹟及其所定著土地。[14]

二、古蹟、歷史建築、聚落的修護

為使古蹟、歷史建築及聚落之修復及再利用能有效推展，有關其建築管理、土地使用及消防安全等事項，均不受都市計畫法、建築法、消防法及其相關法規全部或一部之限制；其審核程序、查驗標準、限制項目、應備條件及其他應遵行事項之辦法，由中央主管機關會同內政部定之。[15]

古蹟應保存原有形貌及工法，如因故毀損，而主要構造與建材仍存在者，應依照原有形貌修復，必要時得採用現代科技與工法，以增加其抗震、防災、防潮、防蛀等機能及存續年限。並得依其性質，由所有人、使用人或管理人提出計畫，經主管機關核准後，採取適當之修復或再利用方式。再利用計畫，得需要在不變更古蹟原有形貌原則下，增加必要設施。古蹟修復及再利用辦法，由中央主管機關定之。[16]

因重大災害有辦理古蹟、歷史建築緊急修復之必要者，其所有人、使用人或管理人應於災後 30 日內依照中央主管機關定的古蹟及歷史建築重大災害應變處理辦法提報搶修計畫，並於災後 6 個月內提出修復計畫，經主管機關核准後為之。私有古蹟之所有人、使用人或管理人，提出前項計畫有困難時，主管機關應主動協助擬定搶修或修復計畫。[17]

---

[14] 《文化資產保存法》第二章古蹟、歷史建築、聚落第 24 條。
[15] 《文化資產保存法》第二章古蹟、歷史建築、聚落第 22 條。
[16] 《文化資產保存法》第二章古蹟、歷史建築、聚落第 21 條。
[17] 《文化資產保存法》第二章古蹟、歷史建築、聚落第 23 條。

在古蹟周邊的營建工程及其他開發工作時，不得有破壞古蹟之完整、遮蓋古蹟之外貌或阻塞其觀覽通道的行為；工程或開發行為進行中，發見具古蹟價值之建造物時，應即停止工程或開發行為之進行，並報主管機關處理。[18]政府機關辦理古蹟、歷史建築及聚落之修復或再利用有關之採購，應依中央主管機關訂定之採購辦法辦理，不受政府採購法限制。但不得違反我國締結之條約及協定。[19]

陸、古蹟、歷史建築、聚落所有權的移轉

古蹟及其所定著土地所有權移轉前，應事先通知主管機關；私有古蹟應由所有人親自通知，對於私有古蹟及其所定著土地所有權移轉，除繼承者外，主管機關有依同樣條件優先購買之權。[20]

柒、贊助管理維護古蹟、歷史建築、聚落者之獎勵

一、獎勵

捐獻私有古蹟及其所定著土地給予政府，主管機關得依所定獎勵或補助辦法給予獎勵或補助。[21]

二、賦稅減免

（一）私有古蹟免徵房屋稅及地價稅。私有歷史建築、聚落及其所定著土地，得在 50% 範圍內減徵房屋稅及地價稅；其減免範

---

[18] 《文化資產保存法》第二章古蹟、歷史建築、聚落第 30 條。
[19] 《文化資產保存法》第二章古蹟、歷史建築、聚落第 25 條。
[20] （1）《文化資產保存法》第二章古蹟、歷史建築、聚落第 28 條。
　　（2）《文化資產保存法施行細則》第 13 條。
[21] 《文化資產保存法》第九章獎勵第 90 條。

圍、標準及程序之法規，由直轄市、縣（市）主管機關訂定，報財政部備查。[22]

（二）私有古蹟及其所定著之土地，因繼承而移轉者，免徵遺產稅。本法公布生效前發生之古蹟繼承，於本法公布生效後，尚未核課或尚未核課確定者，適用前項規定。[23]

（三）出資贊助辦理古蹟、歷史建築、古蹟保存區內建築物、遺址、聚落之修復、再利用或管理維護者，其捐贈或贊助款項，得依所得稅法第 17 條第 1 項第 2 款第 2 目及第 36 條第 1 款規定，列舉扣除或列為當年度費用，不受金額之限制。前項贊助費用，應交付主管機關、國家文化藝術基金會、直轄市或縣（市）文化基金會，會同有關機關辦理前項修復、再利用或管理維護事項。該項贊助經費，經贊助者指定其用途者，不得移作他用。[24]

三、補助

（一）公有古蹟因管理維護所衍生之收益，其全部或一部得由各管理機關（構）作為古蹟管理維護費用，不受國有財產法第 7 條規定之限制。[25]

（二）私有古蹟、歷史建築及聚落之管理維護、修復及再利用所需經費，主管機關得酌予補助。依前項規定接受政府補助之歷史建築，其保存、維護、再利用及管理維護等，準用第 20 條及第 21 條之規定。主管機關補助經費時，應斟酌古蹟、歷史建築及聚落之管理維護、修復及再利用情形，將下列事項以書面列為附款或約款：1.補助經費之運用應與補助用途相

---

[22]　《文化資產保存法》第九章獎勵第 91 條。

[23]　《文化資產保存法》第九章獎勵第 92 條。

[24]　《文化資產保存法》第九章獎勵第 93 條。

[25]　《文化資產保存法》第二章古蹟、歷史建築、聚落第 19 條。

符。2.所有人、使用人或管理人應配合調查研究、工程進行等事宜。3.所有人、使用人或管理人於工程完工後應維持修復後原貌，妥善管理維護。4.古蹟、歷史建築及聚落所有權移轉時，契約應載明受讓人應遵守本條規定。5.違反前四款規定者，主管機關得要求改善，並視情節輕重，追回全部或部分已撥之補助款。[26]

（三）公有及接受政府補助之私有古蹟、歷史建築及聚落，應適度開放大眾參觀。依前項規定開放參觀之古蹟、歷史建築及聚落，得酌收費用；其費額，由所有人、使用人或管理人擬訂，報經主管機關核定。公有者，並應依規費法相關規定程序辦理。[27]

捌、違反古蹟、歷史建築及聚落管理維護規定之罰則

一、違反《文化資產保存法》第 94 條規定有下列行為之一者，處 5 年以下有期徒刑、拘役或科或併科新臺幣 20 萬元以上 100 萬元以下罰鍰：

（一）違反古蹟除因國防安全或國家重大建設，經提出計畫送中央主管機關審議委員會審議，並由中央主管機關核定者外不得遷移或拆除之規定者，毀損古蹟之全部、一部或其附屬設施者。其損害部分並應回復原狀；不能回復原狀或回復顯有重大困難者，應賠償其損害。前項負有回復原狀之義務而不為者，得由主管機關代履行，並向義務人徵收費用。[28]

---

[26] （1）《文化資產保存法》第二章古蹟、歷史建築、聚落第 28 條。
　　（2）《文化資產保存法施行細則》第 12 條。
[27] 《文化資產保存法》第二章古蹟、歷史建築、聚落第 27 條。
[28] （1）《文化資產保存法》第二章古蹟、歷史建築、聚落第 32 條。
　　（2）《文化資產保存法》第十章罰則第 94、95 條。

（二）法人之代表人、法人或自然人之代理人、受僱人或其他從業人員，因執行職務犯此罪者，除依該條規定處罰其行為人外，對該法人或自然人亦科以同條所定之罰金。[29]

（三）公務員假借職務上之權力、機會或方法，違反規定致毀損古蹟之全部、一部或其附屬設施者，加重其刑至二分之一。[30]

二、違反《文化資產保存法》第 97 條規定有下列行為之一者，處新臺幣 10 萬元以上 50 萬元以下之罰鍰

（一）古蹟之所有人、使用人或管理人，對古蹟之修復或再利用，未依主管機關核定之計畫為之者。其產權屬公有者，主管機關並應公布該管理機關名稱及將相關人員移請權責機關懲處或懲戒。

（二）古蹟之所有人、使用人或管理人，對古蹟之緊急修復，未於規定期限內提出修復計畫或未依主管機關核定之計畫為之者。

（三）古蹟之所有人、使用人或管理人經主管機關依規定通知限期改善，屆期仍未改善者。

（四）營建工程或其他開發行為，違反不得破壞古蹟之完整、遮蓋古蹟之外貌或阻塞其觀覽之通道；工程或開發行為進行中發現具古蹟價值之建造物時，應即停止工程或開發行為之進行，並報主管機關處理之規定者。主管機關並得勒令停工，通知自來水、電力事業等配合斷絕自來水、電力或其他能源。

（五）有違反上述情形之一，經主管機關限期通知改正而不改正，或未依改正事項改正者，得按次分別處罰，至改正為止；情

---

[29]　《文化資產保存法》第十章罰則第 96 條。
[30]　《文化資產保存法》第十章罰則第 100 條。

況急迫時，主管機關得代為必要處置，並向行為人徵收代履行費用。[31]

三、違反《文化資產保存法》第 98 條規定有下列行為之一者，處新臺幣 3 萬元以上 15 萬元以下之罰鍰

（一）移轉私有古蹟及其定著之土地所有權，未依規定，事先通知主管機關者。

（二）發見具古蹟價值之建造物，應即通知主管機關處理。而未依法通報主管機關處理者。[32]

四、其他

依本法所處之罰鍰，經限期令其繳納，屆期仍不繳納者，依法移送強制執行。[33]

玖、相涉主管機關之協調

一、古蹟所在地都市計畫之訂定或變更，應先徵求主管機關之意見。政府機關策定重大營建工程計畫時，不得妨礙古蹟之保存及維護，並應先調查工程地區有無古蹟或具古蹟價值之建造物；如有發見，應即報主管機關依審查程序辦理。[34]

二、為維護古蹟並保全其環境景觀，主管機關得會同有關機關擬具古蹟保存計畫其內容應包括基礎調查、法令研究、體制建構、管理維護、地區發展及經營、相關圖面等項目。再依區域計畫法、都市計畫法或國家公園法等有關規定，編定、劃定或變更為古蹟保存用地或保存區、其他使用用地或分區，並依相關規

---

[31] 《文化資產保存法》第十章罰則第 97 條。

[32] 《文化資產保存法》第十章罰則第 98 條。

[33] 《文化資產保存法》第十章罰則第 98 條。

[34] 《文化資產保存法》第二章古蹟、歷史建築、聚落第 31 條。

定予以保存維護。前項古蹟保存用地或保存區、其他使用用地或分區，對於基地面積或基地內應保留空地之比率、容積率、基地內前後側院之深度、寬度、建築物之形貌、高度、色彩及有關交通、景觀等事項，得依實際情況為必要規定及採取獎勵措施。主管機關於擬定古蹟保存區計畫過程中，應分階段舉辦說明會、公聽會及公開展覽，並應通知當地居民參與。[35]

三、為維護聚落並保全其環境景觀，主管機關得擬具聚落保存及再發展計畫後，依區域計畫法、都市計畫法或國家公園法等有關規定，編定、劃定或變更為特定專用區。前項保存及再發展計畫之擬定，應召開公聽會，並與當地居民協商溝通後為之。[36]

四、古蹟除以政府機關為管理機關者外，其所定著之土地、古蹟保存用地、保存區、其他使用用地或分區內土地，因古蹟之指定、古蹟保存用地、保存區、其他使用用地或分區之編定、劃定或變更，致其原依法可建築之基準容積受到限制部分，得等值移轉至同一都市主要計畫地區或區域計畫地區之同一直轄市、縣（市）內之地區。容積一經移轉，其古蹟之指定或古蹟保存用地、保存區、其他使用用地或分區之管制，不得解除。建築使用或享有其他獎勵措施；其辦法，由內政部會商文建會定之。[37]

五、依規定劃設之古蹟保存用地或保存區、其他使用用地或分區及特定專用區內，關於下列事項之申請，應由目的事業主管機關會同主管機關辦理：

（一）建築物與其他工作物之新建、增建、改建、修繕、遷移、拆除或其他外形及色彩之變更。

（二）變更土地現況為建築用地、土地之開墾、道路之整修、拓寬及其他土地形狀之變更。

---

[35] （1）《文化資產保存法》第二章古蹟、歷史建築、聚落第33條。
（2）《文化資產保存法施行細則》第14條。
[36] 《文化資產保存法》第二章古蹟、歷史建築、聚落第34條。
[37] 《文化資產保存法》第二章古蹟、歷史建築、聚落第35條。

（三）竹木採伐及土石之採取。

（四）廣告物之設置。[38]

拾、國家一級古蹟及國定古蹟保存的特質

由我國古蹟保護的發展及演變過程觀察，從以往最具代表性的 24 個國家一級古蹟來看，在 1982 年《文化資產保存法》通過之後，1983 年 12 月 28 日內政部依法公布臺南赤嵌樓、淡水紅毛城、二鯤鯓礮臺（億載金城）、澎湖天后宮、臺南孔廟、鹿港龍山寺、臺南祀典武廟、澎湖西臺古堡、臺南臺灣城殘跡（安平古堡）、基隆二沙灣礮臺（海門天險）、臺南五妃廟、新竹金廣福公館、彰化孔子廟、嘉義王得祿墓園、臺北府城北門等 15 處一級古蹟。

1985 年再陸續公告大天后宮（寧靖王府邸）、鳳山縣舊城、邱良功母節孝坊 3 處一級古蹟。1987 年公告八通關古道 1 處一級古蹟。

1988 年公告圓山遺址、八仙洞遺址、卑南遺址 3 處一級古蹟。1991 年公告西嶼東臺 1 處一級古蹟。1992 年大坌坑遺 1 處一級古蹟，總計 24 處國家一級古蹟。（參見表 4-2）

外顯的特質即是漢族文化本位。代表臺灣北部地區先住民早期活動的圓山遺址及大坌坑遺址，東部地區先住民早期活動的八仙洞遺址與卑南遺址，均是在 1988 年至 1992 年才陸續列入國家一級古蹟，同時在保存工作方面，除了卑南遺址尚可之外，其餘三者不過是聊備一格，僅有宣示意義而已。相反的，代表 17 世紀以後大量移民的漢人族群活動遺存，即占有 16 處，荷屬東印度公司與漢人族群混合活動遺存也占有 3 處。如果加上遠在金門邱良功母節孝坊，顯示漢人族群活動遺存在 24 處國家一級古蹟中占有絕對多數的地位。

---

[38]　（1）《文化資產保存法》第二章古蹟、歷史建築、聚落第 36 條。

　　　（2）《文化資產保存法施行細則》第 15 條。

　　1997 年 5 月 14 日修正《文化資產保存法》第 27 條之規定，古蹟依其主管機關，改變為國定、省（市）定、縣（市）定三級，國定古蹟由內政部主管，省（市）定、縣（市）定古蹟，分別由省（市）政府、縣（市）政府審查指定之。

　　2000 年 2 月 9 日《文化資產保存法》第 27 條增訂古蹟依其主管機關，區分為國定、直轄市定、縣（市）定三類，分別由內政部、直轄市政府及縣（市）政府審查指定。

　　2001 年 12 月 19 日公告修正增刪的《文化資產保存法施行細則》，增定之第 76 條之 1 規定，1997 年 6 月 30 日以前公告之第一級古蹟視為國定（市）定古蹟；直轄市第二級及第三級古蹟視為直轄市定古蹟。前項之視為省定古蹟及自 1997 年 7 月 1 日起公告之省定古蹟，自 1998 年 7 月 1 日起視為國定古蹟。

　　中央主管機關依此規定，將原先指定之省定古蹟以主管機關的改變納為國定古蹟，使得國定古蹟的數量增加至 70 處，再累計 1997 年 7 月 1 日之後至 2010 年新增指定的國定古蹟 23 處，扣除圓山遺址、卑南遺址、八仙洞遺址、大坌坑遺址、十三行遺址 6 處國定古蹟因 2005 年修法改列為國定遺址，現今我國指定的國定古蹟累計為 88 處。（參見表 4-3）

表 4-2　國家一級古蹟統計表

2010.06.12

序號	古蹟名稱	創建年代	座落縣市	公告日期
1	基隆二砂灣礮臺（海門天險）	1886	基隆市大沙灣民族英雄紀念碑對面山上，位於大沙灣及二沙灣之間	1983.12.28
2	淡水紅毛城	約 1629－1644	臺北縣淡水鎮中正路 28 巷 1 號	1983.12.28
3	臺北府城北門	1982	北門：忠孝西路、延平南路、博愛路、中華路交叉路口	1983.12.28

4	金廣福公館	1835	新竹縣北埔鄉北埔村五鄰中正路 1 號	1983.12.28
5	彰化孔子廟	1726	彰化縣彰化市永福里孔門路 31 號	1983.12.28
6	鹿港龍山寺	1786	彰化縣鹿港鎮龍山里金門巷 81 號	1983.12.28
7	王得祿墓	1841	嘉義縣六腳鄉雙涵村東北邊農地上	1983.12.28
8	赤嵌樓	1653	臺南市赤崁里民族路 2 段 212 號（包括蓬壺書院）	1983.12.28
9	二鯤鯓礮臺（億載金城）	1874	臺南市安平區光州路 3 號	1983.12.28
10	臺南孔子廟	1665	臺南市中西區永慶里南門路 2 號	1983.12.28
11	祀典武廟	1647	臺南市中西區永福路 2 段 229 號	1983.12.28
12	五妃廟	1683	臺南市中西區五妃街 201 號	1983.12.28
13	臺灣城殘蹟（安平古堡殘蹟）	1624	臺南市國勝路 82 號	1983.12.28
14	澎湖天后宮	1563	澎湖縣馬公市中央里正義街 1 號	1983.12.28
15	西嶼西臺	1886	澎湖縣西嶼鄉外垵村 278 地號	1983.12.28
16	大天后宮（寧靖王府邸）	1664	臺南市中西區永福 2 段 227 巷 18 號	1985.8.19.
17	鳳山縣舊城	1722	高雄市左營區興隆段 158-1 號等	1985.8.19.
18	邱良功母節孝坊	1812	金門縣金城鎮東門里莒光路 1 段觀音亭邊	1985.8.19.
19	八通關古道	1875	南投縣竹山鎮至花蓮縣玉里鎮（清光緒元年所開闢之古道）	1987.4.17.
20	圓山遺址		臺北市中山區中山北路三段 66 號	1988.4.25.
21	卑南遺址		臺東縣臺東市南王里卑南段	1988.7.8.
22	八仙洞遺址		臺東縣長濱鄉位樟原橋南方約 500 公尺，台 11 公路西側水母丁山山壁上的海蝕洞穴，即八仙洞風景區所在	1988.7.8.
23	西嶼東臺	1887	澎湖縣西嶼鄉内垵段 379-1，379-4 地號	1991.11.23
24	大坌坑遺址		臺北縣八里鄉小八里坌段	1992.1.10.

資料來源：內政部民政司

表 4-3　國定古蹟統計表

2010.06.12

序號	古蹟名稱	創建年代	座落縣市	公告日期
1	基隆二砂灣礮臺（海門天險）	1886	基隆市大沙灣民族英雄紀念碑對面山上，位於大沙灣及二沙灣之間	1983.12.28
2	淡水紅毛城	約 1629－1644	臺北縣淡水鎮中正路 28 巷 1 號	1983.12.28
3	臺北府城東門、南門、小南門、北門	1982	北門：忠孝西路、延平南路、博愛路、中華路交叉路口	1983.12.28
			東門：中山南路、信義路交叉路口南門：公園路、愛國西路交叉路口小南門：延平南路、愛國西路交叉路口	1998.09.03
4	金廣福公館	1835	新竹縣北埔鄉北埔村五鄰中正路 1 號	1983.12.28
5	彰化孔子廟	1726	彰化縣彰化市永福里孔門路 31 號	1983.12.28
6	鹿港龍山寺	1786	彰化縣鹿港鎮龍山里金門巷 81 號	1983.12.28
7	王得祿墓	1841	嘉義縣六腳鄉雙涵村東北邊農地上	1983.12.28
8	赤嵌樓	1653	臺南市赤崁里民族路 2 段 212 號（包括蓬壺書院）	1983.12.28
9	二鯤鯓礮臺（億載金城）	1874	臺南市安平區光州路 3 號	1983.12.28
10	臺南孔子廟	1665	臺南市中西區永慶里南門路 2 號	1983.12.28
11	祀典武廟	1647	臺南市中西區永福路 2 段 229 號	1983.12.28
1 2	五妃廟	1683	臺南市中西區五妃街 201 號	1983.12.28
13	臺灣城殘蹟（安平古堡殘蹟）	1624	臺南市國勝路 82 號	1983.12.28
14	澎湖天后宮	1563	澎湖縣馬公市中央里正義街 1 號	1983.12.28
15	西嶼西臺	1886	澎湖縣西嶼鄉外垵村 278 地號	1983.12.28
16	大武崙砲臺	約 1886	基隆市安樂區大武崙情人湖邊	1985.8.19
17	鄞山寺（汀州會館）	1822	臺北縣淡水鎮鄧公里鄧公路 15 號	1985.8.19

18	滬尾礮臺	1888	臺北縣淡水鎮中正路 1 段 6 巷 31 號	1985.8.19
19	理學堂大書院	1882	臺北縣淡水鎮文化里真理街 32 號	1985.8.19
20	林本源宅邸	1847	臺北縣板橋市流芳里西門街 42 之 65 號及 9 號	1985.8.19
21	廣福宮（三山國王廟）	1780	臺北縣新莊市文德里新莊路 150 號	1985.8.19
22	大溪李騰芳古宅	1860	桃園縣大溪鎮月眉里月眉路 34 號	1985.8.19
23	進士第（鄭用錫宅邸）	1838	新竹市北門里北門街 169 號	1985.8.19
24	竹塹城迎曦門	1827	新竹市東門街中正路口	1985.8.19
25	鄭用錫墓	1869	新竹市光鎮里客雅段 447-36 地號	1985.8.19
26	鄭崇和墓	1867	苗栗縣後龍鎮龍坑里 16 鄰轄區	1985.8.19
27	道東書院	1857	彰化縣和美鎮和西里和卿路 101 號	1985.8.19
28	元清觀	1763	彰化縣彰化市光華里民生路 209 號	1985.8.19
29	大天后宮（寧靖王府邸）	1664	臺南市中西區永福 2 段 227 巷 18 號	1985.8.19.
30	北極殿	1671	臺南市中西區天中里民權路 2 段 89 號	1985.8.19
31	開元寺	1690	臺南市北區開元里北園街 89 號	1985.8,19
32	臺南三山國王廟	1742	臺南市北區元和里西門路 3 段 100 號	1985.8.19
33	四草砲臺（鎮海城）	1840	臺南市安南區四草里顯草街 1 段 381 號	1985.8.19
34	鳳山縣舊城	1722	高雄市左營區興隆段 158-1 號等	1985.8.19.
35	恆春古城	1875	屏東縣恆春鎮城南里；城北里；城西里	1985.8.19
36	媽公古城	1887	澎湖縣馬公市（順承門：復興里金龍路；大西門：澎防司令部內）	1985.8.19
37	邱良功母節孝坊	1812	金門縣金城鎮東門里莒光路 1 段觀音亭邊	1985.8.19.
38	瓊林蔡氏祠堂	1840	金門縣金湖鎮瓊林村瓊林街 13 號	1985.8.19

39	陳禎墓	約 16 世紀	金門縣金沙鎮埔山村黃龍山上	1985.8,19
40	文臺寶塔	1387	金門縣金城鎮古城村金門城南磐山南端	1985.8.19
41	鳳山龍山寺	1735	高雄縣鳳山市和德里中山路 7 號	1985.11.13
42	霧峰林宅	1864	臺中縣霧峰鄉民生路（頂厝 42 號，下厝 28 號，頤圃 38 號，萊園 91 號）	1985.11.27
43	北港朝天宮	1700	雲林縣北港鎮鎮光民里中山路 178 號	1985.11.27
44	聖王廟	1763	彰化縣彰化市富貴里中華路 239 巷 19 號	1985.11.27
45	馬興陳宅（益源大厝）	1846	彰化縣秀水鄉馬興村益源巷 4 號	1985.11.27
46	新港水仙宮	1780	嘉義縣新港鄉南港村 3 鄰舊南港 58 號	1985.11.27
47	開基天后宮	1647	臺南市北區重光里自強街 12 號	1985.11.27
48	臺灣府城隍廟	1669	臺南市中西區清水里青年路 133 號	1985.11.27
49	兌悅門	1835	臺南市中西區忠信里文賢路與信義街 122 巷交叉口	1985.11.27
50	南鯤鯓代天宮	1662	臺南縣北門鄉鯤江村蚵寮 468 號	1985.11.27
51	八通關古道	1875	南投縣竹山鎮至花蓮縣玉里鎮（清光緒元年所開闢之古道）	1987.4.17.
52	西嶼燈塔	1778	澎湖縣西嶼鄉外垵村 35 鄰 195 號	1987.4.17.
53	水頭黃氏西堂別業	1765	金門縣金城鎮金水村前水頭 55 號	1988.11.11
54	陳健墓	約 16 世紀	金門縣金沙鎮東珩村外	1988.11.11
55	東犬燈塔	1872	連江縣莒光鄉福正村福正段 26 地號	1988.11.11
56	臺南地方法院	1912	臺南市中西區府前路 1 段 307 號	1991.4.19
57	魯凱族好茶舊社	不詳	屏東縣霧台鄉好茶段	1991.5.24

58	西嶼東臺	1887	澎湖縣西嶼鄉內垵段 379-1，379-4 地號	1991.11.23
59	虛江嘯臥碣群	約 16 世紀	金門縣金城鎮古城村金門城南磐山南端	1991.11.23
60	金門朱子祠	1781	金門縣金湖鎮珠埔北路 35 號	1991.11.23
61	竹仔門電廠	1909	高雄縣美濃鎮獅山里竹門 20 號	1992.5.25.
62	原臺南測候所	1898	臺南市中西區公園路 21 號	1993.11.10
63	原日軍臺灣步兵第二聯隊營舍	1902－1913	臺南市東區大學路 1 號（成大光復校區內）	1993.11.10
64	臺中火車站	1917	臺中市中區建國路 1 段 172 號	1995.4.22
65	下淡水溪橋（高屏溪舊鐵橋）	1914	屏東縣屏東市竹寮村起至屏東縣	1997.4.2
66	專賣局	1913	臺北市中正區南昌路 1 段 1 號、4 號	1998.6.10.
67	臺灣總督府博物館（原兒玉總督後藤民政長官紀念館）	1915	臺北市中正區襄陽路 2 號	1998.6.10.
68	槓子寮礮臺	1908	基隆市信義區深美段 1.4.5.6.7.8 地號	1998.6.22.
69	新竹州廳	1915	新竹市大同里中正路 120 號	1998.6.22
70	新竹火車站	1913	新竹市榮光里 6 鄰中華路 2 段 445 號	1998.6.22.
71	總統府（原臺灣總督府）	1919	臺北市中正區重慶南路 1 段 122 號	1998.7.30.
72	監察院（原臺北州廳）	1915	臺北市中正區忠孝東路 1 段 2 號	1998.7.30.
73	行政院（原臺北市役所）	1940	臺北市中正區忠孝東路 1 段 1 號	1998.7.30.
74	司法大廈（原高等法院）	1934	臺北市中正區重慶南路 1 段 124 號	1998.7.30.
75	臺北賓館（原臺灣總督官邸）	1901	臺北市中正區凱達格蘭大道 1 號	1998.9.03.

76	臺南火車站	1936	臺南市東區北門路 2 段 4 號	1998.12.18
77	馬公金龜頭砲臺	1887	澎湖縣馬公市馬公段 2664、2664-3 地號	2001.11.21
78	湖西拱北砲臺	1886	澎湖縣湖西鄉大城北段 1071、1071-2、1071-4 地號	2001.11.21
79	馬公風櫃尾荷蘭城堡	1622	澎湖縣馬公市風櫃尾段 1128 地號	2001.11.21
80	嚴家淦先生故居（原台灣銀行高級官員之宿舍）	1910	臺北市中正區重慶南路二段 2 號、4 號	2003.1.20
81	原臺南州廳	1916	臺南市中西區中正路 1 號	2003.11.10
82	熱蘭遮城城垣暨城內建築遺構	1623	臺南市安平區古堡段 678、679、756、769、771、821、777-1、981、982、984、858、860、849、754、752、748、865 等地號內	2004.10.07
83	台灣煉瓦會社打狗工場（中都唐榮磚窯廠）	1897－1899	高雄市三民區中華橫路 220 號	2005.03.11
84	蔣中正宋美齡士林官邸	1950	臺北市士林區福林路 60 號	2005.5.25
85	嘉義舊監獄	1919	嘉義市東區太平里 4 鄰維新路 140（舊監獄）、142（舊看守所）號	2005.5.26
86	原台南水道	1912	臺南縣山上鄉山上村 16 號	2005.9.29
87	台灣總督府交通局鐵道部（廳舍、八角樓男廁、戰時指揮中心、工務室、電源室、食堂	1919	台北市大同區延平北路一段 2 號	2007.5.25
88	台灣民主紀念園區（中正紀念堂）	1976	臺北市中正區中山南路 21 號	2007.11.09

資料來源：依行政院文化建設委員會文化資產總管理處籌備處公告資料製作
http://www.hach.gov.tw/hach/frontsite/cultureassets/announceAllQuery
Action.do?method=doFindAll

拾壹、現況

　　至 2010 年 6 月指定登錄的古蹟共有 699 筆（含國定古蹟 88 筆、直轄市定古蹟 154 筆、縣市定古蹟 457 筆）、歷史建築 853 筆、聚落 5 筆，合計 1,557 筆。（參見附錄一、二）

　　就古蹟的分布區域位置而言，以臺北市擁有 145 處最多，臺南市 112 處排名居次，臺北縣 58 處位居第三。臺東縣以未有任何古蹟之登錄居於末位。就國定古蹟而言，臺南市以 20 處居冠，臺北市以 12 處居次，澎湖縣與金門縣各以 8 處居第三位。

　　就歷史建築的分布區域位置而言，以金門縣擁有 144 處最多，臺北市 130 處排名居次，宜蘭縣 66 處位居第三。連江縣以未有任何歷史建築之登錄居於末位。

　　就聚落的分布區域位置而言，2006 年 12 月 27 日澎湖縣指定的望安鄉中社村望安花宅漢人街庄，是第一個依法的所指定的聚落，2006 年 12 月 28 日花蓮縣指定鳳林鎮林田山（MORISAKA）林業聚落、2008 年 5 月 19 日屏東縣指定萬巒鄉五溝村五溝水漢人街庄、2009 年 7 月 16 日臺南縣指定楠西鄉鹿陶洋江家聚落單姓客家傳統聚落，2010 年 4 月 14 日文建會指定望安花宅聚落為重要聚落。[39]

　　由古蹟與歷史建築在總數量最多的臺北市 275 處、金門縣 188 處、臺南市 120 處三個區域觀察，在臺灣本島正反映 17 世紀以來，由南至北社區發展兩大都會重心的發展歷程。在金門縣則反映大量指定登錄歷史建築的特殊文化資產保存現象。

第二節　遺址

　　「遺址」，依照《文化資產保存法》第 3 條第 2 款規定，指蘊藏過去人類生活所遺留具歷史文化意義之遺物、遺跡及其所定著之

---

[39] 依行政院文化建設委員會文化資產總管理處籌備處公告資料統計 http://www.hach.gov.tw/hach/frontsite/cultureassets/announceAllQueryAction.do?method=doFindAll。

空間。「遺址」從 1982 年《文化資產保存法》制定公告以來都是附屬於古蹟的類型之一，至 2005 年《文化資產保存法》修訂之後，才獨立成為單一的文化資產項目，遺址之認定必須依照《文化資產保存法》規定之分類及審查程序後，經指定或登錄後方能完成。

壹、遺址之法定類型

一、遺物
（一）文化遺物：指各類石器、陶器、骨器、貝器、木器或金屬器等過去人類製造、使用之器物。
（二）自然遺物：指動物、植物、岩石或土壤等與過去人類所生存生態環境有關之遺物。
二、遺跡，指過去人類各種活動所構築或產生之非移動性結構或痕跡。
三、定著之空間：過去人類生活所遺留定著之空間[40]。

貳、遺址之主管機關

　　遺址的主管機關，在中央為行政院文化建設委員會；在直轄市為直轄市政府，在縣（市）為縣（市）政府。[41]其指定、登錄及其他本法規定之重大事項，應設相關審議委員會，進行審議。前項審議委員會之組織準則，由文建會會同農委會定之。如有跨越二個以上直轄市、縣（市）轄區，其地方主管機關由所在地直轄市、縣（市）主管機關商定之；必要時得由中央主管機關協調指定。[42]

---

[40]　（1）《文化資產保存法》第一章總則第 3 條。
　　　（2）《文化資產保存法施行細則》第 3 條。
[41]　《文化資產保存法》第一章總則第 4 條。
[42]　（1）《文化資產保存法》第一章總則第 6 條。
　　　（2）《文化資產保存法》第一章總則第 5 條。

參、遺址等級之區分

遺址依規定,區分為國定、直轄市定、縣(市)定三類,由各級主管機關審查指定後,辦理公告。直轄市、縣(市)定者,並應報中央主管機關備查。遺址滅失、減損或增加其價值時,主管機關得廢止其指定或變更其類別,並辦理公告。直轄市、縣(市)定者,應報中央主管機關核定。前二項指定基準、審查、廢止條件與程序及其他應遵行事項之辦法,由中央主管機關定之。[43]

肆、遺址之普查與指定

一、遺址之普查

各級主管機關應普查或接受個人、團體提報具遺址價值者之內容及範圍,各級主管機關依法進行普查時,鄉(鎮、市)於必要時,得予協助。各級主管機關依法進行普查後,依法定程序審查後,列冊追蹤。[44]

其法定審查程序為:(一)現場勘查或訪查。(二)作成是否列冊追蹤之決定,主管機關應以書面通知提報之個人或團體。[45]主管機關應據以建立遺址之調查、研究、發掘及修復之完整個案資料。[46]

二、遺址之指定與變更

遺址依其主管機關,區分為國定、直轄市定、縣(市)定三類,由各級主管機關依中央主管機關所定之基準、審查、廢止條件與程

---

[43] 《文化資產保存法》第三章遺址第 40 條。
[44] 《文化資產保存法》第三章遺址第 37 條。
[45] 《文化資產保存法施行細則》第 8 條。
[46] 《文化資產保存法》第三章遺址第 38 條。

序及其他應遵行事項之辦法審查指定後，辦理公告。直轄市、縣（市）定者，並應報中央主管機關備查。遺址滅失、減損或增加其價值時，主管機關得廢止其指定或變更其類別，並辦理公告。直轄市、縣（市）定者，應報中央主管機關核定。[47]

伍、遺址之管理維護與發掘

一、遺址的管理維護

（一）遺址管理維護的個人、機關、團體

具遺址價值者經依規定列冊處理後，於審查指定程序終結前，直轄市、縣（市）主管機關應負責監管，避免其遭受破壞。[48]遺址由主管機關擬具遺址管理維護計畫，進行監管保護。前項監管保護，必要時得委任、委辦其所屬機關（構）或委託其他機關（構）、登記有案之團體或個人為之。遺址之監管保護辦法，由中央主管機關定之。[49]

（二）遺址管理維護業務之內容

為維護遺址並保全其環境景觀，主管機關得會同有關機關擬具遺址保存計畫，其內容應包括基礎調查、法令研究、體制建構、管理維護、地區發展及經營、相關圖面等項目。並依區域計畫法、都市計畫法或國家公園法等有關規定，編定、劃定或變更為保存用地或保存區、其他使用用地或分區，並依相關規定予以保存維護。前

---

[47] 《文化資產保存法》第三章遺址第 40 條。
[48] 《文化資產保存法》第三章遺址第 41 條。
[49] （1）《文化資產保存法》第三章遺址第 42 條。
　　（2）《文化資產保存法施行細則》第 10 條。

項保存用地或保存區、其他使用用地或分區範圍、利用方式及景觀維護等事項，得依實際情況為必要之規定及採取獎勵措施。劃入遺址保存用地或保存區、其他使用用地或分區之土地，主管機關得辦理撥用或徵收之。[50]

二、遺址之發掘

遺址之發掘，應由學者專家、學術或專業機構向主管機關提出申請，經審議委員會審議，並由主管機關核定後，始得為之。遺址經發掘者，應製作發掘報告，於主管機關所定期限內，報請主管機關備查，並公開發表。遺址發掘之資格限制、條件、審查程序及其他應遵行事項之辦法，由中央主管機關定之。[51]

陸、管理維護遺址者之獎勵與補償

一、獎勵

捐贈遺址或其所定著之土地予政府，主管機關得依所定獎勵或補助辦法給予獎勵或補助。[52]

二、補償

為保護或研究遺址，需要進入公、私有土地者，應先徵得土地所有人、使用人或管理人之同意。為發掘遺址，致土地權利人

---

[50] （1）《文化資產保存法》第三章遺址第 43 條。
　　（2）《文化資產保存法施行細則》第 14 條。
[51] 《文化資產保存法》第三章遺址第 45 條。
[52] 《文化資產保存法》第九章獎勵第 90 條。

受有損失者，主管機關應給與合理補償；其補償金額，以協議定之。[53]

三、賦稅減免

　　私有遺址及其所定著之土地，免徵房屋稅及地價稅。[54]出資贊助辦理古蹟、歷史建築、古蹟保存區內建築物、遺址、聚落之修復、再利用或管理維護者，其捐贈或贊助款項，得依所得稅法第 17 條第 1 項第 2 款第 2 目及第 36 條第 1 款規定，列舉扣除或列為當年度費用，不受金額之限制。前項贊助費用，應交付主管機關、國家文化藝術基金會、直轄市或縣（市）文化基金會，會同有關機關辦理前項修復、再利用或管理維護事項。該項贊助經費，經贊助者指定其用途者，不得移作他用。[55]

柒、違反遺址維護規定之罰則

一、《文化資產保存法》第 94 條規定有下列行為之一者，處 5 年以下有期徒刑、拘役或科或併科新臺幣 20 萬元以上 100 萬元以下罰鍰：

（一）毀損遺址之全部、一部或其遺物、遺跡。[56]其損害部分應回復原狀；不能回復原狀或回復顯有重大困難者，應賠償其損害。前項負有回復原狀之義務而不為者，得由主管機關代履行，並向義務人徵收費用。[57]

---

[53]　《文化資產保存法》第三章遺址第 48 條。

[54]　《文化資產保存法》第九章獎勵第 91 條。

[55]　《文化資產保存法》第九章獎勵第 93 條。

[56]　《文化資產保存法》第十章罰則第 94 條。

[57]　《文化資產保存法》第十章罰則第 95 條。

（二）法人之代表人、法人或自然人之代理人、受僱人或其他從業
人員，因執行職務犯毀損遺址之全部、一部或其遺物、遺跡
之罪者，除依該條規定處罰其行為人外，對該法人或自然人
亦科以同條所定之罰金。[58]

（三）公務員假借職務上之權力、機會或方法，違反規定致毀損古
蹟之全部、一部或其附屬設施者，加重其刑至二分之一。[59]

二、違反《文化資產保存法》第 97 條規定有下列情事之一者，處新
臺幣 10 萬元以上 50 萬元以下罰鍰：

（一）違反營建工程或其他開發行為，發見疑似遺址，應即通知所
在地直轄市、縣（市）主管機關採取必要維護措施。營建工
程或其他開發行為進行中，發見疑似遺址時，應即停止工程
或開發行為之進行，並報所在地直轄市、縣（市）主管機關
處理規定者。[60]

（二）發掘遺址或疑似遺址，違反下列五項規定者

1. 遺址之發掘，應由學者專家、學術或專業機構向主管機關
提出申請，經審議委員會審議，並由主管機關核定後，始
得為之。經發掘者，應製作發掘報告，於主管機關所定期
限內，報請主管機關備查，並公開發表。遺址發掘之資格
限制、條件、審查程序及其他應遵行事項之辦法，由中央
主管機關定之。

2. 外國人不得在我國領土及領海範圍內調查及發掘遺址。但
與國內學術或專業機構合作，經中央主管機關許可者，不
在此限。

---

[58] 《文化資產保存法》第十章罰則第 96 條。
[59] 《文化資產保存法》第十章罰則第 100 條。
[60] 《文化資產保存法》第三章遺址第 50 條。

3. 遺址發掘出土之古物，應由其發掘者列冊，送交主管機關指定古物保管機關（構）保管。

4. 為保護或研究遺址，需要進入公、私有土地者，應先徵得土地所有人、使用人或管理人之同意。為發掘遺址，致土地權利人受有損失者，主管機關應給與合理補償；其補償金額，以協議定之。

5. 政府機關辦理遺址調查、研究或發掘有關之採購，應依中央主管機關訂定之採購辦法辦理，不受政府採購法限制。但不得違反我國締結之條約及協定。[61]

（三）經主管機關限期通知改正而不改正，或未依改正事項改正者，得按次分別處罰，至改正為止；

（四）情況急迫時，主管機關得代為必要處置，並向行為人徵收代履行費用，並得勒令停工，通知自來水、電力事業等配合斷絕自來水、電力或其他能源。

（五）其產權屬公有者，主管機關並應公布該管理機關名稱及將相關人員移請權責機關懲處或懲戒。[62]

三、違反《文化資產保存法》第 98 條規定有下列情事之一者，處新臺幣 3 萬元以上 15 萬元以下罰鍰：

（一）發見疑似遺址未通報主管機關處理者。

四、其他

　　依本法所處之罰鍰，經限期令其繳納，屆期仍不繳納者，依法移送強制執行。[63]

---

[61]　《文化資產保存法》第三章遺址第 45、46、47、48、49、52 條。
[62]　《文化資產保存法》第十章罰則第 97 條。
[63]　《文化資產保存法》第十章罰則第 99 條。

捌、相涉主管機關之協調

一、外國人不得在我國領土及領海範圍內調查及發掘遺址。但與國內學術或專業機構合作，經中央主管機關許可者，不在此限。[64]

二、遺址發掘出土之古物，應由其發掘者列冊，送交主管機關指定古物保管機關（構）保管。[65]

三、發見疑似遺址，應即通知所在地直轄市、縣（市）主管機關採取必要維護措施。營建工程或其他開發行為進行中，發見疑似遺址時，應即停止工程或開發行為之進行，並報所在地直轄市、縣（市）主管機關處理。[66]

四、遺址所在地都市計畫之訂定或變更，應先徵求主管機關之意見。政府機關策定重大營建工程計畫時，不得妨礙遺址之保存及維護，並應先調查工程地區有無遺址或疑似遺址；如有發見，應即報主管機關依審查程序辦理。[67]

五、遺址之容積移轉，準用《文化資產保存法》第 35 條規定。

「⋯⋯除以政府機關為管理機關者外，其所定著之土地、古蹟（遺址）保存用地、保存區、其他使用用地或分區內土地，因古蹟（遺址）之指定、古蹟（遺址）保存用地、保存區、其他使用用地或分區之編定、劃定或變更，致其原依法可建築之基準容積受到限制部分，得等值移轉至同一都市主要計畫地區或區域計畫地區之同一直轄市、縣（市）內之地區。容積一經移轉，其古蹟（遺址）之指定或古蹟（遺址）保存用地、保存區、其他使用用地或分區之管

---

[64] 《文化資產保存法》第三章遺址第 46 條。

[65] 《文化資產保存法》第三章遺址第 47 條。

[66] 《文化資產保存法》第三章遺址第 50 條。

[67] 《文化資產保存法》第三章遺址第 51 條。

制，不得解除。建築使用或享有其他獎勵措施；其辦法，由內政部會商文建會定之。」[68]

玖、現況

遺址原屬於古蹟的類型之一，2005 年修訂的《文化資產保存法》獨立為單一的文化資產項目，至 2010 年 6 月我國各級政府共指定登錄遺址 32 處，由於臺灣的遺址發現多與都市開發、公共工程相關，被完整保留提供觀覽與教育之用的遺址並不多見，現有的 7 處國定遺址在的保存情況其實並不完整，如圓山遺址、大坌坑遺址、十三行遺址、卑南遺址、八仙洞遺址在發掘後都是未採取完整原地保存的案例，以致難以發揮有效保存的功能。

地方政府在直轄市與縣市定遺址方面指定的 25 處在保存功能上也有待加強，公埔遺址、掃叭遺址、富世遺址、曲冰遺址甚至一度被地方政府重複指定為縣定古蹟與遺址。

以 2010 年 1 月 6 日公告為臺中市第一座市定遺址的惠來遺址為例，該遺址於 2002 年 5 月發現，經國立自然科學博物館考古挖掘及鑑定，證明是含括達四千年時間的先民生活遺址。但遺址所在的市有 144 號抵費地，位於臺中七期重劃區土地價格高昂，使得是否要列為遺址產生爭議。

雖然 2006 年 3 月 30 日惠來遺址經台中市文化資產審議委員會審查通過為市定遺址，卻因市府有其不同主張與考量而延宕公告程序，在此同時地方居民也組成搶救惠來遺址的協會與組織，進行陳情與抗議，2009 年 7 月更轉向監察院陳情，監察院調查四個多月後認為市政府遲未辦理惠來遺址公告，致社會疑慮叢生，政府威信損耗，予以糾正，才使台中市政府於 2010 年 1 月 6 日正式公告為市定遺址，該土地已變更為公園用地，將規劃成惠來遺址公園，如果沒有地方民眾的自覺與努力，該遺址恐怕原址保存的可能性極低。

---

[68]　《文化資產保存法》第三章遺址第 43 條。

表 4-4　遺址統計表

2010.6.12

編號	公告日期	名稱	類別	地址或位置
1	2010/04/28	東沙遺址	直轄市定遺址	高雄市旗津區東沙段 85 地號
2	2010/01/06	惠來遺址	市定遺址	臺中市西屯區河南路三段、市政北一路口,惠民段 144 地號
3	2009/10/30	大馬璘遺址	縣定遺址	南投縣埔里鎮愛蘭里
4	2009/06/03	魚寮遺址	縣定遺址	嘉義縣 太保市白鴿厝段
5	2009/06/01	七家灣遺址	縣定遺址	臺中縣和平鄉武陵農場境內
6	2008/09/23	大坪頂遺址	縣定遺址	雲林縣古坑鄉棋盤村
7	2008/08/22	萬山岩雕群遺址	國定遺址	高雄縣茂林鄉萬頭蘭山區
8	2008/03/21	大園・尖山遺址	縣定遺址	桃園縣大園鄉橫峰村中正東路 160 號大園國小。
9	2008/01/03	三分子日軍射擊場遺址	縣定遺址	臺南市北區重興里仁愛段 76-1 靶溝向西擴展十公尺向東以牆為界及 76-6 向東延伸至靶溝
10	2008/01/02	清水中社遺址	縣定遺址	臺中縣清水鎮信義新村眷舍區
11	2007/10/22	土地公山遺址	縣定遺址	臺北縣土城市員仁段
12	2007/06/14	舊香蘭遺址.	縣定遺址	臺東縣太麻里鄉蘭里段
13	2006/12/22	古笨港遺址	縣定遺址	雲林縣北港鎮北港溪,西至堤防,東至雲林縣境內,北緯 2607500 以北至 2608500 以南之水利地
14	2006/11/02	富世遺址	縣定遺址	花蓮縣秀林鄉富世村
15	2006/11/02	掃叭遺址	縣定遺址	花蓮縣瑞穗鄉舞鶴村
16	2006/11/02	公埔遺址	縣定遺址	花蓮縣富里鄉石牌村
17	2006/07/11	曲冰遺址	縣定遺址	南投縣仁愛鄉萬豐村(曲冰段 584、584-1、582 地號)
18	2006/05/30	牛罵頭遺址	縣定遺址	臺中縣清水鎮政路 100 號
19	2006/05/03	丸山遺址	縣定遺址	宜蘭縣冬山鄉丸山村與八寶村

20	2006/05/02	麻豆水堀頭遺址	縣定遺址	臺南縣麻豆鎮溝子墘段 40-2 地號、麻豆段 115-5 地號
21	2006/05/02	道爺南糖廍遺址	縣定遺址	臺南縣新市鄉南部科學工業園區專 35 用地北側，位居南科三路、環西路一段交叉處之西側
22	2006/05/02	道爺古墓	縣定遺址	臺南縣新市鄉環西路一段 12 號旁
23	2006/05/01	圓山遺址	國定遺址	臺北市中山區中山北路三段 66 號
24	2006/05/01	大坌坑遺址	國定遺址	臺北縣八里鄉小八里坌段
25	2006/05/01	十三行遺址	國定遺址	臺北縣八里鄉頂罟村信義路 186 號
26	2006/05/01	鳳鼻頭遺址	國定遺址	高雄縣林園鄉中坑門聚落北側約 350 公尺處
27	2006/05/01	卑南遺址	國定遺址	臺東縣臺東市南王里卑南段
28	2006/05/01	八仙洞遺址	國定遺址	臺東縣長濱鄉位樟原橋南方約 500 公尺，台 11 公路西側水母丁山山壁上的海蝕洞穴，即八仙洞風景區所在
29	2006/04/27	左營舊城遺址	直轄市定遺址	高雄市左營區左營大路與忠信路口
30	2006/04/14	巴蘭遺址	縣定遺址	臺東縣卑南鄉初鹿村，臺 9 線北向西側約 3 公里新斑鳩海拔約 600 公尺山麓
31	2006/04/14	都蘭遺址	縣定遺址	臺東縣東河鄉，都蘭段 702-2 號（岩棺區），藍寶段 162 號（石壁區）
32	2003/03/07	水蛙窟遺址	縣定遺址	南投縣埔里鎮，史港里史港坑段

資料來源：依行政院文化建設委員會文化資產總管理處籌備處公告資料製作
http://www.hach.gov.tw/hach/frontsite/cultureassets/announceAllQuery
Action.do?method=doFindAll

第三節　文化景觀

「文化景觀」依照《文化資產保存法》第 3 條第 3 款之規定，指神話、傳說、事蹟、歷史事件、社群生活或儀式行為所定著之空間及相關連之環境。「文化景觀」是 2005 年《文化資產保存法》修訂之後，才新設置的單一文化資產項目，其認定必須依照《文化資產保存法》規定之分類及審查程序後，並經指定或登錄之後方能完成。

壹、文化景觀法定類型

文化景觀的類型包括神話傳說之場所、歷史文化路徑、宗教景觀、歷史名園、歷史事件場所、農林漁牧景觀、工業地景、交通地景、水利設施、軍事設施及其他人類與自然互動而形成之景觀等 11 種。[69]

貳、文化景觀的主管機關

文化景觀的主管機關，在中央為行政院文化建設委員會；在直轄市為直轄市政府，在縣（市）為縣（市）政府。[70]其指定、登錄及其他本法規定之重大事項，應設相關審議委員會，進行審議。前項審議委員會之組織準則，由文建會會同農委會定之。[71]如有跨越二個以上直轄市、縣（市）轄區，其地方主管機關由所在地直轄市、縣（市）主管機關商定之；必要時得由中央主管機關協調指定。[72]

---

[69] 《文化資產保存法施行細則》第 4 條。

[70] 《文化資產保存法》第一章總則第 4 條。

[71] 《文化資產保存法》第一章總則第 6 條。

[72] 《文化資產保存法》第一章總則第 5 條。

參、文化景觀之普查與指定

一、文化景觀之普查

　　直轄市、縣（市）主管機關應普查或接受個人、團體提報具文化景觀價值之內容及範圍，並依法定程序審查後，列冊追蹤。[73]其法定審查程序為：（一）現場勘查或訪查。（二）作成是否列冊追蹤之決定，主管機關應以書面通知提報之個人或團體。[74]

二、文化景觀之指定與變更

　　文化景觀由直轄市、縣（市）主管機關審查登錄後，辦理公告，並報中央主管機關備查。前項登錄基準、審查、廢止條件與程序及其他應遵行事項之辦法，由中央主管機關定之。[75]

肆、文化景觀之管理維護

（一）文化景觀管理維護的個人、機關、團體

　　文化景觀之保存及管理原則，由直轄市、縣（市）主管機關設立之審議委員會依個案性質決定，並得依文化景觀之特性及實際發展需要，作必要調整。直轄市、縣（市）主管機關應依前項原則，擬定文化景觀之保存維護計畫，進行監管保護，並輔導文化景觀所有人、使用人或管理人配合辦理。直轄市、縣（市）定者，應報中

---

[73] 《文化資產保存法》第四章文化景觀第 53 條。
[74] 《文化資產保存法施行細則》第 8 條。
[75] 《文化資產保存法》第四章文化景觀第 54 條。

央主管機關核定。前二項指定基準、審查、廢止條件與程序及其他應遵行事項之辦法，由中央主管機關定之。[76]

（二）文化景觀管理維護業務之內容

為維護文化景觀並保全其環境，主管機關得會同有關機關擬具文化景觀保存計畫，保存計畫，其內容應包括基礎調查、法令研究、體制建構、管理維護、地區發展及經營、相關圖面等項目。並依區域計畫法、都市計畫法或國家公園法等有關規定，編定、劃定或變更為保存用地或保存區、其他使用用地或分區，並依本法相關規定予以保存維護。前項保存用地或保存區、其他使用用地或分區用地範圍、利用方式及景觀維護等事項，得依實際情況為必要規定及採取獎勵措施。[77]

直轄市、縣（市）主管機關依法擬定之文化景觀保存維護計畫，其內容如下：1、基本資料建檔。2、日常維護管理。3、相關圖面繪製。4、其他相關事項。保存維護計畫至少每五年應通盤檢討一次。[78]

伍、管理維護文化景觀管理的獎勵

一、賦稅減免

（一）私有文化景觀及其所定著土地，得在百分之五十範圍內減徵房屋稅及地價稅；其減免範圍、標準及程序之法規，由直轄市、縣（市）主管機關訂定，報財政部備查。[79]

---

[76] 《文化資產保存法》第四章文化景觀第 55 條。
[77] （1）《文化資產保存法》第四章文化景觀第 56 條。
　　（2）《文化資產保存法施行細則》第 14 條。
[78] 《文化資產保存法施行細則》第 16 條。
[79] 《文化資產保存法》第九章獎勵第 91 條。

（二）出資贊助辦理文化景觀之修復、再利用或管理維護者，其捐贈或贊助款項，得依所得稅法第 17 條第 1 項第 2 款第 2 目及第 36 條第 1 款規定，列舉扣除或列為當年度費用，不受金額之限制。前項贊助費用，應交付主管機關、國家文化藝術基金會、直轄市或縣（市）文化基金會，會同有關機關辦理前項修復、再利用或管理維護事項。該項贊助經費，經贊助者指定其用途者，不得移作他用。[80]

陸、現況

　　文化景觀係 2005 年修訂的《文化資產保存法》才出現的單一文化資產項目，至 2010 年 6 月我國各級政府共指定登錄之文化景觀共有 19 處。其中最著名的是 2008 年 3 月由臺北市政府指定登錄的中正紀念堂，該處亦為 2007 年由行政院文化建設委員會指定登錄的國定古蹟，屬於多重指定之文化資產。

表 4-5　文化景觀統計表

2010.6.12

編號	公告日期	名稱	類別	地址或位置
1	2010/04/09	左營海軍眷村	其他	高雄市左營區實踐路兩側、軍校路以西、中海路以南、中正路（新台 17）以東，涵蓋明德、建業、合群等眷村及其以南毗鄰相關設施範圍。
2	2009/10/05	烏山頭水庫暨嘉南大圳水利系統	水利設施	烏山頭水庫位於臺南縣官田鄉及六甲鄉，灌溉設施的主

---

[80] 《文化資產保存法》第九章獎勵第 93 條。

				要輸水幹線位於官田鄉、六甲鄉、柳營鄉、東山鄉、後壁鄉、白河鎮等地，灌溉範圍可達雲嘉南地區。
3	2009/10/01	八芝蘭番仔井	水利設施	登錄範圍為井口、水塘及公園內之水圳，維護範圍為天和公園。座落土地為臺北市士林區天山段二小段 37 地號
4	2009/09/29	花蓮糖廠	工業地景	花蓮縣光復鄉大進村糖廠街 19 號
5	2008/10/23	出磺坑	工業地景	苗栗縣公館鄉開礦村 3 鄰 36 號
6	2008/07/08	「凱達格蘭北投社（保德宮、番仔厝、番仔溝及長老教會北投教堂）」	其他	臺北市北投區大業路 517 巷 58 號
7	2008/06/17	陽明山美軍宿舍群	歷史事件場所	臺北市士林區中庸一路 2 號
8	2008/06/02	澎湖石滬文化景觀－吉貝石滬群	農林漁牧景觀	澎湖縣白沙鄉吉貝村週邊海域
9	2008/04/11	線西蛤蜊兵營	軍事設施	彰化縣線西鄉線西村（線西鄉西北邊）
10	2008/03/17	中正紀念堂	其他	臺北市中正區包括國定古蹟臺北府城門—東門，中山南路（信義路口至愛國西路口），中山南路、信義路、杭州南路、愛國東路圍合之中正紀念堂全區。
11	2008/03/03	橋仔頭糖廠文化景觀	工業地景	高雄縣橋頭鄉糖廠路 24 號
12	2008/02/13	優人神鼓山上劇場	其他	臺北市文山區（木柵）老泉街 26 巷 30 號
13	2008/01/03	來義鄉二峰圳	水利設施	屏東縣來義鄉林邊溪來義大

				橋上游約 500 公尺起沿山，路過來義國小後校門前，往下游行徑山邊至台糖公司萬隆機廠門前之分水工為止。
14	2007/10/09	「坪頂古圳」（含坪頂舊圳、坪頂新圳、登峰圳）	水利設施	臺北市士林區平等里平菁街 95 巷底
15	2007/02/12	光復鄉太巴塱阿美族祖祠	其他	花蓮縣光復鄉東富段 841 地號
16	2006/12/15	二結圳	水利設施	宜蘭縣五結鄉大二結社區
17	2006/08/28	鶯歌石	神話傳說之場所	鶯歌鎮中山段 56-1 地號
18	2006/06/13	燕南書院暨太文嚴寺舊址	神話傳說之場所	金門縣 金城鎮金門縣金城鎮太文山上
19	2006/05/03	烏石港遺址	水利設施	宜蘭縣 頭城鎮頭城鎮港澳段港口小段九五一之一、之四及之五號

資料來源：依行政院文化建設委員會文化資產總管理處籌備處公告資料製作
http://www.hach.gov.tw/hach/frontsite/cultureassets/announceAllQuery
Action.do?method=doFindAll

第四節　傳統藝術

　　「傳統藝術」根據《文化資產保存法》第 3 條第 4 款之規定，指流傳於各族群與地方之傳統技藝與藝能，包括傳統工藝美術及表演藝術。「傳統藝術」是 2005 年《文化資產保存法》修訂之後，才新設置的單一文化資產項目，用來取代原先由教育部主管的「民族藝術」項目，在性質上類似於聯合國教科文組織推動的《保護非物質文化遺產公約》工作內容的一部分，其認定必須依照《文化資產保存法》規定之分類及審查程序後，並經指定或登錄之後方能完成。

壹、傳統藝術的法定類型

傳統藝術的類型有二：

一、傳統工藝美術：包括編織、刺繡、製陶、窯藝、琢玉、木作、髹漆、泥作、瓦作、剪粘、雕塑、彩繪、裱褙、造紙、摹搨、作筆製墨及金工等 17 種技藝。

二、傳統表演藝術：包括傳統戲曲、音樂、歌謠、舞蹈、說唱、雜技等 6 種藝能。[81]

貳、傳統藝術的主管機關

傳統藝術的主管機關：在中央為行政院文化建設委員會；在直轄市為直轄市政府，在縣（市）為縣（市）政府。[82]其指定、登錄及其他本法規定之重大事項，應設相關審議委員會，進行審議。前項審議委員會之組織準則，由文建會會同農委會定之。[83]如有跨越二個以上直轄市、縣（市）轄區，其地方主管機關由所在地直轄市、縣（市）主管機關商定之；必要時得由中央主管機關協調指定。[84]

參、傳統藝術等級之區分

傳統藝術由直轄市、縣（市）主管機關審查登錄後，辦理公告，並報中央主管機關備查。中央主管機關得就前項已登錄之傳統藝術中擇其重要者，審查指定為重要傳統藝術並辦理公告。[85]

---

[81] 《文化資產保存法施行細則》第 5 條。
[82] 《文化資產保存法》第一章總則第 4 條。
[83] 《文化資產保存法》第一章總則第 6 條。
[84] 《文化資產保存法》第一章總則第 5 條。
[85] 《文化資產保存法》第五章傳統藝術、民俗及有關文物第 59 條。

肆、傳統藝術的普查與指定

一、傳統藝術之普查

　　直轄市、縣（市）主管機關應普查或接受個人、團體提報具傳統藝術保存價值之項目、內容及範圍，並依法定程序審查後，列冊追蹤。[86]其法定程序為：（一）現場勘查或訪查。（二）作成是否列冊追蹤之決定，主管機關應以書面通知提報之個人或團體。[87]直轄市、縣（市）主管機關並應據此建立傳統藝術之調查、採集、整理、研究、推廣、保存、維護及傳習之完整個案資料。[88]

二、傳統藝術之指定與變更

　　傳統藝術由直轄市、縣（市）主管機關審查登錄後，辦理公告。並報中央主管機關備查。中央主管機關得就前項已登錄之傳統藝術擇其重要者，審查指定為重要傳統藝術並辦理公告。

　　傳統藝術滅失或減損其價值時，主管機關得廢止其登錄、指定或變更其類別，並辦理公告。直轄市、縣（市）登錄者，應報中央主管機關核定。前三項登錄、指定基準、審查、廢止條件與程序及其他應遵行事項之辦法，由中央主管機關定之。[89]

---

[86]　《文化資產保存法》第五章傳統藝術、民俗及有關文物第 57 條。
[87]　《文化資產保存法施行細則》第 8 條。
[88]　《文化資產保存法》第五章傳統藝術、民俗及有關文物第 58 條。
[89]　《文化資產保存法》第五章傳統藝術、民俗及有關文物第 59 條。

伍、傳統藝術之管理維護與使用

一、傳統藝術維護之機關與團體

主管機關應擬具傳統藝術之保存維護計畫,並應就其中瀕臨滅絕者詳細製作紀錄、傳習,或採取為保存所作之適當措施。[90]

為進行傳統藝術之傳習、研究及發展,主管機關應協調各級教育主管機關督導各級學校於相關課程中為之。[91]

二、傳統藝術管理維護業務之事項

主管機關應擬具傳統藝術之保存維護計畫,其內容如下:

(一)基本資料建檔。(二)保存紀錄製作。(三)傳習人才養成。(四)教育推廣活動。(五)定期追蹤紀錄。(六)其他相關事項。[92]

陸、維護傳統藝術之獎勵與補助

一、獎勵

下列情形之一者,主管機關得給予獎勵或補助,獎勵或補助辦法,由文建會定之:(一)維護文化資產具有績效。(二)對闡揚文化資產保存有顯著貢獻。[93]

---

[90] 《文化資產保存法》第五章傳統藝術、民俗及有關文物第 60 條。
[91] 《文化資產保存法》第五章傳統藝術、民俗及有關文物第 62 條。
[92] 《文化資產保存法施行細則》第 17 條。

二、補助

主管機關應鼓勵民間辦理傳統藝術之記錄、保存、傳習、維護及推廣等工作。前項工作所需經費，主管機關得酌予補助。[94]

柒、現況

至 2010 年 6 月我國登錄的傳統藝術計 70 種，指定為一般傳統藝術 65 種、重要傳統藝術 5 種。屬於傳統工藝美術 14 種，（含木工藝 5 種、竹籐工藝 2 種、陶藝 0 種、玻璃工藝 1 種、金屬工藝 0 種、玉石工藝 0 種、彩繪 2 種、漆藝 2 種、纖維工藝 0 種、紙工藝 0 種、其他 2 種。）傳統表演藝術 55 種，（含戲曲 25 種、音樂 16 種、舞蹈 0 種、說唱 1 種、其他 13 種。）

指定為重要傳統藝術 5 種，北管戲曲：羅東漢陽北管劇團、北管音樂：彰化市梨春園、布袋戲：陳錫煌、說唱：楊秀卿、歌仔戲：廖瓊枝，均為中央主管機關與地方政府重複指定。且與技術保存者的指定相互混淆。

表 4-6　傳統藝術統計表

2010.6.12

編號	公告日期	名稱	類別	所屬縣市
1	2010/05/26	泰雅族口簧琴（製作及吹奏）	傳統表演藝術-音樂	宜蘭縣
2	2010/05/26	纏花工藝（春仔花）	傳統工藝美術-其他	宜蘭縣
3	2010/01/25	客家獅	傳統表演藝術-雜技	新竹縣
4	2009/11/06	燈籠彩繪-吳敦厚	傳統工藝美術-彩繪	彰化縣

---

[93]　《文化資產保存法》第九章獎勵第 90 條。
[94]　《文化資產保存法》第五章傳統藝術、民俗及有關文物第 61 條。

5	2009/11/06	粧佛-施至輝	傳統工藝美術-木工藝	彰化縣
6	2009/11/06	傳統木雕-施鎮洋	傳統工藝美術-木工藝	彰化縣
7	2009/11/06	錫工藝-陳萬能	傳統工藝美術-其他	彰化縣
8	2009/11/06	北管戲曲-竹塹北管藝術團	傳統表演藝術-戲曲	新竹市
9	2009/11/06	玻璃傳統技藝	傳統工藝美術-玻璃工藝	新竹市
10	2009/10/30	竹工藝（籃胎漆器）-李榮烈	傳統工藝美術-竹籐工藝	南投縣
11	2009/10/30	漆工藝-王清霜	傳統工藝美術-漆工藝	南投縣
12	2009/10/30	漆工藝-黃麗淑	傳統工藝美術-漆工藝	南投縣
13	2009/10/12	布袋戲-亦宛然掌中劇團	傳統表演藝術-戲曲	臺北縣
14	2009/10/09	北管-邱火榮	傳統表演藝術-音樂	臺北縣
15	2009/09/02	竹工藝-黃塗山	傳統工藝美術-竹籐工藝	南投縣
16	2009/08/11	農村鬥牛陣-泰山民俗技藝團	傳統表演藝術-其他	臺南縣
17	2009/08/11	麻豆紀安宮金獅陣	傳統表演藝術-其他	臺南縣
18	2009/06/25	客家大戲	傳統表演藝術-戲曲	新竹縣
19	2009/06/25	客家八音	傳統表演藝術-音樂	新竹縣
20	2009/06/25	客家山歌說唱	傳統表演藝術-音樂	新竹縣
21	2009/06/25	傳統藝陣	傳統表演藝術-其他	新竹縣
22	2009/05/11	南管戲曲-林吳素霞	傳統表演藝術-戲曲	臺中縣
23	2009/05/01	佳里吉和堂八家將	傳統表演藝術-其他	臺南縣
24	2009/05/01	王藝明布袋戲	傳統表演藝術-戲曲	臺南縣
25	2009/05/01	安定普陀寺南管	傳統表演藝術-音樂	臺南縣
26	2009/05/01	關廟五甲宋江陣	傳統表演藝術-其他	臺南縣
27	2009/05/01	佳里三五甲鎮山宮八家將	傳統表演藝術-其他	臺南縣
28	2009/05/01	學甲後社集和宮蜈蚣陣	傳統表演藝術-其他	臺南縣
29	2009/04/23	布農族八部合音（pasibutbut祈禱小米豐收歌）	傳統表演藝術-音樂	南投縣
30	2009/02/17	北管戲曲-羅東漢陽北管劇團	傳統表演藝術-戲曲	中央主管機關
31	2009/02/17	北管音樂-彰化市梨春園	傳統表演藝術-音樂	中央主管機關
32	2009/02/17	布袋戲-陳錫煌	傳統表演藝術-戲曲	中央主管機關
33	2009/02/17	說唱-楊秀卿	傳統表演藝術-音樂	中央主管機關

34	2009/02/17	歌仔戲-廖瓊枝	傳統表演藝術-戲曲	中央主管機關
35	2009/01/21	宜蘭總蘭社	傳統表演藝術-音樂	宜蘭縣
36	2009/01/09	客家八音-後龍鎮	傳統表演藝術-音樂	苗栗縣
37	2008/11/20	說唱-汐止市楊秀卿	傳統表演藝術-說唱	臺北縣
38	2008/11/20	歌仔戲-新店市廖瓊枝	傳統表演藝術-戲曲	臺北縣
39	2008/08/04	後龍榮興客家採茶劇團	傳統表演藝術-戲曲	苗栗縣
40	2008/08/04	後龍客家採茶戲	傳統表演藝術-戲曲	苗栗縣
41	2008/06/23	小西園掌中劇團	傳統表演藝術-戲曲	臺北市
42	2008/06/23	布袋戲-許王	傳統表演藝術-戲曲	臺北市
43	2008/06/23	歌仔戲-陳剩	傳統表演藝術-戲曲	臺北市
44	2008/06/23	布袋戲-陳錫煌	傳統表演藝術-戲曲	臺北市
45	2008/05/16	傳統彩繪-馮進興	傳統工藝美術-彩繪	高雄市
46	2008/05/16	布袋戲偶-陳忠榮	傳統工藝美術-木工藝	高雄市
47	2008/05/16	神像雕刻-蘇義雄	傳統工藝美術-木工藝	高雄市
48	2008/05/16	木雕-葉經義	傳統工藝美術-木工藝	高雄市
49	2008/01/21	北管戲曲-宜蘭羅東北管劇團	傳統表演藝術-戲曲	宜蘭縣
50	2008/01/21	本地歌仔-宜蘭市	傳統表演藝術-戲曲	宜蘭縣
51	2008/01/21	布馬陣-宜蘭市	傳統表演藝術-其他	宜蘭縣
52	2008/01/03	永興樂皮影戲劇團	傳統表演藝術-戲曲	高雄縣
53	2008/01/03	復興閣皮影戲劇團	傳統表演藝術-戲曲	高雄縣
54	2008/01/03	福德皮影戲團	傳統表演藝術-戲曲	高雄縣
55	2008/01/03	東華皮影戲團	傳統表演藝術-戲曲	高雄縣
56	2008/01/03	錦飛鳳傀儡戲劇團	傳統表演藝術-戲曲	高雄縣
57	2008/01/03	傀儡戲-薛熒源	傳統表演藝術-戲曲	高雄縣
58	2007/10/08	閩南第一樂團	傳統表演藝術-音樂	基隆市
59	2007/10/08	靈義郡北管-陳添火	傳統表演藝術-音樂	基隆市
60	2007/10/08	三坑得意堂北管陣頭	傳統表演藝術-音樂	基隆市
61	2007/09/11	學甲謝姓獅團	傳統表演藝術-其他	臺南縣
62	2007/09/11	七股寶安宮白鶴陣	傳統表演藝術-其他	臺南縣
63	2007/09/11	西港廣慈宮金獅陣	傳統表演藝術-其他	臺南縣
64	2007/09/11	新營土庫竹馬陣	傳統表演藝術-其他	臺南縣
65	2007/06/05	彰化市梨春園北管曲藝	傳統表演藝術-音樂	彰化縣
66	2007/06/05	鹿港聚英社南管曲藝	傳統表演藝術-音樂	彰化縣

67	2007/06/05	鹿港雅正齋南管曲藝	傳統表演藝術-音樂	彰化縣
68	2006/12/25	內門金獅陣	傳統表演藝術-其他	高雄縣
69	2006/12/25	岡山皮影戲	傳統表演藝術-戲曲	高雄縣
70	2006/12/25	八音（美濃客家八音）	傳統表演藝術-戲曲	高雄縣

資料來源：依行政院文化建設委員會文化資產總管理處籌備處公告資料製作
http://www.hach.gov.tw/hach/frontsite/cultureassets/announceAllQuery
Action.do?method=doFindAll

第五節　民俗及相關文物

　　「民俗及相關文物」，在 2005 年之前的中央主管機關為內政部，2005 年修法之後改由行政院文化建設委員會為主管機關。根據《文化資產保存法》第 3 條第 5 款之規定，指與國民生活有關之傳統並有特殊文化意義之風俗、信仰、節慶及相關文物。民俗部分，在性質上類似於聯合國教科文組織推動的《保護非物質文化遺產公約》的工作內容，其認定必須依照《文化資產保存法》規定之分類及審查程序後，並經指定或登錄之後方能完成。

壹、民俗及有關文物的法定類型

　　民俗及有關文物的法定類型有三：
一、風俗：包括出生、成年、婚嫁、喪葬、飲食、住屋、衣飾、漁獵、農事、宗族、習慣等生活方式。
二、信仰：包括教派、諸神、神話、傳說、神靈、偶像、祭典等儀式活動。
三、節慶：包括新正、元宵、清明、端午、中元、中秋、重陽、冬至等節氣慶典活動。[95]

---

[95]　《文化資產保存法施行細則》第 6 條。

貳、民俗及有關文物之主管機關

民俗及有關文物的主管機關，在中央為行政院文化建設委員會，在直轄市為直轄市政府，在縣（市）為縣（市）政府。[96]其指定、登錄及其他本法規定之重大事項，應設相關審議委員會，進行審議。前項審議委員會之組織準則，由文建會會同農委會定之。[97]如有跨越二個以上直轄市、縣（市）轄區，其地方主管機關由所在地直轄市、縣（市）主管機關商定之；必要時得由中央主管機關協調指定。[98]

參、民俗及有關文物等級之區分

民俗及有關文物由直轄市、縣（市）主管機關審查登錄後，辦理公告，並報中央主管機關備查。中央主管機關得就前項已登錄之傳統藝術、民俗及有關文物中擇其重要者，審查指定為重要民俗及有關文物，並辦理公告。[99]

肆、民俗及有關文物的普查與指定

一、民俗及有關文物之普查

直轄市、縣（市）主管機關應普查或接受個人、團體提報具民俗及有關文物保存價值之項目、內容及範圍，並依法定程序審查後，

---

[96] 《文化資產保存法》第一章總則第 4 條。
[97] 《文化資產保存法》第一章總則第 6 條。
[98] 《文化資產保存法》第一章總則第 5 條。
[99] 《文化資產保存法》第五章傳統藝術、民俗及有關文物第 59 條。

列冊追蹤。[100]其法定程序為：（一）現場勘查或訪查。（二）作成是否列冊追蹤之決定，主管機關應以書面通知提報之個人或團體。[101]直轄市、縣（市）主管機關並應據此建立民俗及有關文物之調查、採集、整理、研究、推廣、保存、維護及傳習之完整個案資料。[102]

二、民俗及有關文物之指定與變更

民俗及有關文物由直轄市、縣（市）主管機關審查登錄後，辦理公告，並報中央主管機關備查。中央主管機關得就前項已登錄之民俗及有關文物中擇其重要者，審查指定為重要民俗及有關文物，並辦理公告。

民俗及有關文物滅失或減損其價值時，主管機關得廢止其登錄、指定或變更其類別，並辦理公告。直轄市、縣（市）登錄者，應報中央主管機關核定。前三項登錄、指定基準、審查、廢止條件與程序及其他應遵行事項之辦法，由中央主管機關定之。[103]

伍、民俗及有關文物之管理維護與使用

一、民俗及有關文物維護之機關與團體

主管機關應擬具民俗及有關文物之保存之保存維護計畫，並應就其中瀕臨滅絕者詳細製作紀錄、傳習，或採取為保存所作之適當措施。[104]

---

[100] 《文化資產保存法》第五章傳統藝術、民俗及有關文物第 59 條。
[101] 《文化資產保存法施行細則》第 8 條。
[102] 《文化資產保存法》第五章傳統藝術、民俗及有關文物第 58 條。
[103] 《文化資產保存法》第五章傳統藝術、民俗及有關文物第 59 條。
[104] 《文化資產保存法》第五章傳統藝術、民俗及有關文物第 60 條。

為進行傳統藝術之傳習、研究及發展，主管機關應協調各級教育主管機關督導各級學校於相關課程中為之。[105]

二、民俗及有關文物管理維護業務之事項

主管機關應擬具傳統藝術之保存維護計畫，其內容如下：（一）基本資料建檔。（二）保存紀錄製作。（三）傳習人才養成。（四）教育推廣活動。（五）定期追蹤紀錄。（六）其他相關事項。[106]

陸、維護民俗及有關文物之獎勵與補助

一、獎勵

下列情形之一者，主管機關得給予獎勵或補助，獎勵或補助辦法，由文建會定之：（一）維護文化資產具有績效。（二）對闡揚文化資產保存有顯著貢獻。[107]

二、補助

主管機關應鼓勵民間辦理傳統藝術之記錄、保存、傳習、維護及推廣等工作。前項工作所需經費，主管機關得酌予補助。[108]

---

[105] 《文化資產保存法》第五章傳統藝術、民俗及有關文物第 62 條。
[106] 《文化資產保存法施行細則》第 17 條。
[107] 《文化資產保存法》第九章獎勵第 90 條。
[108] 《文化資產保存法》第五章傳統藝術、民俗及有關文物第 61 條。

表 4-7　民俗文物統計表

2010.6.12

編號	公告日期	名稱	類別	所屬縣市
1	2010/03/03	安定長興宮瘟王祭	信仰	臺南縣
2	2010/03/03	南鯤鯓代天府五府千歲進香期	信仰	臺南縣
3	2010/01/14	新竹縣五峰鄉賽夏族文化藝術協會	信仰	新竹縣
4	2010/01/08	賽夏族矮靈祭（pasta'ay ）	信仰	新竹縣
5	2009/12/09	花蓮縣吉安鄉東昌村阿美族里漏部落巫師祭儀	信仰	花蓮縣
6	2009/12/09	花蓮縣豐濱鄉豐濱部落阿美族傳統製陶	風俗	花蓮縣
7	2009/12/09	紋面傳統	風俗	花蓮縣
8	2009/11/06	竹塹中元城隍祭典	信仰	新竹市
9	2009/10/09	大目降十八嬈	信仰	臺南縣
10	2009/10/08	歸仁仁壽宮王船醮典暨遶境	信仰	臺南縣
11	2009/10/08	佳里北頭洋平埔夜祭	信仰	臺南縣
12	2009/10/02	安定真護宮王船祭	信仰	臺南縣
13	2009/09/02	竹山社寮紫南宮吃丁酒	信仰	南投縣
14	2009/06/19	新塭嘉應廟「衝水路、迎客王」	信仰	嘉義縣
15	2009/06/19	民雄大士爺祭典	信仰	嘉義縣
16	2009/06/18	鄒族戰祭 Mayasvi	風俗	嘉義縣
17	2009/06/08	褒忠義民節祭典	信仰	新竹縣
18	2009/04/23	竹山社寮紫南宮借金	信仰	南投縣
19	2009/04/23	邵族年祭	信仰	南投縣
20	2009/02/20	Mangayaw 大獵祭（含猴祭、除喪）	信仰	臺東縣
21	2009/02/20	臺東縣排灣族 Maljeveq	信仰	臺東縣
22	2009/02/17	西港刈香	信仰	中央主管機關
23	2009/01/21	宜蘭放水燈	節慶	宜蘭縣
24	2009/01/15	東山碧軒寺迎佛祖暨遶境	信仰	臺南縣
25	2009/01/15	關廟山西宮遶境暨王醮祭典	信仰	臺南縣
26	2009/01/15	佳里金唐殿蕭壠香	信仰	臺南縣
27	2009/01/15	永康廣興宮境內擔餅節	風俗	臺南縣
28	2009/01/09	後龍慈雲宮攻炮城	節慶	苗栗縣
29	2009/01/09	中港慈裕宮洗港	信仰	苗栗縣

30	2009/01/09	賽夏族巴斯達隘（矮靈祭）	信仰	苗栗縣
31	2008/12/09	下路頭鞦韆賽會	節慶	嘉義市
32	2008/11/25	口湖牽水車藏（狀）	信仰	雲林縣
33	2008/11/12	大路關石獅公信仰	信仰	屏東縣
34	2008/11/12	恆春搶孤及爬孤棚	風俗	屏東縣
35	2008/11/12	東港王船祭	信仰	屏東縣
36	2008/10/09	澎湖傳統蒙面	風俗	澎湖縣
37	2008/09/17	野柳神明淨港	節慶	臺北縣
38	2008/08/12	旱溪媽祖遶境十八庄	信仰	臺中市
39	2008/08/12	犁頭店穿木屐躦鯪鯉	風俗	臺中市
40	2008/08/04	白沙屯媽祖進香	信仰	苗栗縣
41	2008/07/11	北港朝天宮迎媽祖	信仰	雲林縣
42	2008/07/04	大甲媽祖遶境進香	信仰	臺中縣
43	2008/06/27	東山吉貝耍夜祭	信仰	臺南縣
44	2008/06/27	大內頭社太祖夜祭	信仰	臺南縣
45	2008/06/27	西港刈香	信仰	臺南縣
46	2008/06/27	學甲上白礁暨刈香	信仰	臺南縣
47	2008/06/27	鹽水蜂炮	節慶	臺南縣
48	2008/06/18	七娘媽生，做十六歲	風俗	臺南市
49	2008/05/28	平溪天燈節	節慶	臺北縣
50	2008/04/15	鹿港魯班公宴	信仰	彰化縣
51	2008/04/15	花壇白沙坑迎花燈	節慶	彰化縣
52	2008/01/29	雞籠中元祭	信仰	中央主管機關
53	2007/10/08	靈泉禪寺雲板	相關文物	基隆市
54	2007/10/08	法王寺雲板	相關文物	基隆市
55	2007/10/08	雞籠中元祭	節慶	基隆市
56	2007/01/23	太麻里香蘭福農宮土地公石牌	相關文物	臺東縣
57	2007/01/23	炮炸肉身寒單爺活動	風俗	臺東縣
58	2006/12/27	利澤簡走尪	節慶	宜蘭縣
59	2006/12/27	冬山八寶掛貫	風俗	宜蘭縣
60	2006/12/27	礁溪二龍競渡	節慶	宜蘭縣
61	2006/12/27	頭城搶孤	節慶	宜蘭縣

資料來源：依行政院文化建設委員會文化資產總管理處籌備處公告資料製作
http://www.hach.gov.tw/hach/frontsite/cultureassets/announceAllQuery
Action.do?method=doFindAll

玖、現況

至 2010 年 6 月登錄為民俗及有關文物共 61 種,指定為重要民俗及有關文物 3 種,一般民俗及有關文物 58 種。其中風俗 12 項、信仰 34 項、節慶 12 項、相關文物 3 項,指定為重要民俗及有關文物 3 項為太麻里香蘭福農宮土地公石牌、雞籠中元祭、西港刈香,三者亦為地方與中央政府所重複指定。

第六節　古物

古物在 2005 年 2 月 5 日修正公布《文化資產保存法》之前,中央主管機管均為教育部,直到 2005 年因為修法改由行政院文化建設委員會主管。依照《文化資產保存法》第 3 條第 6 款之規定,古物指各時代、各族群經人為加工且有文化意義之藝術作品、生活及儀禮器物及圖書文獻等……其認定必須依照《文化資產保存法》規定之分類及審查程序後,並經指定或登錄之後方能完成。

壹、古物的法定類型

古物的法定類型有三:
一、藝術作品:指應用各類材料創作具賞析價值之藝術品,包括書法、繪畫、織繡等平面藝術與陶瓷、雕塑品等。
二、生活及儀禮器物:指各類材質製作之日用器皿、信仰及禮儀用品、娛樂器皿、工具等,包括飲食器具、禮器、樂器、兵器、衣飾、貨幣、文玩、家具、印璽、舟車、工具等。
三、圖書文獻:包括圖書、文獻、證件、手稿、影音資料等文物。[109]

---

[109] 《文化資產保存法施行細則》第 7 條。

貳、古物的主管機關

古物的主管機關：在中央為行政院文化建設委員會，在直轄市為直轄市政府，在縣（市）為縣（市）政府。[110]其指定、登錄及其他本法規定之重大事項，應設相關審議委員會進行審議。前項審議委員會之組織準則，由文建會會同農委會定之。[111]如有跨越二個以上直轄市、縣（市）轄區，其地方主管機關由所在地直轄市、縣（市）主管機關商定之；必要時得由中央主管機關協調指定。[112]

參、古物等級之區分

古物依其珍貴稀有價值，分為國寶、重要古物及一般古物三類。[113]

肆、古物的指定與變更

國立古物保管機關（構）應依其所保存管理古物具有之歷史、文化、藝術、科學等價值，及其珍貴稀有之程度，先行審定分級；並就具國寶、重要古物價值者，於本法施行一年內完成列冊，報中央主管機關審查。重要古物價值者列冊，報中央主管機關審查。[114]

地方政府機關（構）保管之古物，由直轄市、縣（市）主管機關審查登錄，私有古物，得由其所有人向戶籍所在地之直轄市、縣

---

[110] 《文化資產保存法》第一章總則第 4 條。
[111] 《文化資產保存法》第一章總則第 6 條。
[112] 《文化資產保存法》第一章總則第 5 條。
[113] 《文化資產保存法》第六章古物第 63 條。
[114] （1）《文化資產保存法》第六章古物第 64 條。
　　（2）《文化資產保存法施行細則》第 18 條。

（市）主管機關申請之審查登錄。於完成後辦理公告，報請中央主管機關備查。[115]

　　中央主管機關應就 64 及 65 條所列冊或登錄之古物，擇其價值較高者，審查指定為國寶、重要古物，並辦理公告。

　　前項國寶、重要古物滅失、減損或增加其價值時，中央主管機關得廢止其指定或變更其類別，並辦理公告。古物之分級、登錄、指定基準、審查、廢止條件與程序及其他應遵行事項之辦法，由中央主管機關定之。[116]

伍、古物之管理維護與使用

一、古物維護之機關與團體

（一）公有古物，由保存管理之政府機關（構）管理維護。國立古物保管機關（構）應就所保管之古物，訂定其管理維護辦法，報中央主管機關備查。[117]

　　　營建工程或其他開發行為進行中，發見具古物價值者，應即停止工程或開發行為之進行，並報所在地直轄市、縣（市）主管機關依審查程序辦理。發見具古物價值之無主物，應即通知所在地直轄市、縣（市）主管機關，採取維護措施。[118]有關機關依法沒收、沒入或收受外國政府交付之古物，由主管機關指定或認可之公立古物保管機關（構）保管之。[119]

---

[115] （1）《文化資產保存法》第六章古物第 65 條。
　　　（2）《文化資產保存法施行細則》第 19 條。
[116] 《文化資產保存法》第六章古物第 66 條。
[117] 《文化資產保存法》第六章古物第 67 條。
[118] 《文化資產保存法》第六章古物第 74、75 條。
[119] 《文化資產保存法》第六章古物第 68 條。

（二）私有國寶、重要古物之所有人，得向公立古物保存或相關專業機關（構）申請專業維護。中央主管機關得要求公有或接受前項專業維護之私有國寶、重要古物，定期公開展覽。[120]

二、古物管理維護業務之事項

古物之管理維護，其內容如下：（一）基本資料建檔。（二）日常管理。（三）定期專業檢測記錄。（四）特殊維護及其他應注意事項。[121]

陸、古物進出口與所有權的移轉

一、古物的進出口

（一）中華民國境內之國寶、重要古物，不得運出國外。但因戰爭、必要修復、國際文化交流舉辦展覽或其他特殊情況有必要運出國外，經中央主管機關報請行政院核准者，不在此限。依前項規定核准出國之國寶、重要古物，應辦理保險、妥慎移運、保管，並於規定期限內運回。[122]

（二）因展覽、銷售、鑑定及修復等原因進口之古物，須復運出口者，應事先向主管機關提出申請。[123]

---

[120] 《文化資產保存法》第六章古物第 70 條。
[121] 《文化資產保存法施行細則》第 20 條。
[122] 《文化資產保存法》第六章古物第 71 條。
[123] 《文化資產保存法》第六章古物第 72 條。

二、古物所有權的移轉

（一）私有國寶、重要古物所有權移轉前，應事先由其所有人通知中央主管機關。除繼承者外，公立古物保管機關（構）有依同樣條件優先購買之權。[124]

（二）發現具古物價值之無主物，其範圍包含陸地及水下，所有權之歸屬依國有財產法規定。應即通知所在地直轄市、縣（市）主管機關，採取維護措施。[125]

柒、古物之複製

公立古物保管機關（構）為研究、宣揚之需要，得就保管之公有古物，具名複製或監製。他人非經原保管機關（構）准許及監製，不得再複製。前項公有古物複製及監製管理辦法，由中央主管機關定之。[126]

捌、贊助管理維護古物者之獎勵與補助

一、獎勵或補助

（一）捐獻私有國寶、重要古物予政府。

（二）具古物價值之無主物並即通報主管機關處理。

---

[124] （1）《文化資產保存法》第六章古物第73條。
　　　（2）《文化資產保存法施行細則》第13條。
[125] （1）《文化資產保存法》第六章古物第74條。
　　　（2）《文化資產保存法施行細則》第21條。
[126] 《文化資產保存法》第六章古物第69條。

（三）主動將私有古物申請登錄，並經中央主管機關依規定審查指
定為國寶、重要古物者。前項獎勵或補助辦法，由文建會、
農委會分別定之。[127]

玖、違反古物維護規定之罰則

一、違反《文化資產保存法》第 94 條規定有下列行為之一者，處 5
年以下有期徒刑、拘役或科或併科新臺幣 20 萬元以上 100 萬元
以下罰鍰：

（一）毀損國寶、重要古物。

（二）違反規定，將國寶、重要古物運出國外，或經核准出國之國
寶、重要古物，未依限運回。[128]

（三）法人之代表人、法人或自然人之代理人、受僱人或其他從業
人員，因執行職務犯第 94 條之罪者，除依該條規定處罰其
行為人外，對該法人或自然人亦科以同條所定之罰金。[129]

（四）公務員假借職務上之權力、機會或方法，犯第 94 條之罪者，
加重其刑至二分之一。[130]

二、違反《文化資產保存法》第 97 條規定有下列情事之一者，處新
臺幣 10 萬元以上 50 萬元以下罰鍰：
再複製公有古物，違反規定，未經原保管機關（構）核准
者。[131]

---

[127] 《文化資產保存法》第九章獎勵第 90 條。
[128] 《文化資產保存法》第六章古物第 71 條。
[129] 《文化資產保存法》第十章罰則第 96 條。
[130] 《文化資產保存法》第十章罰則第 100 條。
[131] 《文化資產保存法》第六章古物第 69 條。

三、違反《文化資產保存法》第 98 條規定有下列情事之一者，處新臺幣 3 萬元以上 15 萬元以下罰鍰：

（一）移轉私有國寶、重要古物之所有權，未依規定事先通知主管機關者。[132]

（二）發見具古物價值之無主物，未通報主管機關處理。[133]

拾、相涉主管機關之協調

一、發見具古物價值無主物之範圍，包含陸地及水下，其所有權之歸屬依國有財產法規定。[134]

二、有關機關依法沒收、沒入或收受外國政府交付之古物，由主管機關指定或認可之公立古物保管機關（構）保管之。[135]

三、中華民國境內之國寶、重要古物，不得運出國外。但因戰爭、必要修復、國際文化交流舉辦展覽或其他特殊情況有必要運出國外，經中央主管機關報請行政院核准者，不在此限。依前項規定核准出國之國寶、重要古物，應辦理保險、妥慎移運、保管，並於規定期限內運回。[136]

拾壹、現況

至 2010 年 6 月我國各級主管機關公告之古物計 214 組 771 件（含國寶 318 件、重要古物 151 件、一般古物 302 件），由中央主管機關公告者的有 162 組（含 466 件）其中國寶 318 件，重要古物 148 件，由地方政府所公告的重要古物有高雄市 3 組（3 件）。一般古物 49

---

[132] 《文化資產保存法》第六章古物第 73 條。

[133] 《文化資產保存法》第六章古物第 74 條。

[134] 《文化資產保存法施行細則》第 21 條。

[135] 《文化資產保存法》第六章古物第 68 條。

[136] 《文化資產保存法》第六章古物第 71 條。

組 302 件，計台北市 6 組（含 6 件），高雄市 18 組（含 18 件），臺北縣 3 組（含 3 件）、宜蘭縣 9 組（含 11 件）、臺中縣 1 組（含 1 件）、嘉義市 2 組（含 2 件）、臺南縣 6 組（含 256 件）、澎湖縣 5 組（含 5 件）。由現行我國公私部門典藏古物的數量而言，古物公告的數量與進度相對緩慢。

表 4-8　古物統計表

2010.6.12

中央主管機關 162 組（含 466 件）				
公告日期	名稱	類別	種類	典藏地點
2010/01/19	蔣中正黃埔佩劍	重要古物	生活及儀禮器物	國防部史政編譯室
2010/01/19	國民革命軍總司令印	重要古物	生活及儀禮器物	國防部史政編譯室
2010/01/19	陸海空軍總司令印	重要古物	生活及儀禮器物	國防部史政編譯室
2010/01/19	蔣中正指揮刀	重要古物	生活及儀禮器物	國防部史政編譯室
2010/01/19	國民革命軍總司令行營之印	重要古物	生活及儀禮器物	國防部史政編譯室
2010/01/19	陸海空軍總司令徐州行營印	重要古物	生活及儀禮器物	國防部史政編譯室
2010/01/19	陸海空軍總司令旗	重要古物	生活及儀禮器物	國防部史政編譯室
2010/01/19	岡村寧次五獅刀	重要古物	生活及儀禮器物	國防部史政編譯室
2010/01/19	國民革命軍總司令旗	重要古物	生活及儀禮器物	國防部史政編譯室
2010/01/19	蔣中正五星披風	重要古物	生活及儀禮器物	國防部史政編譯室
2010/01/19	蔣中正統帥權杖	重要古物	生活及儀禮器物	國防部史政編譯室
2009/11/23	註東坡先生詩[1 部 20 冊]	國寶	圖書文獻	國家圖書館

2009/11/23	東都事略（1部24冊）	國寶	圖書文獻	國家圖書館
2009/11/23	宋太宗皇帝實錄（1部5冊）	國寶	圖書文獻	國家圖書館
2009/11/23	南宋群賢小集（1部32冊）	國寶	圖書文獻	國家圖書館
2009/11/23	文選（1部16冊）	國寶	圖書文獻	國家圖書館
2009/11/23	尚書表註（1部2冊）	國寶	圖書文獻	國家圖書館
2009/11/23	聖宋文選（1部16冊）	國寶	圖書文獻	國家圖書館
2009/11/23	金剛般若波羅蜜經	國寶	圖書文獻	國家圖書館
2009/11/23	李賀歌詩編（1部2冊）	國寶	圖書文獻	國家圖書館
2009/11/23	資治通鑑（1部共計128冊）	國寶	圖書文獻	國家圖書館
2009/11/23	中興館閣錄(1部10冊)	國寶	圖書文獻	國家圖書館
2009/09/14	石鳥	國寶	藝術作品	中央研究院歷史語言研究所
2009/09/14	青銅刀柄	重要古物	生活及儀禮器物	中央研究院歷史語言研究所
2009/09/14	玻璃玦形耳飾	重要古物	生活及儀禮器物	中央研究院歷史語言研究所
2009/09/14	侈口縮頸圓腹凹底罐	重要古物	生活及儀禮器物	中央研究院歷史語言研究所
2009/09/14	銅牌	重要古物	生活及儀禮器物	中央研究院歷史語言研究所
2009/09/14	青銅箭頭	重要古物	生活及儀禮器物	中央研究院歷史語言研究所
2009/09/14	侈口縮頸圓腹圈足瓶	重要古物	生活及儀禮器物	中央研究院歷史語言研究所
2009/09/14	青銅刀柄	重要古物	生活及儀禮器物	中央研究院歷史語言研究所
2009/09/14	玻璃玦形耳飾	重要古物	生活及儀禮器物	中央研究院歷史語言研究所
2009/09/14	玻璃環（1）	重要古物	生活及儀禮器物	中央研究院歷史語言研究所
2009/09/14	玻璃環（2）	重要古物	生活及儀禮器物	中央研究院歷史語言研究所
2009/09/14	侈口縮頸單把折肩束腰圈足罐	重要古物	生活及儀禮器物	中央研究院歷史語言研究所

2009/09/14	侈口縮頸圓腹凹底罐	重要古物	生活及儀禮器物	中央研究院歷史語言研究所
2009/06/30	大理石梟形立雕	國寶	生活及儀禮器物	中央研究院歷史語言研究所
2009/06/30	大理石梟形小立雕	國寶	生活及儀禮器物	中央研究院歷史語言研究所
2009/06/30	大理石對尾雙伏獸立雕	國寶	生活及儀禮器物	中央研究院歷史語言研究所
2009/06/30	玉人頭飾	國寶	生活及儀禮器物	中央研究院歷史語言研究所
2009/06/30	馬韁飾組（1組17件）	國寶	生活及儀禮器物	中央研究院歷史語言研究所
2009/06/30	大理石雙鳥喙獸面管（1組2件）	國寶	生活及儀禮器物	中央研究院歷史語言研究所
2009/06/30	大理石虎首人身立雕	國寶	生活及儀禮器物	中央研究院歷史語言研究所
2009/06/30	花骨柶	重要古物	生活及儀禮器物	中央研究院歷史語言研究所
2009/06/30	玉琮	重要古物	生活及儀禮器物	中央研究院歷史語言研究所
2009/06/30	石磬	重要古物	生活及儀禮器物	中央研究院歷史語言研究所
2009/06/30	跪坐人形玉璜	重要古物	生活及儀禮器物	中央研究院歷史語言研究所
2009/06/30	石俎	重要古物	生活及儀禮器物	中央研究院歷史語言研究所
2009/06/30	四龍二鳳玉珮	重要古物	生活及儀禮器物	中央研究院歷史語言研究所
2009/06/30	帶蓋白陶罐	重要古物	生活及儀禮器物	中央研究院歷史語言研究所
2009/06/30	雙龍形玉臂飾	重要古物	生活及儀禮器物	中央研究院歷史語言研究所
2009/06/30	玉策飾組（1組2件）	重要古物	生活及儀禮器物	中央研究院歷史語言研究所

2009/06/30	人頭形笄首玉笄	重要古物	生活及儀禮器物	中央研究院歷史語言研究所
2009/06/30	雙梟形玉飾	重要古物	生活及儀禮器物	中央研究院歷史語言研究所
2009/06/30	鴞形玉佩	重要古物	生活及儀禮器物	中央研究院歷史語言研究所
2009/06/30	石門臼	重要古物	生活及儀禮器物	中央研究院歷史語言研究所
2009/06/30	石龍石牛石虎（1組6件）	重要古物	生活及儀禮器物	中央研究院歷史語言研究所
2009/06/30	玉頭冠飾	重要古物	生活及儀禮器物	中央研究院歷史語言研究所
2009/06/30	立鳥玉笄	重要古物	生活及儀禮器物	中央研究院歷史語言研究所
2009/06/30	花骨器	重要古物	生活及儀禮器物	中央研究院歷史語言研究所
2009/05/08	西北岡1022號祭祀坑酒器組（1組10件）	國寶	生活及儀禮器物	中央研究院歷史語言研究所
2009/05/08	牛方鼎	國寶	生活及儀禮器物	中央研究院歷史語言研究所
2009/05/08	寢小室盂	國寶	生活及儀禮器物	中央研究院歷史語言研究所
2009/05/08	蟠螭紋鑑	國寶	生活及儀禮器物	中央研究院歷史語言研究所
2009/05/08	八瓣華蓋立鳥圓壺組（1組2件）	國寶	生活及儀禮器物	中央研究院歷史語言研究所
2009/05/08	青銅人面	國寶	生活及儀禮器物	中央研究院歷史語言研究所
2009/05/08	銅內玉戈	國寶	生活及儀禮器物	中央研究院歷史語言研究所
2009/05/08	鹿方鼎	國寶	生活及儀禮器物	中央研究院歷史語言研究所
2009/05/08	水陸攻戰紋鑑組（1組2件）	國寶	生活及儀禮器物	中央研究院歷史語言研究所

2009/05/08	獸面紋列壺組（1 組 3 件）	重要古物	生活及儀禮器物	中央研究院歷史語言研究所
2009/05/08	嵌綠松石弓形器	重要古物	生活及儀禮器物	中央研究院歷史語言研究所
2009/05/08	頭盔	重要古物	生活及儀禮器物	中央研究院歷史語言研究所
2009/05/08	銅鏡	重要古物	生活及儀禮器物	中央研究院歷史語言研究所
2009/05/08	橋形金片飾	重要古物	生活及儀禮器物	中央研究院歷史語言研究所
2009/05/08	波帶紋列鼎	重要古物	生活及儀禮器物	中央研究院歷史語言研究所
2009/05/08	人面甲飾	重要古物	生活及儀禮器物	中央研究院歷史語言研究所
2009/05/08	邊卣	重要古物	生活及儀禮器物	中央研究院歷史語言研究所
2009/05/08	車輪飾組（1 組 2 件）	重要古物	生活及儀禮器物	中央研究院歷史語言研究所
2009/05/08	金泡	重要古物	生活及儀禮器物	中央研究院歷史語言研究所
2009/05/08	嵌綠松石輈頭飾	重要古物	生活及儀禮器物	中央研究院歷史語言研究所
2009/05/08	衡端飾	重要古物	生活及儀禮器物	中央研究院歷史語言研究所
2009/05/08	觚（1）	重要古物	生活及儀禮器物	中央研究院歷史語言研究所
2009/05/08	觚（2）	重要古物	生活及儀禮器物	中央研究院歷史語言研究所
2009/05/08	銅耙	重要古物	生活及儀禮器物	中央研究院歷史語言研究所
2009/05/08	龍紋鋤形器	重要古物	生活及儀禮器物	中央研究院歷史語言研究所
2009/05/08	散虺紋編鎛組（1 組 9 件）	重要古物	生活及儀禮器物	中央研究院歷史語言研究所

2009/05/08	鎏金獸面組（1組2件）	重要古物	生活及儀禮器物	中央研究院歷史語言研究所
2009/05/08	銅鐓	重要古物	生活及儀禮器物	中央研究院歷史語言研究所
2009/05/08	陸尊	重要古物	生活及儀禮器物	中央研究院歷史語言研究所
2009/05/08	中柱旋龍盉組（1組2件）	重要古物	生活及儀禮器物	中央研究院歷史語言研究所
2009/05/08	溫鼎	重要古物	生活及儀禮器物	中央研究院歷史語言研究所
2009/05/08	包金銅泡	重要古物	生活及儀禮器物	中央研究院歷史語言研究所
2009/05/08	軛頭飾	重要古物	生活及儀禮器物	中央研究院歷史語言研究所
2009/05/08	斝	重要古物	生活及儀禮器物	中央研究院歷史語言研究所
2009/05/08	頭盔	重要古物	生活及儀禮器物	中央研究院歷史語言研究所
2009/05/08	駱駝刀	重要古物	生活及儀禮器物	中央研究院歷史語言研究所
2009/05/08	鑲嵌綠松石軛首飾組（1組2件）	重要古物	生活及儀禮器物	中央研究院歷史語言研究所
2009/05/08	羊頭方卣	重要古物	生活及儀禮器物	中央研究院歷史語言研究所
2009/05/08	銅鐃組（1組4件）	重要古物	生活及儀禮器物	中央研究院歷史語言研究所
2009/05/08	獸頭刀組（1組3件）	重要古物	生活及儀禮器物	中央研究院歷史語言研究所
2009/05/08	周王戈	重要古物	生活及儀禮器物	中央研究院歷史語言研究所
2009/05/08	銅鏟組（1組2件）	重要古物	生活及儀禮器物	中央研究院歷史語言研究所
2009/05/08	六瓣華蓋立鳥圓壺組（1組2件）	重要古物	生活及儀禮器物	中央研究院歷史語言研究所

2009/05/08	爵	重要古物	生活及儀禮器物	中央研究院歷史語言研究所
2009/05/08	玄夫戈	重要古物	生活及儀禮器物	中央研究院歷史語言研究所
2009/05/08	蟠螭紋編鎛組（1組5件）	重要古物	生活及儀禮器物	中央研究院歷史語言研究所
2009/05/08	右勺	重要古物	生活及儀禮器物	中央研究院歷史語言研究所
2009/05/08	軶頭飾	重要古物	生活及儀禮器物	中央研究院歷史語言研究所
2009/03/02	黃土水／南國（水牛群像）	國寶	藝術作品-雕塑品	臺北市中山堂管理所
2009/03/02	趙孟頫／行書赤壁二賦	國寶	藝術作品-書法	國立故宮博物院
2008/12/24	石谿／茂林秋樹	國寶	藝術作品-繪畫	國立故宮博物院
2008/12/24	祝允明／書七言律詩	國寶	藝術作品-書法	國立故宮博物院
2008/12/24	董其昌／書杜甫謁玄元皇帝廟詩	國寶	藝術作品-書法	國立故宮博物院
2008/12/24	馬麟／秉燭夜遊	國寶	藝術作品-繪畫	國立故宮博物院
2008/12/24	沈周／廬山高	國寶	藝術作品-繪畫	國立故宮博物院
2008/12/24	倪瓚／容膝齋	國寶	藝術作品-繪畫	國立故宮博物院
2008/12/24	李迪／風雨歸牧	國寶	藝術作品-繪畫	國立故宮博物院
2008/12/24	李安忠／竹鳩	國寶	藝術作品-繪畫	國立故宮博物院
2008/12/24	明宣宗坐像	國寶	藝術作品-繪畫	國立故宮博物院
2008/12/24	吳鎮／漁父圖	國寶	藝術作品-繪畫	國立故宮博物院

2008/12/24	陳枚、孫祜、金昆、戴洪、程志道／清明上河圖	國寶	藝術作品-繪畫	國立故宮博物院
2008/12/24	馬遠／山徑春行	國寶	藝術作品-繪畫	國立故宮博物院
2008/12/24	李嵩／市擔嬰戲	國寶	藝術作品-繪畫	國立故宮博物院
2008/12/24	鄭簠／隸書	重要古物	藝術作品-書法	國立故宮博物院
2008/12/24	虎溪三笑	重要古物	藝術作品-繪畫	國立故宮博物院
2008/12/24	王紱／畫山亭文會	重要古物	藝術作品-繪畫	國立故宮博物院
2008/12/24	宣宗/戲猿圖	重要古物	藝術作品-繪畫	國立故宮博物院
2008/12/24	王冕/南枝春早	重要古物	藝術作品-繪畫	國立故宮博物院
2008/04/02	廣地南部永元五年至七年官兵釜磑月言及四時簿	國寶	圖書文獻-文獻	中央研究院歷史語言研究所
2008/04/02	帶刻辭牛距骨	國寶	其他	中央研究院歷史語言研究所
2008/04/02	彭因張子春致子侯書信	重要古物	居延漢簡（木簡）	中央研究院歷史語言研究所
2008/04/02	帶硃書卜辭龜腹甲	重要古物	其他	中央研究院歷史語言研究所
2008/04/02	帶卜辭獸骨	重要古物	其他	中央研究院歷史語言研究所
2008/04/02	帶卜辭龜腹甲	重要古物	其他	中央研究院歷史語言研究所
2008/04/02	帛書殘件	重要古物	其他	中央研究院歷史語言研究所
2008/04/02	帶卜辭穿孔改製龜背甲（1）	重要古物	其他	中央研究院歷史語言研究所
2008/04/02	帶卜辭穿孔改製龜背甲（2）	重要古物	其他	中央研究院歷史語言研究所

2008/04/02	永光二年予候長鄭赦寧冊	重要古物	木簡	中央研究院歷史語言研究所
2008/04/02	帶刻辭鹿頭骨（1）	國寶	其他	中央研究院歷史語言研究所
2008/04/02	帶刻辭鹿頭骨（2）	重要古物	其他	中央研究院歷史語言研究所
2008/04/02	帶卜辭龜腹甲（1）	重要古物	其他	中央研究院歷史語言研究所
2008/04/02	帶卜辭龜腹甲（2）	重要古物	其他	中央研究院歷史語言研究所
2008/04/02	帶卜辭龜腹甲（3）	重要古物	其他	中央研究院歷史語言研究所
2008/04/02	帶卜辭龜腹甲（4）	重要古物	其他	中央研究院歷史語言研究所
2008/04/02	帶卜辭龜腹甲（5）	重要古物	其他	中央研究院歷史語言研究所
2008/04/02	帶卜辭龜腹甲（6）	重要古物	其他	中央研究院歷史語言研究所
2008/04/02	帶卜辭龜腹甲（7）	重要古物	其他	中央研究院歷史語言研究所
2008/04/02	毛筆	重要古物	其他	中央研究院歷史語言研究所
2008/04/02	元康五年詔書	重要古物	其他	中央研究院歷史語言研究所
2008/04/02	刻辭箭桿（1）	重要古物	其他	中央研究院歷史語言研究所
2008/04/02	刻辭箭桿（2）	重要古物	其他	中央研究院歷史語言研究所
2008/04/02	刻辭箭桿（3）	重要古物	其他	中央研究院歷史語言研究所
2008/04/02	刻辭箭桿（4）	重要古物	其他	中央研究院歷史語言研究所
2008/04/02	填硃卜辭龜腹甲	重要古物	其他	中央研究院歷史語言研究所

2008/04/02	帶硃書龜背甲	重要古物	其他	中央研究院歷史語言研究所
2008/04/02	刻劃獸骨殘片	重要古物	其他	中央研究院歷史語言研究所
2008/04/02	填硃卜辭獸骨	重要古物	其他	中央研究院歷史語言研究所
臺北市	6 組（含 6 件）			
公告日期	名稱	類別	種類	典藏地點
2008/03/03	黃土水／水牛群像	一般古物	藝術作品-雕塑品	不詳
2008/03/03	淡北育嬰堂碑	一般古物	圖書文獻-文獻	不詳
2008/03/03	黃土水／釋迦出山	一般古物	藝術作品-雕塑品	不詳
2008/03/03	石牌漢番界碑	一般古物	圖書文獻-文獻	今捷運石牌站前
2008/02/19	蒲添生／孫中山銅像	一般古物	藝術作品-雕塑品	中山堂前
2007/10/02	木柵畜魂碑	一般古物	生活及儀禮器物-其他	木柵地區
高雄市	20 組（含 21 件）			
公告日期	名稱	類別	種類	典藏地點
2010/02/01	臨濟正宗歷代禪師墓碑	一般古物	圖書文獻	高雄市立歷史博物館
2010/02/01	張啓華-旗后福聚樓油畫	一般古物	藝術作品-繪畫	高雄市立美術館
2010/02/01	陳子福手繪電影海報「紐西蘭地震記」	一般古物	圖書文獻-手稿	高雄市電影圖書館
2009/03/02	黃清埕／頭像	重要古物	藝術作品-雕塑品	高雄市立美術館
2009/01/14	陳子福手繪電影海報「南海空戰」	一般古物	圖書文獻-手稿	高雄市電影圖書館
2009/01/14	明治 36 年林德官地籍圖	一般古物	圖書文獻-其他	高雄市立歷史博物館

2009/01/14	日治時期苓雅寮公學校畢業生名冊	一般古物	圖書文獻-其他	高雄市立歷史博物館
2009/01/14	木雕彩繪原住民圖紋手提式漆煙具組	一般古物	生活及儀禮器物	高雄市立歷史博物館
2009/01/14	木雕彩繪原住民圖紋漆煙具組	一般古物	生活及儀禮器物	高雄市立歷史博物館
2009/01/14	朱漆彩繪杵歌紋小瓶	一般古物	生活及儀禮器物	高雄市立歷史博物館
2009/01/14	木雕彩繪獨木舟形漆煙盒	一般古物	生活及儀禮器物	高雄市立歷史博物館
2009/01/14	黑漆鑲嵌彩繪蝴蝶蘭紋方瓶	一般古物	生活及儀禮器物	高雄市立歷史博物館
2009/01/14	紅陶虎爺	一般古物	藝術作品-陶瓷	高雄市立歷史博物館
2009/01/14	五彩戲曲人物瓶	一般古物	藝術作品-陶瓷	高雄市立歷史博物館
2008/12/24	打狗汛地碑	重要古物	圖書文獻-其他	高雄市立歷史博物館
2008/12/24	清代新港社番婦王覽莫等立典契（新港文書）	重要古物	圖書文獻-其他	高雄市立歷史博物館
2007/09/29	清代鳳山縣大竹里埤頭街鄭炎立杜絕賣契	一般古物	圖書文獻-其他	高雄市立歷史博物館
2007/09/29	清代鳳山縣維新里蘇公助立杜絕賣盡契	一般古物	圖書文獻-其他	高雄市立歷史博物館
2007/09/29	清代鳳山縣長治里大湖街林崑德立賣杜絕盡契	一般古物	圖書文獻-其他	高雄市立歷史博物館
2007/09/29	清代新港社番婦王覽莫等立典契	一般古物	圖書文獻-其他	高雄市立歷史博物館
2007/09/29	清代鳳山縣舊城西門門額	一般古物	其他	高雄市立歷史博物館
臺北縣	3組（含3件）			
公告日期	名稱	類別	種類	典藏地點
2009/07/17	木雕邢府王爺像〈附木椅〉	一般古物	其他	臺北縣樹林鎮彭厝鎮安宮

2009/06/04	坪林虎字碑	一般古物	生活及儀禮器物-其他	臺北縣坪林茶業博物館
2007/09/04	D51 型煤水蒸氣火車頭	一般古物	其他	臺北縣政府文化局
宜蘭縣	9 組（含 11 件）			
公告日期	名稱	類別	種類	典藏地點
2009/01/21	陶罐（KWL P05903037）	一般古物	生活及儀禮器物-飲食器具	宜蘭
2009/01/21	陶罐（KWL P05903037）	一般古物	生活及儀禮器物-飲食器具	宜蘭
2009/01/21	陶罐（KWL P08505921）	一般古物	生活及儀禮器物-飲食器具	宜蘭
2009/01/21	陶罐（KWL P217041599）	一般古物	生活及儀禮器物-飲食器具	宜蘭
2009/01/21	木刀（KWLP26302W01）	一般古物	生活及儀禮器物-其他	宜蘭
2009/01/21	木雕（KWLP00000W57）	一般古物	生活及儀禮器物-其他	宜蘭
2009/01/21	木雕板(KWL M080W06、M080W07、M080W08)	一般古物	生活及儀禮器物-其他	宜蘭
2009/01/21	鐵刀（KWL P19802M03）	一般古物	生活及儀禮器物-其他	宜蘭
2009/01/21	鐵刀（KWL P25003M01）	一般古物	生活及儀禮器物-其他	宜蘭
臺中縣	1 組（含 1 件）			

公告日期	名稱	類別	種類	典藏地點
2009/06/01	七家灣遺址出土陶罐	一般古物	其他	臺中縣文化局
嘉義市	2組（含2件）			
公告日期	名稱	類別	種類	典藏地點
2008/12/09	嘉邑城隍廟道宏化育匾額	一般古物	生活及儀禮器物-其他	嘉義城隍廟
2008/12/09	嘉邑城隍廟武轎	一般古物	生活及儀禮器物-其他	嘉義城隍廟
臺南縣	6組（含256件）			
公告日期	名稱	類別	種類	典藏地點
2008/06/05	乾隆乙亥年水堀頭橋石碑	一般古物	其他	臺南縣麻豆古港文化園區
2008/06/05	葫蘆埤湖中島石碑、石座	一般古物	其他	臺南縣
2008/06/05	九磅前膛砲	一般古物	其他	臺南縣臺南縣軍史公園（麻豆海埔池王府）
2008/06/05	八吋阿姆斯托郎後膛砲	一般古物	其他	臺南縣軍史公園（麻豆海埔池王府）
2008/04/08	佳里震興宮泥塑神像	一般古物	藝術作品-雕塑品	臺南縣佳里震興宮
2008/04/08	學甲慈濟宮葉王交趾陶	一般古物	藝術作品-雕塑品	臺南縣學甲慈濟宮
澎湖縣	5組（含5件）			
公告日期	名稱	類別	種類	典藏地點
2008/09/03	畫花安平壺	一般古物	其他	澎湖
2008/09/03	曾竹山陶瓶	一般古物	其他	澎湖
2008/09/03	黃褐釉澀圈墨書青瓷碗器底	一般古物	其他	澎湖
2008/09/03	銅條（MGG-M-10）	一般古物	其他	澎湖
2008/09/03	銅條（MGG-M-11）	一般古物	其他	澎湖

資料來源：依行政院文化建設委員會文化資產總管理處籌備處公告資料製作
http://www.hach.gov.tw/hach/frontsite/cultureassets/announceAllQuery
Action.do?method=doFindAll

第七節　自然地景

根據 2005 年修正公布之《文化資產保存法》第 3 條第 7 款之規定，自然地景指具保育自然價值之自然區域、地形、植物及礦物。其認定必須依照《文化資產保存法》規定之分類及審查程序後，並經指定或登錄之後方能完成。自然地景相當於《保護世界文化與自然遺產公約》中的自然遺產項目。

壹、自然地景的法定類型

自然地景依其性質，區分為二類
一、自然保留區：（一）具有代表性生態體系。（二）具有獨特地形、地質意義。（三）具有基因保存永久觀察、教育研究價值之區域。
二、自然紀念物：（一）珍貴稀有植物：指本國所特有之植物或族群數量稀少或有絕滅危機之植物。（二）珍貴稀有礦物：指本國所特有之岩石或礦物或數量稀少之岩石或礦物。[137]

貳、自然地景的主管機關

自然地景的主管機關：在中央為行政院農業委員會；在直轄市為直轄市政府，在縣（市）為縣（市）政府。[138]其指定、登錄及其他本法規定之重大事項，應設相關審議委員會，進行審議。前項審議委員會之組織準則，由文建會會同農委會定之。[139]有跨越二個以

---

[137]（1）《文化資產保存法》第七章自然地景第 76 條。
　　（2）《自然地景指定及廢止辦法》第 2 條。
[138]《文化資產保存法》第一章總則第 4 條。
[139]《文化資產保存法》第一章總則第 6 條。

上直轄市、縣（市）轄區，其地方主管機關由所在地直轄市、縣（市）主管機關商定之；必要時得由中央主管機關協調指定。[140]

參、自然地景等級之區分

自然地景依其主管機關，區分為國定、直轄市定、縣（市）定三類，由各級主管機關審查指定後，辦理公告。直轄市定、縣（市）定者，並應報中央主管機關備查。[141]

肆、自然地景指定之指定與變更

一、自然地景之審查

自然地景依其主管機關，區分為國定、直轄市定、縣（市）定3類，由各級主管機關依中央主管機關所定之基準、審查、廢止條件與程序及其他應遵行事項之辦法辦理，具自然地景價值者之所有人也可以主動向主管機關申請指定，主管機關應依法定程序審查。由指定之主管機關在所在地點舉辦說明會，並聽取當地住民意見後，擬具自然保留區可行性評估及範圍劃設規劃書，提經自然地景審議委員會審查通過後，辦理公告；變更範圍時亦同。[142]

自然保留區可行性評估及範圍劃設規劃書應載明事項有九項：（一）環境特質及資源調查研究現況。（二）指定或變更範圍之緣由。（三）範圍、面積及位置圖。（四）保存、維護方案及可行性評估。（五）既有之保存、維護措施及未來之保育策略。（六）說

---

[140] 《文化資產保存法》第一章總則第 5 條。
[141] 《文化資產保存法》第七章自然地景第 79 條。
[142] （1）《自然地景指定及廢止辦法》第 3 條。
　　　（2）《文化資產保存法》第七章自然地景第 81 條。

明會之重大決議。（七）預期效益。（八）管理機關（構）。（九）應遵行事項。[143]

　　自然紀念物評估報應載明下列事項有六項：（一）分布範圍。（二）分布數量或族群數量。（三）面臨之威脅及保護措施。（四）維護生態及環境措施。（五）預期效益。（六）應遵行事項。[144]

　　前項指定機關為直轄市、縣（市）主管機關，應報中央主管機關備查。審查指定後應辦理公告，自然地景的指定應於公告後將其圖說交有關鄉（鎮、市、區）公所，公開展示。展示期間不得少於三十日；展示後，應將圖說妥為保管，以供查閱。[145]直轄市、縣（市）定者，並應報中央主管機關備查。

二、自然地景之變更

　　自然地景滅失、減損其價值時，主管機關得廢止其指定或變更其類別，廢止條件有三：（一）保護目的已達成，無繼續指定之必要。（二）滅失、減損其價值，無從恢復或復育。（三）保護區域之功能與效用，已有其他保護區或保育措施得以替代。[146]並辦理公告，自然地景的廢止應於公告後將其圖說交有關鄉（鎮、市、區）公所，公開展示。展示期間不得少於三十日；展示後，應將圖說妥為保管，以供查閱。[147]直轄市定、縣（市）定者，應報中央主管機關核定。[148]

　　凡是進入自然地景指定之審查程序者，即為暫定自然地景。暫定自然地景之條件及應實行程序之辦法，由中央主管機關定之。具

---

[143] 《自然地景指定及廢止辦法》第 4 條。
[144] 《自然地景指定及廢止辦法》第 6 條。
[145] 《自然地景指定及廢止辦法》第 8 條。
[146] 《自然地景指定及廢止辦法》第 7 條。
[147] 《自然地景指定及廢止辦法》第 8 條。
[148] 《文化資產保存法》第七章自然地景第 79 條。

自然地景價值者遇有緊急情況時，主管機關也可指定為暫定自然地景，並通知所有人、使用人或管理人。其審查期間以 6 個月為限。但必要時得延長一次。主管機關應於期限內完成審查，期滿後即喪失其暫定自然地景之效力。同時，自然地景經列為暫定自然地景，致權利人之財產受有損失者，主管機關應依中央主管機關所規定之標準與其協議，給與合理之補償金。[149]

伍、自然地景的管理與維護

一、自然地景管理維護的個人、機關、團體

自然地景由所有人、使用人或管理人管理維護；主管機關對私有自然地景，得提供適當輔導。自然地景得委任、委辦其所屬機關（構）或委託其他機關（構）、登記有案之團體或個人管理維護。自然地景之管理維護者，應擬定管理維護計畫，報主管機關備查。[150]

二、自然地景管理維護業務之事項

自然地景之管理維護者應擬定之管理維護計畫，其內容有六項：（一）基本資料：指定之目的、依據、所有人、使用人或管理人、自然保留區範圍圖、面積及位置圖或自然紀念物分布範圍及位置圖。範圍圖及位置圖比例尺，其面積在 1000 公頃以下者，不得小於 5000 分之 1；面積逾 1000 公頃者，不得小於 25000 分之 1。（二）目標及內容：計畫之目標、期程、需求經費及內容。（三）地區環

---

[149] （1）《文化資產保存法》第二章古蹟、歷史建築、聚落第 17 條。
（2）《文化資產保存法》第七章自然地景第 82 條。
[150] 《文化資產保存法》第七章自然地景第 80 條。

境特質及資源現況：自然及人文環境、自然資源現況（含自然紀念物分布數量或族群數量）、現有潛在因子、所面臨之威脅及因應策略。（四）維護及管制：環境資源、設施維護與重大災害應變。（五）委託管理規劃。（六）其他相關事項。管理維護計畫至少每 5 年應通盤檢討 1 次。[151]

陸、贊助管理自然地景者之獎勵與補助

一、獎勵或補助

（一）捐獻私有自然地景予政府者。

（二）發見具自然地景價值之區域或紀念物，並即通報主管機關處理者。[152]

柒、違反自然地景維護規定之罰則

一、違反《文化資產保存法》第 94 條規定有下列行為之一者，處 5 年以下有期徒刑、拘役或科或併科新臺幣 20 萬元以上 100 萬元以下罰鍰：

（一）違反自然紀念物禁止採摘、砍伐、挖掘或以其他方式破壞，並應維護其生態環境之規定者。[153]

（二）自然保留區禁止改變或破壞其原有自然狀態。為維護自然保留區之原有自然狀態，非經主管機關許可，不得任意進入其區域範圍之規定者。[154]

---

[151] 《文化資產保存法施行細則》第 22 條

[152] 《文化資產保存法》第九章獎勵第 90 條。

[153] 《文化資產保存法》第七章自然地景第 83 條。

（三）法人之代表人、法人或自然人之代理人、受僱人或其他從業人員，因執行職務犯此罪者，除依該條規定處罰其行為人外，對該法人或自然人亦科以同條所定之罰金。[155]

（四）公務員假借職務上之權力、機會或方法，違反規定致毀損古蹟之全部、一部或其附屬設施者，加重其刑至二分之一。[156]

二、違反《文化資產保存法》第 97 條規定有下列情事之一者，處新臺幣 10 萬元以上 50 萬元以下罰鍰：

（一）自然地景之所有人、使用人或管理人因管理不當，致自然地景有滅失或減損價值之虞，經主管機關依規定通知限期改善，屆期仍未改善者。[157]

（二）營建工程或其他開發行為，發見具自然地景價值者，未依規定應即停止。[158]

（三）有前項情形之一，經主管機關限期通知改正而不改正，或未依改正事項改正者，得按次分別處罰，至改正為止；情況急迫時，主管機關得代為必要處置，並向行為人徵收代履行費用；並得勒令停工，通知自來水、電力事業等配合斷絕自來水、電力或其他能源。有前項情形之一，其產權屬公有者，主管機關並應公布該管理機關名稱及將相關人員移請權責機關懲處或懲戒。[159]

三、違反《文化資產保存法》第 98 條規定有下列情事之一者，處新臺幣 3 萬元以上 15 萬元以下罰鍰：

---

[154] 《文化資產保存法》第七章自然地景第 84 條。
[155] 《文化資產保存法》第十章罰則第 96 條。
[156] 《文化資產保存法》第十章罰則第 100 條。
[157] 《文化資產保存法》第七章自然地景第 81 條。
[158] 《文化資產保存法》第七章自然地景第 86 條。
[159] 《文化資產保存法》第十章罰則第 97 條。

（一）發見具自然地景價值之區域或紀念物，未通報主管機關處
　　　理。[160]

（二）違反規定未經主管機關許可，任意進入自然保留區者。[161]

捌、相涉主管機關之協調

一、自然地景所在地訂定或變更區域計畫或都市計畫，應先徵求主
　　管機關之意見。政府機關策定重大營建工程計畫時，不得妨礙
　　自然地景之保存及維護，並應先調查工程地區有無具自然地景
　　價值者；如有發見，應即報主管機關依自然地景審查程序辦
　　理。[162]

二、發見具自然地景價值者，應即報主管機關處理。營建工程或其
　　他開發行為進行中，發見具自然地景價值者，應即停止工程或
　　開發行為之進行，並報主管機關處理。[163]

三、自然紀念物禁止採摘、砍伐、挖掘或以其他方式破壞，並應維
　　護其生態環境。但原住民族為傳統祭典需要及研究機構為研
　　究、陳列或國際交換等特殊需要，報經主管機關核准者，不在
　　此限。[164]

四、自然紀念物，除因但書核准之研究、陳列或國際交換外，一律
　　禁止出口。前項禁止出口項目，包括自然紀念物標本或其他任
　　何取材於自然紀念物之產製品。[165]

五、原住民族及研究機構依規定向主管機關申請核准者，應檢具下
　　列資料：

---

[160] 《文化資產保存法》第七章自然地景第 86 條。
[161] 《文化資產保存法》第七章自然地景第 84 條。
[162] 《文化資產保存法》第七章自然地景第 85 條。
[163] 《文化資產保存法》第七章自然地景第 86 條。
[164] 《文化資產保存法》第七章自然地景第 83 條。
[165] 《文化資產保存法施行細則》第 23 條。

（一）利用之自然紀念物（中名及學名）、數量、方法、地區、時間及目的。

（二）執行人員名冊及身分證明文件正、反面影本。

（三）原住民族供為傳統祭典需要或研究機構供為研究、陳列或國際交換需要之承諾書。

（四）其他經主管機關指定之資料

　　前項申請經核准後，其執行人員應攜帶核准文件及可供識別身分之證件，以備查驗。研究機構應於完成研究、陳列或國際交換目的後一年內，將該自然紀念物之後續處理及利用成果，作成書面資料送主管機關備查。[166]

玖、現況

　　由行政院農業委員會負責主管的自然地景，至 2010 年 6 月共公告 25 種項目。

一、自然保留區

　　農業委員會先後陸續公告了 20 處自然保留區。面積總計：64,653.50 公頃，其中陸域面積 64,641.76 公頃、海域面積 11.74 公頃。

二、自然紀念物

　　自然紀念物中珍貴稀有植物部分，在 1988 年 8 月 22 日依文化資產保存法公告 11 種，2001 年 9 月 27 日公告解除台灣水韭、台東蘇鐵、蘭嶼羅漢松等 3 種，2002 年 1 月 14 日公告解除紅星杜鵑、烏來杜鵑、鐘萼木等 3 種。至今，尚在登錄名單中的有 5 種，台灣穗

---

[166] 《文化資產保存法施行細則》第 24 條。

花杉、台灣油杉、南湖柳葉菜、台灣水青岡、清水圓柏。[167]珍貴稀有礦物方面，目前並未有指定任何種類之礦物。

表 4-9　自然保留區統計表

2010.4.30

編號	公告日期	名稱	面積	地址或位置
1	2008/09/23 2009/0915 公告修正	澎湖南海玄武岩自然保留區（東吉嶼、西吉嶼、頭巾、鐵砧）	176.2544 公頃	澎湖縣（東吉嶼、西吉嶼、頭巾、鐵砧）
2	2000/05/22	九九峰自然保留區	1,198.4466 公頃	南投縣草屯鎮、國姓鄉及台中縣霧峰鄉、太平市地震崩塌斷崖特殊地景
3	1994/01/10	墾丁高位珊瑚礁自然保留區	137.6 公頃	屏東縣恆春鄉
4	1994/01/10	烏石鼻海岸自然保留區	311 公頃	宜蘭縣蘇澳鎮
5	1994/01/10	挖子尾自然保留區	30 公頃	台北縣八里鄉淡水河口南岸
6	1992/03/12	澎湖玄武岩自然保留區	滿潮時為 19.13 公頃，低潮時為 30.87 公頃	澎湖縣錠鉤嶼、雞善嶼及小白沙嶼等島嶼
7	1992/03/12	烏山頂泥火山自然保留區	4.89 公頃	高雄縣燕巢鄉
8	1992/03/12	出雲山自然保留區	6248.74 公頃	高雄縣桃源鄉與茂林鄉
9	1992/03/12	阿里山台灣一葉蘭自然保留區	51.89 公頃	嘉義縣阿里山鄉
10	1992/03/12	插天山自然保留區	7759.17 公頃	台北縣烏來鄉、三峽鎮及桃園縣復興鄉

---

[167] 行政院農委會林物局自然保育網，http://conservation.forest.gov.tw/ct.asp？xitem=7731&ctNode=212&mp=10。

11	1992/03/12	南澳闊葉樹林自然保留區	200 公頃	宜蘭縣南澳鄉金洋村
12	1988/01/13	大武山自然保留區	47,000 公頃	台東縣太麻里鄉、達仁鄉及金峰鄉境內
13	1986/06/27	大武事業區台灣穗花杉自然保留區	86.4 公頃	台東縣達仁鄉
14	1986/06/27	苗栗三義火炎山自然保留區	219.04 公頃	苗栗縣三義鄉及苑里鎮境內
15	1986/06/27	淡水河紅樹林自然保留區	76.41 公頃	台北縣淡水鎮竹圍
16	1986/06/27	關渡自然保留區	55 公頃	台北市關渡堤防外沼澤區
17	1986/06/27	坪林台灣油杉自然保留區	34.6 公頃	台北縣坪林鄉
18	1986/06/27	哈盆自然保留區	332.7 公頃	台北縣烏來鄉和宜蘭縣員山鄉
19	1986/06/27	鴛鴦湖自然保留區	374 公頃	新竹縣尖石鄉、桃園縣興鄉及宜蘭縣大同鄉交界處
20	1986/06/27	台東紅葉村台東蘇鐵自然保留區	290.46 公頃	台東縣延平鄉

資料來源：行政院農委會林物局自然保育網
http://conservation.forest.gov.tw/lp.asp？Ct Node= 174&CtUnit=120&
Base DSD=7&mp=10&nowpage=1&pagesize=20

第八節　文化資產保存技術及保存者

　　文化資產保存技術及保存者是在 2005 年 2 月 5 日修正公布的《文化資產保存法》中第一次呈現的項目，依照第 88 條之規定，中央主管機關文化建設委員會對於文化資產保存及修復工作中不可或缺，且必須加以保護之技術及其保存者，應審查指定，並辦理公告。其認定必須依照《文化資產保存法》規定之分類及審查程序後，並經指定或登錄之後方能完成。

壹、文化資產保存技術及保存者的區分

（一）文化資產保存技術，指進行文化資產保存及修復工作不可或
　　　缺，且必須加以保護需要之技術；
（二）保存者，指保存技術之擁有、精通且能正確體現者。[168]

貳、文化資產保存技術及保存者的主管機關

　　文化資產保存技術及保存者的主管機關：在中央為行政院文化
建設委員會；在直轄市為直轄市政府，在縣（市）為縣（市）政府。

參、文化資產保存技術及保存者的普查與審查

一、文化資產保存技術及保存者的普查

　　主管機關應普查或接受個人或團體提報具保護需要之文化資產
保存技術及其保存者，並依法定程序審查後，列冊追蹤。前項保存
技術及其保存者，主管機關應建立基礎資料之調查與登錄及其他重
要事項之紀錄。[169]主管機關普查或接受個人、團體提報具保護需要
之文化資產保存技術及其保存者，其法定審查程序如下：（一）現
場勘查或訪查。（二）作成是否列冊追蹤之決定。縣主管機關依本
法進行之普查，鄉（鎮、市）於必要時，得予協助。前項第二款決
定，主管機關應以書面通知提知提報之個人或團體。[170]直轄市、縣
（市）主管機關應將之列冊者，報中央主管機關備查。[171]

---

[168] 《文化資產保存法施行細則》第 25 條。
[169] 《文化資產保存法》第八章文化資產保存技術及保存者第 87 條。
[170] 《文化資產保存法施行細則》第 8、9 條。
[171] 《文化資產保存法施行細則》第 26 條。

二、文化資產保存技術及保存者的指定與廢止

　　中央主管機關對於文化資產保存及修復工作中不可或缺，且必須加以保護之技術及其保存者，應審查指定，並辦理公告。[172]審查指定，由中央主管機關審議委員審議之。[173]指定之保存技術無再加以保護之必要時，中央主管機關得於審查後廢止該項技術及其保存者之指定。第一項保存技術之保存者因身心障礙或其他特殊情事，經審查認定不適合繼續作為保存者時，中央主管機關得廢止其指定。[174]所定指定與廢止公告，應載明下列事項：（一）指定保存技術之名稱。（二）其保存者之姓名及其基本資料。（三）指定理由及其法令依據。（四）公告日期及文號。（五）保存技術描述。前項公告，應刊登《行政院公報》，並得以揭示於中央主管機關公布欄、網際網路或其他適當方式為之。[175]

肆、文化資產保存技術及保存者的管理維護

　　主管機關應協助經指定之保存技術及其保存者進行技術保存及傳習，並活用該項技術於保存修復工作。前項保存技術之保存、傳習、活用與其保存者之工作保障、人才養成及輔助辦法，由中央主管機關定之。[176]

---

[172] 《文化資產保存法》第八章文化資產保存技術及保存者第 88 條。
[173] 《文化資產保存法施行細則》第 27 條。
[174] 《文化資產保存法》第八章文化資產保存技術及保存者第 88 條。
[175] 《文化資產保存法施行細則》第 28、29 條。
[176] 《文化資產保存法》第八章文化資產保存技術及保存者第 89 條。

伍、現況

至 2010 年 6 月我國各級政府並未有任何依法登錄文化資產保存技術及其保存者的記錄。

第五章
文化資產的應用

　　文化資產的保存與有效應用本應是互為表裡相輔相成的，畢竟文化資產原本就是人類歷史文化演進的象徵，保存祖先所留下來的生活遺蹟，也是彰顯今日我們自己的生活特質與人文延續的重要途徑。因此，我們沒有人文的認知和理解就沒有足夠的文化與文化保存內容；沒有妥適的文化與文化保存教育就缺乏豐厚的文化內涵，文化創意與產業原本就應根源於豐厚的文化內涵，否則只是空中樓閣。

　　對於文化資產保存工作者來說，保護文化資產要有其原真性、整體性、可讀性、永續性。

　　原真性指的是要保存文化資產原先真實的原貌，全部的信息，整治要「整舊如故，以存其真」的原則，維修是使其延年益壽而不是返老還童。修補要用原材料、原工藝、原式原樣以求達到近似存真，留其原來面目。

　　整體性指的是一個歷史文化遺存是與其環境一起存在的，不僅保護其本身，還要保存其周圍的環境，特別對於城市、街區、地段、景區、景點，要保存其整體的環境。才能體現其歷史的風貌，整體性還包含其文化內涵形成的要素，如居民的生活活動及與此相關的所有環境對象。

　　可讀性是指歷史遺物就會留下歷史的印痕，我們可以直接讀取它的歷史年輪，可讀性就是在歷史遺存上應該讀得出它的歷史，就是要承認不同時期留下的痕迹，不要按現代人的想法去抹殺它，大片拆遷和大片重建就是不符合可讀性的原則。

　　永續性是指保護文化資產是長期的事業，不是今天保了明天不保，一旦認識到，被確定了就應該一直保下去，沒有時間限制。有的一時做不好，就慢慢做，不能急於求成，我們這一代不行下一代再做，要一朝一夕恢復幾百年的原貌必然是做表面文章，要加強教育使保護事業持之以恒。[1]

　　由於人們對於文化資產的懷舊與好奇的心理及興趣，帶動相關觀覽產業的發展，但產業推動者所關心的範圍則是如何直接應用文化資產本身的商品價值，期待帶動文化資產觀覽產業、與文化創意產業的興起。並提高相關產業與產值的蓬勃發展，為文化資產所屬領域帶來龐大的收益，促進就業與經濟繁榮。由於文化資產的觀覽與應用者的擁入與素養不足，也造成文化資產本身的損害。

　　聯合國教科文組織雖然針對列入世界文化暨自然遺產名錄的對象，在應用上的過度商業化以致造成文化資產的損害，以列為瀕臨危機名錄甚至除名的警告機制，希望緩解這種矛盾現象，但在兩者的現行矛盾之間，尋求可能的平衡點，在今天仍是一個討論的重要議題。

第一節　文化資產與觀光旅遊

　　英國遺產業被稱為吸引海外遊客的主要力量，每年約有 28%的旅遊收入來自遺產旅遊，美國在 2005 年國家遺產地遊客人數達到2.7 億人次。中國在 2003 年遊客超過 100 萬人次的國家遺產區有 41個。[2]澳門城區在 2005 年申登列為世界文化遺產名錄之後，前往造訪觀覽者達到 2,200 萬人次，創造澳門新的城市印象與價值。[3]

---

[1]　阮儀三，《中國歷史城市遺產的保護與合理利用》，同濟大學建築與城市規劃學院，世界文化遺產網 http://www.wchol.com/index.html。

[2]　張朝枝著，《旅游與遺產保護》，頁 11，2008，天津，南開大學出版社出版。

[3]　世界文化遺產網 http://www.wchol..com/index.html。

但也因為文化資產的觀覽者的擁入與素養不足，造成文化資產的損害。如 1987 年首批被列入世界遺產名錄的長城，1997 年被列入世界遺產名錄的山西平遙古城、蘇州古典園林、雲南麗江古城等已開放觀覽的主要景觀區，都呈現以營利為目的的旅遊開發上，所以各旅遊景點普遍存在着不同程度的商業化過於嚴重的現象。附近商店、飯店、賓館和一些遊樂設施越建越多，規模也越來越大，形成所謂「文化搭臺，經濟掛帥」的畸形現象，對於文化資產的保存也形成無可彌補的損害。[4]

臺灣雖然至今沒有任何世界文化、自然遺產或非物質文化遺產的登錄成果，但因為政府推動及鼓勵觀光旅遊產業，也使得文化資產成為具有號召與吸引力的觀光旅遊資源，臺北國立故宮博物院豐富的古文物典藏與展示，早已成為來臺觀光者必定造訪的地方。各地著名的古蹟，如紅毛城、安平古堡、赤崁樓、中正紀念堂早已成為民眾爭相觀覽的場域。

同時在古蹟、歷史建築與聚落的空間再利用的政策下，臺灣各地也逐步開放這些文化資產的空間供人使用，如 2002 年 11 月正式開館的「台北之家」，即是利用原美國駐華大使官邸這棟古蹟再利用的案例。透過影展、講座、工作坊等各種活動，讓跨領域的意見得以交流，進而激發更多創意。期待古蹟空間與電影結合，產生新的樣貌，讓古蹟的歷史意義結合影像藝術，增廣文化視野，並涵養文化深度。2003 年臺北市政府文化局以推廣古蹟再生為理念，委請前國家文化藝術基金會執行長陳國慈女士認養經營圓山別館，更是首開「私人認養」古蹟的案例，取名為「臺北故事館」，以推動生活文化為目標，為臺北市增加一個藝文空間。

在非物質文化遺產方面，近年來，公部門多以文化融入創意及行銷手法，跨越公私部門的整合，辦理各種與文化相關的節慶活動，

---

[4]　世界文化遺產網 http://www.wchol.com/index.html 摘自 2008 年文物出版社出版的董耀會的《守望長城——董耀會談長城保護》。

也就是以文化觀光為手段，達到地方行銷的目的。希望能帶動地方經濟產值，凝聚住民信心情感，更能快速建立城市品牌形象。

臺灣各級政府與民間利用各種民俗慶典，舉辦活動以擴大其效應，依其特性及內容主題約可分為六類：一、傳統民俗類：元宵燈會、平溪天燈節、客家義民節、祭孔大典、鹽水蜂炮等。二、宗教信仰類：基隆中元祭、大甲媽祖文化節、東港王船祭。三、原住民慶典類：賽夏族矮靈祭、布農族打耳祭、排灣族竹竿祭等。四、文化藝術類：墾丁風鈴季、宜蘭國際童玩節、臺北電影節、鶯歌陶瓷嘉年華、貢寮海洋音樂祭、石門國際風箏節、三義木雕節、南島文化節等。五、地方特產類：古坑台灣咖啡節、黑鮪魚文化觀光季等。六、特殊景觀類：北投國際溫泉嘉年華、阿里山櫻花季、陽明山花季、客家油桐花節、白河蓮花節、美濃黃蝶祭等。這些因文化資產保存所延伸的觀光資源與景點，固然創造許多產值，但也普遍存在着過度商業化的現象，也顯現對於文化資產形成損害的問題。

根據前述臺灣節慶活動的統計，臺灣似乎已成為活力四射、嘉年華會般的節慶之島。在政府極力推動「文化下鄉」、「社區總體營造」、「觀光客倍增」的政策方向下，再加上周休二日的休閒發展趨勢，觀光人潮不湧向各類的地方新興節慶，同時也帶來相當可觀的門票收入與觀光產值。

但從年初的跨年、元宵燈會，媽祖文化節等傳統之民俗節慶活動，到各類結合地方產業文化再生之新興節慶，在各縣市競飆節慶趨勢下，臺灣地方政府每年至少「製造」出 50 個以上大型節慶，其中許多活動內容貧乏，品質參差不齊，甚至舉辦了一堆徒具國際虛名、浮濫的「國際性」活動，這樣曇花一現、短視的產業發展下，不僅摧殘了原本立意良好的文化產業政策，在執行層面更遭受扭曲變形，連帶的也影響過去成功帶動地方經濟的優質節慶活動。因此，台灣新興的節慶活動開始面臨到困境與迷思，重新檢討政府與地方產業發展方向。[5]

---

[5] 鍾介凡撰，《成功慶典評估指標建構之研究》，2004，台南，南台技大學休閒事業管理研究所碩士論文。

　　未來要從觀光產業內部尋找文化的意涵，並與生活結合，促進區域「產業文化化、文化產業化」與地方經濟的振興。因此，居民應與專家合作並在其輔助下開始規劃區域特色，發掘人文與自然景觀資源，發展旅遊觀光與遊憩，將自然、人文資源、地方產業互相結合保存與發觀光，才能解決目前膚淺化的現象。

第二節　文化資產與文創產業

　　文化創意產業（Cultural and Creative Industry），文化創意產業由臺灣官方定名，始於行政院於 2002 年 5 月，依照「挑戰 2008：國家發展計畫內」的「發展文化創意產業計畫」所確定。當時的動機是我國面對傳統產業與資訊代工產業的外移，形成國內產業空洞化的發展危機的因應策略，對於文化創意產業的定義，係參酌各國對文化產業或創意產業的定義，以及臺灣產業發展的特殊性，將其定義為：「文化創意產業係指源自創意或文化積累，透過智慧財產的形成運用，具有創造財富與就業機會潛力，並促進整體生活環境提升的行業。」[6]

　　2008 年政權輪替，在現行政府主導下，推動內容有所改變，在官方的說明稿中指出，我國豐厚多元之文化積累及數十年來民主政治之發展經驗，適足提供一孕育文化創意之自由開放環境，加以資訊軟硬體產業發展過程中累積之資金、人才、創新技術，及全球產業價值鏈上之操作經驗，均構成發展文化創意產業之寶貴根基。從文化創意產業出發，我國可望在過去的經濟奇蹟、民主奇蹟之後，再創文化奇蹟。政府於 2002 年已將「文化創意產業」列為「挑戰 2008：國家發展重點計畫」之一，惟鑑於推動文化創意產業之法規與發展機制尚未完備，文化創意產業資源未能整合，政府投資預算

---

[6]　行政院文化建設委員會文化創意產業發展計畫網頁 http://web.cca.gov.tw/creative。

有限，文化創意產業群聚效應尚未實現，國際市場尚待開拓等現況，致文化創意產業之發展迄未成。基此，針對文化創意產業之特性與發展需求，以低度管理、高度輔導為立法原則，規劃文化創意產業化全方位整合推動機制，爰擬具「文化創意產業發展法草案」。[7]並於，2010 年 2 月 3 日正式公布《文化創意產業發展法》，依據該法所稱文化創意產業，指源自創意或文化積累，透過智慧財產之形成及運用，具有創造財富與就業機會之潛力，並促進全民美學素養，使國民生活環境提升之下列產業：

一、視覺藝術產業。

二、音樂及表演藝術產業。

三、文化資產應用及展演設施產業。

四、工藝產業。

五、電影產業。

六、廣播電視產業。

七、出版產業。

八、廣告產業。

九、產品設計產業。

十、視覺傳達設計產業。

十一、設計品牌時尚產業。

十二、建築設計產業。

十三、數位內容產業。

十四、創意生活產業。

十五、流行音樂及文化內容產業。

十六、其他經中央主管機關指定之產業。[8]

---

[7]　行政院文化建設委員會網頁 http://www.ccica.gov.tw/page/pub/990203.pdf
文化創意產業發展法草案總說明。

[8]　《文化創意產業發展法》第 3 條。

　　與 2002 至 2008 年民主進步黨執政時代相比，兩屆執政政府均認為臺灣產業在 21 世紀急需轉型，且都同意文化創意產業是未來新興產業之一，除了在 2010 年 1 月通過《文化創意產業發展法》之外，也通過行政院組織法的修訂，在 2012 年 1 月 1 日我國文化部即將正式成立運作。

　　但是文化創意產業在臺灣仍屬新興產業，產業的概念與形態仍在形成中，有待進一步的學術研究與整理。在兩屆執政政府對於產業平臺發展的關注始終大於對充實文化本體內容的重視的心態下，未來文化創意產業的發展性並不樂觀。

第六章
結論

　　自 1930 年以來我國文化資產保存的法制化已歷 80 年的歲月，其中浮現許多文化資產保存和經營的失敗問題，這些情況不僅是保存技術得當與否的爭議而已，更存在一種人文現象與社會議題，值得我們未來在推動文資保存工作之前再次深思。

　　首先我們無法擺脫經濟與社會發展優先的思維，經濟及社會發展與文化資產保存孰者優先？一直都是文化資產保存的爭論焦點，由於臺灣經濟及社會發展優先的觀念深植民心，在所有爭議中，學者專家意見多僅供參考。從 1978 年 8 月，臺北市政府為實施該市都市計畫中有關敦化南路南段的延伸拓寬工程，拆移林安泰古厝。三峽老街、臺北迪化街的列入保存爭議，到 2008 年新莊樂生療養院是否列入古蹟保存的爭議，長期呈現典型經濟及社會發展與文化資產保存的衝突問題。

　　其次，國族認同的觀念與文化資產保存的制度化衝突，近二十餘年來，臺灣對於文化資產的保存，在法制化與技術層面或許有所進展，但在國族認同的概念主導之下，不同來源的執政者持續掌控歷史的解釋與建構，這種人為的干擾完全破壞了區域多元文化的特質，文化資產的保存當然受到不良的影響與破壞，臺灣自 17 世紀以來迄今由於統治者不斷的輪替轉換，如 1624 至 1662 年荷蘭與西班牙統治者之於南島族群；1662 至 1895 年中國統治者之於荷蘭、西班牙與南島族群，1895 至 1945 年日本統治者之於中國與南島族群，1945 至 2000 年統治者之於日本，2000 年至今的強調臺灣意識的政策推動，各階段的統治者似乎均處在不斷的毀棄過去，重建所謂新

價值的循環之中，臺灣多樣性的文化資產就是在這種思維之下不斷的遭到摧毀與破壞，致使臺灣民眾今天無法建立甚至認知我們社會的共同價值為何？遑論文化多樣性的保存與尊重的普世價值？

而文化資產保存的法規與技術的發展，更淪為政爭下的利用工具，2007年3月2日時任行政院院長的蘇貞昌宣布即將拆除中正紀念堂圍牆，讓空間解嚴帶給大家方便，同時認為中正紀念堂是威權時期的象徵，在今日很不妥當，所以規劃將中正紀念堂轉型為臺灣民主紀念園區，中正紀念堂管理處也將正名為臺灣民主紀念館管理處。此舉立即引來臺北市政府反對，援引《文化資產保存法》暫定古蹟之機制，啟動古蹟審查程序，用以對抗拆除圍牆的規劃。

隨後於2007年3月26日由臺北市文化資產審議委員會專案小組，通過對中正紀念堂文化資產價值鑑定，臺北市政府公告，包括國定古蹟臺北府城門——東門，中山南路（信義路口至愛國西路口），中山南路、信義路、杭州南路、愛國東路圍合之中正紀念堂全區為暫定古蹟。面對臺北市政府的行動，行政院文化建設委員會則以中央主管機關的位階於2007年11月9日依據《文化資產保存法》第14條，公告指定台灣民主紀念園區為國定古蹟，使行政院得以完成更名的行動。2008年3月總統大選結果出爐，國民黨重新執政後，恢復中正紀念堂的名稱，臺北市則於2008年3月17日公告其為文化景觀，現為指定的19處文化景觀之一。

政治人物利用《文化資產保存法》作為政爭工具，已為文化資產保護發展蒙上陰影，若沿用本案案例，未來任何一輩人，對某建築物、構造物或景觀，利用政治力啟動古蹟審查程序，無疑對我國文化資產保存，立下不佳的案例。

此外，族群等差與強調文化序列也成為臺灣地區進入文化資產保存工作中明顯的現象，1945年國民政府治理臺灣以後，在經濟上面臨振衰起敝的戰後恢復，政治亦處於所謂的重塑中國正統與剷除日本移植文化環境的階段。由臺灣地區文化資產保存的發展及演變過程觀察，其外顯的特質即是漢族文化本位趨向。如代表臺灣北部

地區先住民早期活動的圓山遺址及大坌坑遺址，東部地區先住民早期活動的八仙洞遺址與卑南遺址，在指定及保存工作方面，不過是聊備一格，僅有宣示意義而已。十三行遺址更在八里污水處理場的興建工程中遭到毀損。相反的代表十七世紀以後大量移民的漢人族群活動遺存的指定與登錄，即占了極大比例。臺灣的文化資產在社會經濟發展之下，不斷面臨消失的困境。在文化資產保存運動中，每一個歷程及其後的形成背景，文化資產的保存應該和人民的共同記憶密切相關，強調區域多元文化的特質，相較於強調單一國族遺產認同與保存的偏執，似乎值得我們再三反省。

參考文獻

一、中文

1.專書

(1) 于廣海主編,《傳統的回歸與守護:無形文化遺產研究文集》,2005,山東大學出版社。

(2) 王怡芳編《傳統藝術在台灣》,2002,國立傳統藝術中心出版有限公司。

(3) 行政院文化建設委員會文化資產總管理處籌備處,《第 11 屆文化資產(古蹟、歷史建築、聚落與文化景觀)保存、再利用與保存科學國際研討會暨內政部建築研究所「古蹟暨歷史建築保存科技研討會」論文集》,2008,台北,行政院文化建設委員會文化資產總管理處籌備處出版。

(4) 行政院文化建設委員會編《2007 文化統計》,2009 年,台北,行政院文化建設委員會出版。

(5) 李麗芳主編《海洋台灣新視界台法合作水下文化資產調查及人才培訓成果專輯》,2008,行政院文化建設委員會文化資產總管理處籌備處出版。

(6) 吳永華著,《臺灣歷史紀念物》,2000 年,台中,晨星出版社。

(7) 張朝枝著,《旅游與遺產保護》,2008 年,天津,南開大學出版社出版。

(8) 黃貞燕編著《日韓無形的文化財保護制度》,2008 年,行政院文化建設委員會國立臺灣傳統藝術總處籌備處出版。

(9) 楊凱成主編《喜新・戀舊:創造產業文化資產新價值》,2008 年,行政院文化建設委員會文化資產總管理處籌備處出版。

(10) 禚洪濤等編著《民俗物語──傳統工藝與民俗的對話》,2009 年,行政院文化建設委員會國立臺灣傳統藝術總處籌備處出版。

(11) 聯合國教科文組織編，《聯合國教育、科學及文化組織第 31 屆大會會議紀錄》中文版，2002 年，巴黎，聯合國教科文組織發行。

(12) 聯合國教科文組織編，《教科文組織 1945 一個理想的誕生》，1985 年 12 月，北京，中國對外翻譯公司出版，頁 7 至 12。

(13) 聯合國教科文組織編，《保護非物質文化遺產公約》中文版，2003 年，巴黎，聯合國教科文組織發行。

(14) 聯合國教科文組織編，《保護和促進文化表現形式多樣性公約》中文版，2005 年，巴黎，聯合國教科文組織發行。

(15) 聯合國教科文組織編，《保護世界文化和自然遺產公約》中文版，2009 年，巴黎，聯合國教科文組織發行。

(16) 聯合國教科文組織編，《聯合國教育、科學及文化組織 2010-2011 年決議草案》中文版，2009 年，巴黎，聯合國教科文組織發行。

(17) 聯合國教科文組織編，《聯合國教育、科學及文化組織 2010-2011 年決議草案》，35 C/5 修訂本——關於重大計畫 IV——文化的決議草案中文版，2009 年，巴黎，聯合國教科文組織發行。

2.期刊

(1) 李汾陽撰，〈臺灣文化資產保存的發展與特質 1984－2007〉，2008.6，《通識研究期刊》，第 13 期。

(2) 李汾陽撰，〈臺灣地區古蹟保存與歷史意識建構的關係〉，2003.8，《社區營造與知識份子的關懷學術研討會論文集》，頁 1-11。

(3) 阮儀三撰，〈中國歷史城市遺產的保護與合理利用〉，2010，世界文化遺產網 http://www.wchol.com/index.html。

(4) 陳奐宇撰，〈台灣各形式自然保護區域〉，2008.1，《生態台灣季刊》，第 18 期。

(5) 榮芳杰撰，〈威尼斯憲章〉，《Dialogue 建築雜誌》，第 111 期，2007 年 3 月，台北：美兆文化。

(6) 顏亮一撰，〈全球化時代的文化遺產——古蹟保存理論之批判性回顧〉，2005 年《地理學報》第 42 期。

(7) 蕭建莉撰，〈從《威尼斯憲章》到《西安宣言》〉，文匯報 2006 年 2 月 26 日，http://www.ccmedu.com/bbs51_12826.html。

3.論文

(1) 王建敦撰，〈我國文化資產保存法階段性修法之研究 1982－2005〉，2007，開南大學公共事務管理研究所碩士論文。

(2) 李國玄撰，〈日治時期臺灣近代博物學發展與文化資產保存運動之研究〉，2007，中原大學建築研究所碩士論文

(3) 吳育謀撰，〈臺灣地區歷史古蹟保存與遊憩利用關係之探討──以士林芝山公園為例〉，1983，國立臺灣大學園藝學研究所碩士論文。

(4) 林芬撰，〈戰後臺灣古蹟保存政策變遷歷程之研究（1945-1996）〉，1996，國立臺灣大學政治學研究所碩士論文。

(5) 林孟章撰，〈臺灣古蹟保存政策執行與保存論述關係初探〉，1984，東海大學建築研究所碩士論文。

(6) 林華苑撰，〈古蹟保存政策與再利用策略之研究〉，2002，國立政治大學地政學系碩士論文。

(7) 鍾介凡撰，〈成功慶典評估指標建構之研究〉，2004，南台技大學休閒事業管理研究所碩士論文。

4.網站

(1) 行政院文化建設委員會網站 http://www.cca.gov.tw

(2) 文化創意產業專屬網站 http://www.cci.org.tw

(3) 台北市政府文化局網站 http://www.culture.gov.tw

(4) 行政院農委會林物局自然保育網 http://conservation.forest.gov.tw

5.法規

(1) 《古物保存法》，1930 年 6 月 2 日公布。

(2) 《古物保存法》，1935 年 11 月 10 日修正公布。

(3) 《文化資產保存法》，1982 年 5 月 26 日總統令制定公布。

(4) 《文化資產保存法》，1997 年 1 月 22 日總統令修正公布。

(5) 《文化資產保存法》，1997 年 5 月 14 日總統令修正公布。

(6) 《文化資產保存法》，2000 年 2 月 9 日總統令修正公布。

(7) 《文化資產保存法》，2002 年 6 月 12 日總統令修正公布。

(8) 《文化資產保存法》，2005 年 2 月 5 日總統令修正公布。

(9) 《古物保存法施行細則》，1931 年 7 月 3 日行政院公布。

(10) 《文化資產保存法施行細則》，1984 年 2 月 22 日行政院文化建設委員會（73）文建壹字第 452 號令、內政部（73）臺內民字第 203321 號令、教育部（73）臺社字第 5105 號令、經濟部（73）經農字第 06467 號令、交通部（73）交路字第 04051 號令會銜發布。

(11) 《文化資產保存法施行細則》，2001 年 12 月 19 日行政院文化建設委員會（90）文建壹字第 2021807 號令、內政部（90）台內民字第 9062443 號令、教育部（90）台社五字第 90156565 號令、經濟部（90）經礦字第 09002728620 號令、交通部交路發字第 00079 號令、行政院農業委員會（90）農輔字第 900051417 號令會銜令發布增訂第 3-1、3-2、4-1、39-1、39-2、39-3、39-4、40-1、40-2、56-1、76-1；刪除第 49 及 56 條；並修正第 3、23 條、第 3 章章名、第 37、38、39、40、42、45、46、47、48、50、55、62、68 條條文發布。

(12) 《文化資產保存法施行細則》，2006 年 3 月 14 日行政院文化建設委員會文壹字第 0951103157-5 號令暨行政院農業委員會農林務字第 0951603882-5 號令會銜修正發布。

(13) 《文化創意產業發展法》，2010 年 2 月 3 日總統令公布。

二、英文

1.專書

United Nations Educational, Scientific and Cultural Organization

(1) 1986.*40 Years – 1985 Unesco 1945: birth of an ideal*，paris：United Nations Educational, Scientific and Cultural Organization

(2) 2001.*UNESCO Universal Declaration on Cultural Diversity, adopted by the 31st session of the General Conference of UNESCO*, Paris, World Heritage Centre United Nations Educational, Scientific and Cultural Organization

(3) 2003.*WORLD HERITAGE 2002 shared legacy, common responsibility* ，paris：World Heritage Centre United Nations Educational, Scientific and Cultural Organization

(4) 2002.*Managing Tourism at World Heritage Sites*，paris：UNESCO World Heritage Centre

(5) 2002.*Investing in World Heritage:past achievements,future ambitions*，paris：UNESCO World Heritage Centre

(6) 2003.*PERIODIC REPORTING EXERCISE ON THE WORLD HERITAGE CONVENTION*，paris：United Nations Educational Scientific and Cultural Organization

(7) 2003.*Proceedings of the World Heritage Marine Biodiversity Workshop*，paris：UNESCO World Heritage Centre

(8) 2003.*Identification and Documentation of Modern Heritage*，，paris：UNESCO World Heritage Centre

(9) 2003.*World Heritage Cultural Landscapes 1992-2002*，，paris：UNESCO World Heritage Centre

(10) 2003.*Cultural Landscapes: the Challenges of Conservation*，paris：UNESCO World Heritage Centre

(11) 2004.*Periodic Report and Regional Program Arab States 2000-2003*，paris：United Nations Educational, Scientific and Cultural Organization.

(12) 2005.*60 Years –2005 Unesco at 60*，paris：United Nations Educational, Scientific and Cultural Organization.

(13) 2005.*Basic Texts of the 1972 World Heritage Convention*，paris：United Nations Educational, Scientific and Cultural Organization.

UNESCO World Heritage Centre

(14) 2003.*Partnerships for World Heritage Cities Culture as a Vector for Sustainable Urban Development*，paris：UNESCO World Heritage Centr

(15) 2004.*Monitoring World Heritage*，paris：UNESCO World Heritage Centre and ICCROM

(16) 2004.*The State of World Heritage in the Asia-Pacific Region2003*，paris：UNESCO World Heritage Centre with financial contribution from the Japan Funds-in-Trust

(17) 2004.*Linking Universal and Local Values:Managing a Sustainable Future for World Heritage*，paris：UNESCO World Heritage Centre.

(18) 2005.*World Heritage at the Vth IUCN World Parks Congress*，paris：UNESCO World Heritage Centre.

(19) 2006.*American Fortifications and the World Heritage Convention*，paris：UNESCO World Heritage Centre.

(20) 2007.*Periodic Report and Action Plan Europe 2005-2006*，paris：UNESCO World Heritage Centre.

(21) 2007.*Case Studies on Climate Change and World Heritage*，paris：UNESCO World Heritage Centre.

(22) 2008.*Operational Guidelines for the Implementation of theWorld Heritage Convention*，paris：UNESCO World Heritage Centre.

(23) 2008.*World Heritage and Buffer Zones*，paris：UNESCO World Heritage Centre.

(24) 2008.*Enhancing our Heritage Tool kit Assessing management effectiveness of natural World Heritage sites*，paris：UNESCO World Heritage Centre.

2.網站

(1) 聯合國教科文組織網站 http://whc.unesco.org/

(2) 世界文化遺產網 http://www.wchol.com

附錄

附錄一　各級古蹟統計表

臺北市古蹟計 145 筆				
公告日期	名稱	類別	種類	地址或位置
2010/03/16	閻錫山墓	直轄市定古蹟	墓葬	士林區永公路 245 巷 34 弄
2009/07/28	舊高等農林學校作業室（磯永吉紀念室）	直轄市定古蹟	學校建築	基隆路 4 段 42 巷臺灣大學農場內
2009/02/05	清代機器局遺構	直轄市定古蹟	衙署	大同區延平北路 1 段 2 號
2008/11/10	植物園臘葉館	直轄市定古蹟	其他	中正區南海路 53 號
2008/09/16	摩耶精舍（張大千園邸）	直轄市定古蹟	宅第	士林區至善路二段 342 巷 2 號
2008/09/15	興福庄建塚紀念碑	直轄市定古蹟	碑碣	文山區興隆路 2 段 203 巷底
2008/05/27	舊總督府第二師範學校大禮堂（國立臺北教育大學舊禮堂）	直轄市定古蹟	其他	大安區和平東路二段 134 號
2007/11/09	台灣民主紀念園區	國定古蹟	其他	中正區臺北市中正區中山南路 21 號
2007/05/25	台灣總督府交通局鐵道部（廳舍、八角樓男廁、戰時指揮中心、工務室、電源室、食堂）	國定古蹟	產業設施	大同區台北市大同區延平北路一段 2 號
2007/04/11	國立臺灣大學日式宿舍—福州街 20、22、26 號	直轄市定古蹟	宅第	中正區福州街 20、22、26 號

2007/04/11	牯嶺街高等官舍群	直轄市定古蹟	宅第	中正區牯嶺街 60 巷 2、6 號
2007/04/11	國立臺灣大學日式宿舍—青田街 7 巷 2 號	直轄市定古蹟	宅第	大安區青田街 7 巷 2 號
2007/01/29	錦町日式宿舍—林務局局長舊宿舍	直轄市定古蹟	宅第	大安區金華街 132 號
2007/01/29	骨科醫院及住宅	直轄市定古蹟	宅第	中正區寧波西街 60 號、60-1 號
2007/01/22	鐵道部部長宿舍	直轄市定古蹟	宅第	大同區西寧北路 1 巷 5 弄 2、4、6 號
2007/01/22	機器局第五號倉庫	直轄市定古蹟	產業設施	大同區鄭州路 38 巷 9 號
2006/12/20	歸綏街文萌樓	直轄市定古蹟	產業設施	大同區歸綏街 139 號
2006/12/15	陳天來故居	直轄市定古蹟	宅第	大同區貴德街 73 號
2006/11/01	國立臺灣大學日式宿舍—羅銅壁寓所	直轄市定古蹟	宅第	大安區青田街 12 巷 5 號
2006/11/01	國立臺灣大學日式宿舍—翁通楹寓所	直轄市定古蹟	宅第	大安區青田街 9 巷 5 號
2006/11/01	國立臺灣大學日式宿舍—馬延英故居	直轄市定古蹟	宅第	大安區青田街 7 巷 6 號
2006/07/25	前南菜園日式宿舍	直轄市定古蹟	宅第	中正區牯嶺街 81 巷 4 號、南昌路 2 段 2、4 號
2006/07/18	七海寓所（蔣經國故居）	直轄市定古蹟	宅第	中山區海軍總司令部營區內
2006/07/05	新富市場	直轄市定古蹟	產業設施	萬華區三水街 70 號
2006/07/05	艋舺助順將軍廟（晉德宮）	直轄市定古蹟	寺廟	萬華區康定路 13 號
2006/06/26	南海學園科學館	直轄市定古蹟	其他	中正區南海路 41 號

2006/06/23	孫運璿重慶南路寓所	直轄市定古蹟	宅第	中正區重慶南路 2 段 6 巷 10 號
2006/03/31	總督府山林課宿舍	直轄市定古蹟	宅第	大安區金山南路二段 203 巷 15、17、22、24 號
2006/03/22	松山市場	直轄市定古蹟	產業設施	松山區八德路 4 段 679 號
2006/02/21	西本願寺（鐘樓、樹心會館）	直轄市定古蹟	其他	萬華區中華路 1 段
2006/01/10	王義德墓	直轄市定古蹟	其他	南港區昆陽街 165 號
2005/06/14	陽明山中山樓	直轄市定古蹟	其他	北投區陽明路 2 段 15 號
2005/05/10	大稻埕千秋街店屋	直轄市定古蹟	宅第	大同區貴德街 51.53 號
2005/05/25	蔣中正宋美齡士林官邸	國定古蹟	其他	士林區福林路 60 號
2005/01/27	天母白屋（美軍宿舍）	直轄市定古蹟	其他	士林區中山北路 7 段 181 巷 23 號
2005/01/26	艋舺洪氏祖厝	直轄市定古蹟	宅第	萬華區莒光路 112 巷 1.3.5 號，112 巷 9 弄 2.6.8.10 號
2004/10/07	閻錫山故居	直轄市定古蹟	宅第	士林區永公路 245 巷 34 弄 273、277 號
2004/10/01	齊東街日式宿舍	直轄市定古蹟	宅第	中正區齊東街 53 巷 11 號
2004/04/28	士林潘宅	直轄市定古蹟	宅第	士林區大南路 101 號後廳部分
2004/04/28	草山水道系統	直轄市定古蹟	其他	北投區湖田段 2 小段 569-14 等 10 筆地號、湖山段 2 小段 347 等 31 筆地號、湖山段 3 小段 111 等 11 筆地號；台北市士林區華同段 1 小段 207-4 等

			12 筆地號、華同段 2 小段 22、23 地號
2004/02/12	紀州庵	直轄市定古蹟	其他	中正區同安街 115 號及 109 巷 4 弄 6 號
2004/02/09	殷海光故居	直轄市定古蹟	宅第	大安區溫州街 18 巷 16 弄 1-1 號
2004/01/15	原臺灣軍司令官官邸	直轄市定古蹟	宅第	中正區南昌路一段 136 號
2004/01/15	原臺灣軍司令部	直轄市定古蹟	衙署	中正區博愛路 172 號
2003/09/23	大稻埕圓環防空蓄水池	直轄市定古蹟	其他	大同區圓環段 3 小段 493-2 地號
2003/09/23	臺糖台北倉庫	直轄市定古蹟	其他	萬華區大理街 132-7、132-9、132-10
2003/08/29	臺灣師範大學原高等學校校舍（講堂、行政大樓、文薈廳、普字樓）	直轄市定古蹟	其他	大安區和平東路 1 段 162 號
2003/04/23	大同之家（含網球場）	直轄市定古蹟	其他	中正區重慶南路 2 段 2 號
2003/03/17	臺北酒廠	直轄市定古蹟	其他	中正區八德路一段 1 號
2003/01/21	自由之家	直轄市定古蹟	其他	中正區愛國西路 16 號
2003/01/20	李國鼎故居	直轄市定古蹟	宅第	中正區泰安街 2 巷 3 號
2002/05/28	台灣基督長老教會大稻埕教會	直轄市定古蹟	教堂	大同區甘州街 40 號
2002/04/16	松山菸廠	直轄市定古蹟	其他	信義區光復南路 133 號
2002/02/05	臺北水道水源地	直轄市定古蹟	其他	中正區思源路 1 號
2002/01/23	嚴家淦先生故居	國定古蹟	宅第	中正區重慶南路 2 段 2 號、4 號

2000/11/03	北投穀倉	直轄市定古蹟	其他	北投區大同街一段153號
2000/09/22	鐵路局台北機廠澡堂	直轄市定古蹟	其他	信義區市民大道五段48號
2000/07/19	三井物產株式會社舊廈	直轄市定古蹟	其他	中正區館前路54號
2000/07/11	慈雲寺	直轄市定古蹟	寺廟	萬華區漢口街二段119、121、123號
2000/07/11	萬華林宅	直轄市定古蹟	宅第	萬華區西園路一段306巷24、26號
2000/06/30	建國啤酒廠	直轄市定古蹟	其他	中山區八德路二段85號
1999/12/31	蔡瑞月舞蹈研究社	直轄市定古蹟	其他	中山區中山北路二段48巷8、10號
1999/12/31	潘宮籌墓	直轄市定古蹟	墓葬	士林區芝蘭段二小段595地號
1999/06/29	芳蘭大厝	直轄市定古蹟	宅第	大安區基隆路三段155巷174號
1999/06/29	龍安陂黃宅謙讓居	直轄市定古蹟	宅第	大安區和平東路2段76巷4號
1999/06/29	清真寺	直轄市定古蹟	寺廟	大安區新生南路2段62號
1999/06/29	老松國小	直轄市定古蹟	其他	萬華區桂林路64號
1999/06/29	內湖郭氏古宅	直轄市定古蹟	宅第	內湖區文德路241巷19號
1999/06/29	內湖庄役場會議室	直轄市定古蹟	其他	內湖區內湖路二段342號
1999/01/07	艋舺謝宅	直轄市定古蹟	宅第	萬華區西昌街88號
1998/10/14	大稻埕辜宅	直轄市定古蹟	宅第	大同區歸綏街303巷9號
1998/10/14	中山基督長老教會	直轄市定古蹟	其他	中山區林森北路62號

1998/10/14	圓山別莊	直轄市定古蹟	宅第	中山區中山北路 3 段 181 號
1998/10/14	北投不動明王石窟	直轄市定古蹟	其他	北投區幽雅路杏林巷 2 號對面
1998/09/03	臺北府城—東門、南門、小南門、北門	國定古蹟	城郭	中正區東門：中山南路、信義路交叉路口，南門：公園路、愛國西路交叉路口，小南門：延平南路、愛國西路交叉路口，北門：忠孝西路、延平南路、博愛路、中華路交叉路口
1998/09/01	婦聯總會	直轄市定古蹟	其他	中正區長沙街 1 段 27 號
1998/09/01	草山御賓館	直轄市定古蹟	宅第	士林區新園街 1 號
1998/09/01	士林公有市場	直轄市定古蹟	其他	士林區大南路 89 號
1998/09/01	北投文物館	直轄市定古蹟	其他	北投區幽雅路 32 號
1998/09/01	前日軍衛戍醫北投分院	直轄市定古蹟	其他	北投區新民路 60 號
1998/07/30	司法大廈	國定古蹟	衙署	中正區重慶南路 1 段 124 號
1998/07/30	臺北賓館	國定古蹟	宅第	中正區凱達格蘭大道 1 號
1998/07/30	行政院	國定古蹟	衙署	中正區忠孝東路 1 段 1 號
1998/07/30	監察院	國定古蹟	衙署	中正區忠孝東路 1 段 2 號
1998/07/30	總統府	國定古蹟	衙署	中正區重慶南路 1 段 122 號

1998/07/22	臺北工業學校紅樓	直轄市定古蹟	其他	大安區忠孝東路 3 段 1 號
1998/06/10	臺灣總督府博物館	國定古蹟	其他	中正區襄陽路 2 號
1998/06/10	專賣局（菸酒公賣局）	國定古蹟	其他	中正區南昌路 1 段 1、4 號
1998/05/04	臺灣大學校門	直轄市定古蹟	其他	大安區羅斯福路 4 段 1 號
1998/05/04	臺大法學院	直轄市定古蹟	其他	中正區徐州路 21 號
1998/05/04	濟南基督長老教會	直轄市定古蹟	教堂	中正區中山南路 3 號
1998/05/04	臺灣總督府電話交換局	直轄市定古蹟	其他	中正區博愛路 168 號
1998/05/04	帝國生命會社舊廈	直轄市定古蹟	其他	中正區博愛路 162 號
1998/05/04	臺灣銀行	直轄市定古蹟	其他	中正區重慶南路 1 段 120 號
1998/05/04	臺灣電力株式會社社長宿舍	直轄市定古蹟	宅第	中正區延平南路 119 號
1998/05/04	原臺北信用組合（今合作金庫城內支庫）	直轄市定古蹟	其他	中正區衡陽路 87 號
1998/05/04	臺灣總督府交通局遞信部（今交通部）	直轄市定古蹟	衙署	中正區長沙街 1 段 2 號
1998/05/04	建國中學紅樓	直轄市定古蹟	其他	中正區南海路 56 號
1998/05/04	臺北市政府舊廈（原建成小學校）	直轄市定古蹟	其他	大同區長安西路 39 號
1998/05/04	臺北市政府衛生局舊址	直轄市定古蹟	其他	中山區長安西路 15 號
1998/05/04	吟松閣	直轄市定古蹟	其他	北投區幽雅路 21 號
1998/05/04	內湖清代採石場	直轄市定古蹟	其他	內湖區環山路 136 巷底

1998/04/13	臨濟護國禪寺	直轄市定古蹟	寺廟	中山區酒泉街 5 段 27 號
1998/03/25	草山教師研習中心	直轄市定古蹟	其他	北投區陽明山建國街 2 號
1998/03/25	北投臺灣銀行舊宿舍	直轄市定古蹟	宅第	北投區溫泉路 103 號
1998/03/25	北投普濟寺	直轄市定古蹟	寺廟	臺北市北投區溫泉路 112 號
1998/03/25	臺北第一高女	直轄市定古蹟	其他	中正區重慶南路 1 段 165 號
1998/03/25	臺灣廣播電臺放送亭	直轄市定古蹟	其他	中正區 228 和平公園內
1998/03/25	臺大醫學院舊館	直轄市定古蹟	其他	中正區仁愛路 1 段 1 號
1998/03/25	臺大醫院舊館	直轄市定古蹟	其他	中正區常德街 1 號
1998/03/25	原臺北北警察署（今大同分局）	直轄市定古蹟	衙署	大同區寧夏路 89 號
1998/03/25	臺灣大學原帝大校舍（舊圖書館、行政大樓、文學院）	直轄市定古蹟	其他	大安區羅斯福路 4 段 1 號
1998/03/25	臺北監獄圍牆遺蹟	直轄市定古蹟	其他	大安區金山南路電信局邊牆
1998/03/25	長老教會北投教堂	直轄市定古蹟	其他	北投區中央南路 1 段 77 號
1997/11/21	臺北撫臺街洋樓	直轄市定古蹟	其他	中正區延平南路 26 號
1997/08/05	寶藏巖	直轄市定古蹟	寺廟	中正區汀州路 3 段 230 巷 23 號
1997/08/05	東和禪寺鐘樓	直轄市定古蹟	其他	中正區仁愛路、林森南路口
1997/07/23	紫藤廬	直轄市定古蹟	其他	大安區新生南路 3 段 16 巷 1 號
1997/02/20	臺北第三高女（中山女中）	直轄市定古蹟	其他	中山區長安東路 2 段 141 號

1997/02/20	前美國駐臺北領事館	直轄市定古蹟	其他	中山區中山北路 2 段 18 號
1997/02/20	西門紅樓	直轄市定古蹟	其他	萬華區成都路 10 號
1997/02/20	北投溫泉浴場	直轄市定古蹟	其他	北投區中山路 2 號
1993/02/05	原臺灣教育會館	直轄市定古蹟	其他	中正區南海路 54 號
1992/08/14	臺北郵局	直轄市定古蹟	其他	中正區忠孝西路 1 段 114 號
1992/01/10	臺北公會堂	直轄市定古蹟	其他	中正區延平南路 98 號
1992/01/10	臺北孔子廟	直轄市定古蹟	寺廟	大同區大龍街 275 號
1991/11/23	林秀俊墓	直轄市定古蹟	墓葬	内湖區文德段 4 小段 598-1 號
1991/05/24	勸業銀行舊廈	直轄市定古蹟	其他	中正區襄陽路 25 號
1989/08/18	義芳居古厝	直轄市定古蹟	宅第	大安區基隆路 3 段 155 巷 128 號
1985/08/19	急公好義坊	直轄市定古蹟	牌坊	中正區臺北公園内
1985/08/19	黃氏節孝坊	直轄市定古蹟	牌坊	中正區 228 紀念公園内
1985/08/19	臺灣布政使司衙門	直轄市定古蹟	衙署	中正區南海路 53 號
1985/08/19	大稻埕霞海城隍廟	直轄市定古蹟	寺廟	大同區迪化街一段 61 號
1985/08/19	陳德星堂	直轄市定古蹟	寺廟	大同區寧夏路 27 號
1985/08/19	陳悅記祖宅（老師府）	直轄市定古蹟	寺廟	大同區延平北路 4 段 231 號
1985/08/19	大龍峒保安宮	直轄市定古蹟	寺廟	大同區哈密街 61 號

1985/08/19	學海書院（今高氏宗祠）	直轄市定古蹟	書院	萬華區環河南路 2 段 93 號
1985/08/19	艋舺青山宮	直轄市定古蹟	寺廟	萬華區貴陽街 2 段 218 號
1985/08/19	艋舺清水巖	直轄市定古蹟	寺廟	萬華區康定路 81 號
1985/08/19	艋舺龍山寺	直轄市定古蹟	寺廟	萬華區廣州街 211 號
1985/08/19	艋舺地藏庵	直轄市定古蹟	寺廟	萬華區西昌街 245 號
1985/08/19	芝山岩隘門	直轄市定古蹟	關塞	士林區至誠路 1 段 326 巷 26 號（惠濟宮西側）
1985/08/19	芝山岩惠濟宮	直轄市定古蹟	寺廟	士林區至誠路一段 326 巷 26 號
1985/08/19	士林慈諴宮	直轄市定古蹟	寺廟	士林區大南路 84 號
1985/08/19	周氏節孝坊	直轄市定古蹟	牌坊	北投區豐年路 1 段 36 號門口
1985/08/19	景美集應廟	直轄市定古蹟	寺廟	文山區景美街 37 號

基隆市古蹟計 10 筆

公告日期	名稱	類別	種類	地址或位置
2006/12/29	基隆關稅務司官舍	市定古蹟	宅第	中正區中正路 261 號（原基隆市政府員工宿舍）
2006/12/07	基隆要塞司令部校官眷舍（建實新村眷舍）	市定古蹟	宅第	中正區中正路 111、113 號（原中正路李宅馬路斜對面）
2004/03/01	社寮砲台	市定古蹟	關塞	中正區和一路後方山頭[和平島東方]）
1999/01/08	清法戰爭紀念園區	市定古蹟	其他	中正區中濱段 2 號
1998/06/22	槓子寮砲台	國定古蹟	關塞	信義區深美段 1.4.56.

公告日期	名稱	類別	種類	地址或位置
				7.8 地號（深澳坑櫃子寮小段 109、107-1、107-2、107-3、124、126 地號）
1985/08/19	獅球嶺砲台	市定古蹟	關塞	仁愛區德厚段 915 地號
1985/08/19	白米甕砲台	市定古蹟	關塞	中山區仙洞段 148 地號
1985/08/19	獅球嶺隧道	市定古蹟	其他	安樂區觀音段 128-1、117、117-30、117-31 地號，港口段 1、1-1、1-2、1-3、1-8、1-13、2、2-4、3、5-6、6-3 地號
1985/08/19	大武崙砲台	國定古蹟	關塞	安樂區大武崙情人湖邊
1983/12/28	二沙灣砲台	國定古蹟	關塞	中正區位於大沙灣民族英雄紀念碑對面山上，位於大沙灣及二沙灣之間。

臺北縣古蹟計 58 筆

公告日期	名稱	類別	種類	地址或位置
2009/07/01	淡水重建街 16 號街屋	縣定古蹟	宅第	淡水鎮重建街 16 號
2009/01/12	淡水重建街 14 號街屋	縣定古蹟	宅第	淡水鎮重建街 14 號
2008/09/16	樹林抗日先烈十三公紀念墓園	縣定古蹟	碑碣	樹林市樹新路、俊英街交叉口
2008/09/16	坪林尾橋	縣定古蹟	橋樑	坪林鄉北勢溪上游河床坪林茶業博物館左前側
2008/07/07	淡水日商中野宅	縣定古蹟	宅第	淡水鎮中正路 20 巷 1 號
2008/04/18	新莊慈祐宮	縣定古蹟	寺廟	新莊市新莊路 218 號
2008/01/16	三芝三板橋	縣定古蹟	橋樑	三芝鄉土地公埔段三板橋小段 92-1、北新

				庄子段店子小段 1 地號
2007/11/07	新店臺北菸廠鍋爐及煙囪	縣定古蹟	產業設施	新店市安德段 634 號
2007/03/19	雄鎮蠻煙碑	縣定古蹟	碑碣	貢寮鄉雙玉村遠望坑段草嶺小段 103 地號
2006/09/13	新莊水道記碑	縣定古蹟	碑碣	新莊市十八份坑段十八份坑小段 126-1 地號
2005/09/21	淡水崎仔頂施家古厝	縣定古蹟	宅第	淡水鎮中正路 8 巷 9 號
2005/09/13	中和瑞穗配水池	縣定古蹟	其他	中和市莒光路自強公園內
2005/09/13	海山神社殘蹟	縣定古蹟	其他	中和市員山路 455 巷員山公園內
2005/08/11	金瓜石礦業圳道及圳橋	縣定古蹟	其他	瑞芳鎮金瓜石 15-5、20-8 地號
2005/07/17	鶯歌汪洋居	縣定古蹟	宅第	鶯歌鎮文化路 275、277、279 號
2005/04/21	淡水街長多田榮吉故居	縣定古蹟	宅第	淡水鎮馬偕街 19 號
2004/09/16	滬尾水道	縣定古蹟	其他	淡水鎮庄子內段 4、247-6 地號
2004/08/30	新店獅仔頭山隘勇線	縣定古蹟	其他	新店市平廣段 8-69、三峽大寮段 75-8 地號
2004/06/15	汐止茄苳腳台灣鐵路遺蹟	縣定古蹟	其他	汐止市大同路 2 段 607 號前
2003/09/25	台陽礦業公司平溪招待所	縣定古蹟	宅第	平溪鄉菁桐街 167 號
2003/05/01	菁桐車站	縣定古蹟	其他	平溪鄉菁桐街 52 號
2002/12/06	山佳車站	縣定古蹟	其他	樹林市山佳街 28 號
2002/09/18	淡水公司田溪橋遺蹟	縣（市）定古蹟	橋樑	淡水鎮新市段 50 地號（淡水新市鎮內）
2002/08/06	瑠公圳引水石硿	縣定古蹟	其他	新店市新店路 65 號「開天宮」下方

2002/04/25	關渡媽祖石	縣定古蹟	碑碣	淡水鎮自強路 33 號
2002/04/08	安坑孝女廖氏嬌紀念碑	縣定古蹟	碑碣	新店市安忠路 36 號
2001/11/28	瑞芳四腳亭砲台	縣定古蹟	關塞	瑞芳鎮瑞芳鎮瑞亭 1、66、76 地號
2000/06/27	淡水水上機場	縣定古蹟	其他	淡水鎮中正東路 42 巷 7 號
2000/06/27	淡水氣候觀測所	縣定古蹟	其他	淡水鎮中正東路 42 巷 6 號
2000/06/27	淡水海關碼頭	縣定古蹟	其他	淡水鎮中正路 259 號
2000/06/27	原英商嘉士洋行倉庫	縣定古蹟	其他	淡水鎮鼻頭街 22 號
1998/08/29	永和網溪別墅	縣定古蹟	宅第	永和市博愛街 7 號
1998/08/29	三重先嗇宮	縣定古蹟	寺廟	三重市五谷王北街 77 號
1998/08/29	滬尾湖南勇古墓	縣定古蹟	墓葬	淡水鎮中正東路與竿蓁 2 街交叉口
1998/08/29	滬尾偕醫館	縣定古蹟	其他	淡水鎮馬偕街 6 號
1998/08/29	淡水禮拜堂	縣定古蹟	其他	淡水鎮馬偕街 8 號
1998/08/29	淡水外僑墓園	縣定古蹟	墓葬	淡水鎮真理街 3 巷
1997/06/25	前清淡水關稅務司官邸	縣定古蹟	衙署	淡水鎮真理街 15 號
1995/04/22	枋橋建學碑	縣定古蹟	碑碣	板橋市文化路 1 段 23 號（板橋國民小學校園內）
1992/05/23	深坑黃氏永安居	縣定古蹟	宅第	深坑鄉萬順村萬順寮 1 號
1985/08/19	大觀義學	縣定古蹟	書院	板橋市西門街 5 號
1985/08/19	林本源園邸	國定古蹟	宅第	板橋市西門街 42 之 65 號及 9 號
1985/08/19	金字碑	縣定古蹟	碑碣	瑞芳鎮猴硐里三貂嶺頭
1985/08/19	虎字碑	縣定古蹟	碑碣	貢寮鄉雙玉村遠望坑段草嶺小段 103 地號
1985/08/19	吳沙墓	縣定古蹟	墓葬	貢寮鄉仁里村澳底段澳底小段 237-4 地號

1985/08/19	新莊文昌祠	縣定古蹟	寺廟	新莊市碧江街 20 號
1985/08/19	新莊武聖廟	縣定古蹟	寺廟	新莊市新莊路 340 號
1985/08/19	廣福宮（三山國王廟）	國定古蹟	寺廟	新莊市新莊路 150 號
1985/08/19	頂泰山巖	縣定古蹟	寺廟	泰山鄉應化街 32 號
1985/08/19	蘆洲李宅	縣定古蹟	宅第	蘆洲市中正路 243 巷 19 號
1985/08/19	五股西雲寺	縣定古蹟	寺廟	五股鄉西雲路 185 巷 3 號
1985/08/19	淡水龍山寺	縣定古蹟	寺廟	淡水鎮中正路 95 巷 22 號
1985/08/19	馬偕墓	縣定古蹟	墓葬	淡水鎮真理街 26 號
1985/08/19	淡水福佑宮	縣定古蹟	寺廟	淡水鎮中正路 200 號
1985/08/19	理學堂大書院	國定古蹟	書院	淡水鎮真理街 32 號
1985/08/19	鄞山寺（汀州會館）	國定古蹟	寺廟	淡水鎮鄧公路 15 號
1985/08/19	滬尾砲臺	國定古蹟	關塞	淡水鎮中正路 1 段 6 巷 31 號
1983/12/28	淡水紅毛城	國定古蹟	衙署	淡水鎮中正路 28 巷 1 號
宜蘭縣古蹟計 28 筆				
公告日期	名稱	類別	種類	地址或位置
2010/02/05	盧纘祥故宅前池塘	縣定古蹟	宅第	頭城鎮和平街 139 號盧纘祥故宅前
2007/10/09	開蘭進士楊士芳旗杆座	縣定古蹟	牌坊	宜蘭市進士路 46 號
2007/10/09	頭城鎮老紅長興	縣定古蹟	其他	頭城鎮和平街 123 號
2007/03/08	頭城鎮新長興樹記	縣定古蹟	其他	頭城鎮城東里和平街 121 號
2006/12/15	頭城鎮南北門福德祠	縣定古蹟	寺廟	頭城鎮和平街 154 號及和平街 44 號
2006/09/21	利澤簡永安宮	縣定古蹟	寺廟	五結鄉利澤村利澤路 26 號
2006/08/17	羅東鎮勉民堂	縣定古蹟	寺廟	羅東鎮中山路 3 段 190 號
2006/05/03	昭應宮	縣定古蹟	寺廟	宜蘭市中山路 160 號

2005/10/28	南機場風向帶	縣定古蹟	其他	宜蘭市建業路 22-29 號東北側
2005/07/16	羅東聖母醫院耶穌聖心堂	縣定古蹟	教堂	羅東鎮中正南路 160 號
2005/07/16	羅東鎮北城聖母升天堂	縣定古蹟	教堂	羅東鎮北城街 14-1 號
2005/06/01	林曹祖宗之墓	縣定古蹟	墓葬	頭城鎮青雲路 3 段 700 巷 32 號旁
2005/04/06	五結鄉利生醫院	縣定古蹟	其他	五結鄉利澤路 66、68 號
2005/04/06	壯圍鄉游氏家廟追遠堂	縣定古蹟	寺廟	壯圍鄉壯六路 39 號
2004/11/24	頭城鎮十三行	縣定古蹟	宅第	頭城鎮和平街 140、142 號
2004/10/07	宜蘭濁水溪治水工事竣工紀念碑	縣定古蹟	碑碣	宜蘭市南津里
2004/07/15	舊草嶺隧道	縣定古蹟	其他	宜蘭縣頭城鎮、台北縣貢寮鄉與宜蘭縣頭城鎮石城交界（含故及次茂七郎君之碑）
2004/03/12	獻馘碑	縣定古蹟	碑碣	宜蘭市中山公園內
2003/06/12	舊宜蘭菸酒賣捌所	縣定古蹟	其他	宜蘭市康樂街 38 號
2003/06/12	周振東武舉人宅遺蹟	縣定古蹟	宅第	員山鄉東村蝌碑口五十溪旁
2002/12/27	宜蘭磚窯	縣定古蹟	其他	宜蘭市北津里
2002/12/27	舊大溪橋	縣定古蹟	橋樑	頭城鎮大里里大溪漁港南方約 100 公尺處
2002/12/27	舊大里橋	縣定古蹟	橋樑	頭城鎮大里里（大里社區活動中心對面）
2001/12/18	盧纘祥故宅	縣定古蹟	宅第	頭城鎮和平街 139 號
1999/04/02	武暖石板橋	縣定古蹟	橋樑	礁溪鄉光武村武暖路石頭橋福德廟前
1999/04/02	大埔永安石板橋	縣定古蹟	橋樑	五結鄉協和村中和路成安宮旁
1998/08/12	二結農會穀倉	縣定古蹟	其他	五結鄉復興中路 37 號
1997/11/19	碧霞宮	縣定古蹟	寺廟	宜蘭市城隍街 52 號

171

桃園縣古蹟計 12 筆				
公告日期	名稱	類別	種類	地址或位置
2008/11/18	八德呂宅著存堂	縣定古蹟	祠堂	八德市興仁里一鄰庄頭 9 號
2008/02/22	龜崙嶺鐵道橋遺構	縣定古蹟	橋樑	龜山鄉龍華段 795 地號、塔寮坑溪段大坑小段 12-31 地號
2002/09/02	觀音白沙岬燈塔	縣定古蹟	燈塔	觀音鄉新坡下 16 號
1994/02/15	桃園縣忠烈祠	縣定古蹟	祠堂	桃園市成功路三段 200 號
1985/08/19	桃園景福宮	縣定古蹟	寺廟	桃園市中正路 208 號
1985/08/19	壽山巖觀音寺	縣定古蹟	寺廟	龜山鄉嶺頂村西嶺頂 18 號
1985/08/19	大溪齋明寺	縣定古蹟	寺廟	大溪鎮員林里齋明街 153 號
1985/08/19	大溪蓮座山觀音寺	縣定古蹟	寺廟	大溪鎮康安里瑞安路 2 段 48 巷 28 號
1985/08/19	大溪李騰芳古宅	國定古蹟	宅第	大溪鎮月眉里月眉路 34 號
1985/08/19	蘆竹五福宮	縣定古蹟	寺廟	蘆竹鄉五福村 60 號
1985/08/19	龍潭聖蹟亭	縣定古蹟	寺廟	龍潭鄉凌雲村竹窩子段 20 號
1985/08/19	新屋范姜祖堂	縣定古蹟	祠堂	新屋鄉新生村中正路 110 巷 9 號
新竹市古蹟計 23 筆				
公告日期	名稱	類別	種類	地址或位置
2002/08/01	辛志平校長故居	市定古蹟	宅第	新竹市東門街 32 號
2001/05/31	新竹專賣局	市定古蹟	其他	新竹市東門街 59 號
2001/05/31	新竹市役所	市定古蹟	衙署	新竹市東區中央路 116 號
2001/05/31	新竹高中劍道館（前新竹武道場）	市定古蹟	其他	新竹市東區學府路 36 號
2001/05/31	新竹神社殘蹟及其附屬建築	市定古蹟	寺廟	新竹市北區崧嶺路 122 號

公告日期	名稱	類別	種類	地址或位置
2001/05/31	香山火車站（前香山驛）	市定古蹟	其他	新竹市香山區中華路 5 段 349 巷 2 弄 7 號
1999/09/07	新竹信用組合	市定古蹟	其他	新竹市大同路 130 號
1998/12/29	新竹水仙宮	市定古蹟	寺廟	新竹市北門街 135 號
1998/12/29	新竹州圖書館	市定古蹟	其他	新竹市文化街 8 號
1998/06/22	新竹州廳	國定古蹟	衙署	新竹市中正路 120 號
1998/06/22	新竹火車站	國定古蹟	車站	新竹市中華路 2 段 445 號
1985/08/19	楊氏節孝坊	市定古蹟	牌坊	新竹市石坊街 4 號旁
1985/08/19	蘇氏節孝坊	市定古蹟	牌坊	新竹市南雅里武陵段 719 地號
1985/08/19	張氏節孝坊	市定古蹟	牌坊	新竹市南雅里光華段 415 地號
1985/08/19	李錫金孝子坊	市定古蹟	牌坊	新竹市柴橋里雅溪段 214 地號
1985/08/19	新竹金山寺	市定古蹟	寺廟	新竹市仙水里金山 201 號
1985/08/19	新竹關帝廟	市定古蹟	寺廟	新竹市南門街 109-1 號
1985/08/19	新竹都城隍廟	市定古蹟	寺廟	新竹市中山路 75 號
1985/08/19	新竹長和宮	市定古蹟	寺廟	新竹市北門街 135 號
1985/08/19	新竹鄭氏家廟	市定古蹟	寺廟	新竹市北門街 175 號
1985/08/19	鄭用錫墓	國定古蹟	墓葬	新竹市光鎮里客雅段 447-36 地號
1985/08/19	竹塹城迎曦門	國定古蹟	城郭	新竹市東門街中正路口
1985/08/19	進士第（鄭用錫宅第）	國定古蹟	宅第	新竹市北門街 169 號
新竹縣古蹟計 20 筆				
公告日期	名稱	類別	種類	地址或位置
2006/07/25	竹北蓮華寺	縣定古蹟	寺廟	竹北市十興里犁頭山下 39 號
2006/07/25	新埔范氏家廟	縣定古蹟	祠堂	新埔鎮成功街 116 之 7 號

2006/07/25	新埔林氏家廟	縣定古蹟	祠堂	新埔鎮成功街 136 巷 16 號
2006/07/25	大山背樂善堂	縣定古蹟	寺廟	橫山鄉豐鄉村 3 鄰大山背 31 號
2006/07/24	新埔上枋寮劉宅	縣定古蹟	宅第	新埔鎮義民路 2 段 460 巷 42 號
2004/12/16	新埔陳氏宗祠	縣定古蹟	祠堂	新埔鎮中正路 510 號
2004/03/30	新埔張氏家廟	縣定古蹟	祠堂	新埔鎮和平街 347 巷 22 號
2004/03/30	北埔姜氏家廟	縣定古蹟	祠堂	北埔鄉南興街 1 號
2002/03/13	尖石 TAPUNG 古堡 （原李崠隘勇監督所）	縣定古蹟	關塞	尖石鄉玉峰村 7 鄰馬美部落
2001/05/21	湖口三元宮	縣定古蹟	寺廟	湖口鄉湖鏡村湖口老街 248 號
2001/05/21	關西太和宮	縣定古蹟	寺廟	關西鎮大同路 30 號
2001/05/21	北埔姜阿新故宅	縣定古蹟	宅第	北埔鄉北埔街 10 號
1985/08/19	竹北采田福地	縣定古蹟	祠堂	竹北市中正西路 219 巷 38 號
1985/08/19	竹北問禮堂	縣定古蹟	宅第	竹北市東平里 4 鄰六家 24 號
1985/08/19	新埔劉家祠堂	縣定古蹟	祠堂	新埔鎮和平街 230 號
1985/08/19	新埔褒忠亭	縣定古蹟	寺廟	新埔鎮義民路 3 段 360 號
1985/08/19	新埔潘宅	縣定古蹟	宅第	新埔鎮和平街 170 號
1985/08/19	關西鄭氏祠堂	縣定古蹟	祠堂	關西鎮明德路 56 號
1985/08/19	北埔慈天宮	縣定古蹟	寺廟	北埔鄉北埔街 1 號
1983/12/28	金廣福公館	國定古蹟	宅第	北埔鄉中正路 1 號

苗栗縣古蹟計 8 筆				
公告日期	名稱	類別	種類	地址或位置
2006/10/26	房裡蔡泉盛號	縣定古蹟	其他	苑石鎮房裡里 16 鄰 40 號
2003/11/25	魚藤坪斷橋	縣定古蹟	橋樑	三義鄉魚藤坪段 401-1 地號土地上

公告日期	名稱	類別	種類	地址或位置
2001/05/16	大湖十份崠茶亭	縣定古蹟	其他	大湖鄉南湖段 1337-96 地號及銅鑼鄉新雞隆段 1997 地號
1999/04/16	勝興火車站	縣定古蹟	車站	三義鄉勝興村 89 號
1985/08/19	中港慈裕宮	縣定古蹟	寺廟	竹南鎮民生路 7 號
1985/08/19	鄭崇和墓	國定古蹟	墓葬	後龍鎮龍坑里 16 鄰轄區
1985/08/19	賴氏節孝坊	縣定古蹟	牌坊	苗栗市大同里福星山苗栗段 767-17 地號
1985/08/19	苗栗文昌祠	縣定古蹟	寺廟	苗栗市中正路 756 號

臺中縣古蹟計 18 筆

公告日期	名稱	類別	種類	地址或位置
2008/07/30	后里張天機宅	縣定古蹟	宅第	后里鄉墩南村南村路 332 號
2008/04/10	原臺灣省議會議事大樓、朝琴館、議員會館	縣定古蹟	其他	霧峰鄉中正路 734 號
2007/04/16	后里賢坂張家祖墓	縣定古蹟	墓葬	后里鄉第一公墓（后里鄉圳寮路 79 巷 9 號前）
2004/12/23	清水公學校	縣定古蹟	其他	清水鎮光華路 125 號
2004/10/22	神岡呂家頂瓦厝	縣定古蹟	宅第	神岡鄉中興路 30 巷 32 號
2003/03/28	梧棲真武宮	縣定古蹟	其他	梧棲鎮西建路 104 號
2002/11/26	縱貫鐵路（海線）追分車站	縣定古蹟	車站	大肚鄉王田村追分街 13 號
2002/11/26	縱貫鐵路（海線）日南車站	縣定古蹟	車站	大甲鎮中山路 2 段 140 巷 8 號
2001/11/13	縱貫鐵路舊山線—泰安車站	縣定古蹟	其他	后里鄉泰安村福興路 52 號
2001/06/13	內埔庄役場	縣定古蹟	衙署	后里鄉公安路 84 號
1999/05/17	筱雲山莊	縣定古蹟	宅第	神岡鄉三角村五鄰大豐路 116 號
1997/12/26	摘星山莊	縣定古蹟	宅第	潭子鄉潭富路 2 段 88 號

1992/05/22	吳鸞旂墓園	縣定古蹟	墓葬	太平市茶寮段 227 地號
1985/11/27	霧峰林宅	國定古蹟	宅第	霧峰鄉民生路（頂厝 42 號，下厝 28 號,頤圃 38 號,萊園 91 號）
1985/11/27	社口林宅	縣定古蹟	宅第	神岡鄉社口村文化路 76 號
1985/11/27	磺溪書院	縣定古蹟	書院	大肚鄉磺溪村文昌路 60 號
1985/11/27	大甲文昌祠	縣定古蹟	寺廟	大甲鎮文武路 116 號
1985/08/19	林氏貞孝坊	縣定古蹟	牌坊	大甲鎮順天路 119 號（與光明路交叉口）

臺中市古蹟計 13 筆				
公告日期	名稱	類別	種類	地址或位置
2007/07/13	邱先甲墓園	市定古蹟	墓葬	臺中市民政里北坑巷旁
2006/11/17	台灣府儒考棚	市定古蹟	衙署	臺中市民生路 39 巷內
2006/11/17	台中州廳	市定古蹟	其他	臺中市民權路 99 號
2006/04/26	廖煥文墓	市定古蹟	墓葬	臺中市南屯區 20 號公墓 74 號墓
1999/04/17	積善樓	市定古蹟	其他	臺中市興安路一段 163 號
1999/04/17	中山公園湖心亭	市定古蹟	其他	臺中市公園路 37 號之 1
1995/04/22	臺中火車站	國定古蹟	其他	臺中市建國路 1 段 172 號
1985/11/27	臺中樂成宮	市定古蹟	寺廟	臺中市旱溪街 48 號
1985/11/27	臺中林氏宗祠	市定古蹟	寺廟	臺中市國光路 55 號
1985/11/27	臺中文昌廟	市定古蹟	寺廟	臺中市昌平路 2 段 41 號
1985/11/27	臺中西屯張廖家廟	市定古蹟	寺廟	臺中市西安街 205 巷 1 號

1985/11/27	臺中張家祖廟	市定古蹟	寺廟	臺中市安和路 111 號
1985/11/27	萬和宮	市定古蹟	寺廟	臺中市萬和路 1 段 51 號

彰化縣古蹟計 37 筆				
公告日期	名稱	類別	種類	地址或位置
2009/06/15	原彰化警察署	縣古蹟	衙署	彰化市民生路 234 號
2009/06/15	北斗保甲事務所	縣定古蹟	衙署	北斗鎮地政路 421 號
2007/05/15	彰化市武德殿	縣定古蹟	其他	彰化市公園路一段 45 號
2004/05/17	社頭清水巖	縣定古蹟	寺廟	社頭鄉清水岩路 1 號
2000/10/25	彰化扇形車庫	縣定古蹟	其他	彰化市彰美路 1 段 1 號
2000/10/25	鹿港丁家古厝	縣定古蹟	宅第	鹿港鎮中山路 130、132、134 號
2000/10/25	鹿港鳳山寺	縣定古蹟	寺廟	鹿港鎮德興街 26 號
2000/10/25	鹿港金門館	縣定古蹟	寺廟	鹿港鎮金門街 54 號
2000/07/14	鹿港隘門	縣定古蹟	關塞	鹿港鎮洛津里後車巷內
2000/07/14	鹿港公會堂	縣定古蹟	其他	鹿港鎮埔頭街 72 號
2000/07/14	鹿港南靖宮	縣定古蹟	寺廟	鹿港鎮埔頭街 74 號
2000/07/14	鹿港日茂行	縣定古蹟	宅第	鹿港鎮泉州街 55、58、59、60、62、63、65、66、67、70 號
1988/04/25	南瑤宮	縣定古蹟	寺廟	彰化市南瑤路 43 號
1985/11/27	彰化懷忠祠	縣定古蹟	寺廟	彰化市民權路 169 巷 2-3 號
1985/11/27	彰化慶安宮	縣定古蹟	寺廟	彰化市永樂街 78 號
1985/11/27	定光佛廟（汀州會館）	縣定古蹟	寺廟	彰化市光復路 140 號
1985/11/27	節孝祠	縣定古蹟	寺廟	彰化市公園路 1 段 51 號
1985/11/27	開化寺	縣定古蹟	寺廟	彰化市中華路 134 號
1985/11/27	彰化西門福德祠	縣定古蹟	寺廟	彰化市中華路 243 號
1985/11/27	聖王廟	國定古蹟	寺廟	彰化市中華路 239 巷 19 號

1985/11/27	芬園寶藏寺	縣定古蹟	寺廟	芬園鄉進芬村彰南路3段100號
1985/11/27	虎山巖	縣定古蹟	寺廟	花壇鄉虎山街1號
1985/11/27	馬興陳宅（益源大厝）	國定古蹟	宅第	秀水鄉馬興村益源巷4號
1985/11/27	鹿港興安宮	縣定古蹟	寺廟	鹿港鎮中山路89號
1985/11/27	鹿港三山國王廟	縣定古蹟	寺廟	鹿港鎮中山路276號
1985/11/27	鹿港城隍廟	縣定古蹟	寺廟	鹿港鎮中山路366號
1985/11/27	鹿港地藏王廟	縣定古蹟	寺廟	鹿港鎮力行街2號
1985/11/27	鹿港文武廟	縣定古蹟	寺廟	鹿港鎮街青雲路2號
1985/11/27	鹿港天后宮	縣定古蹟	寺廟	鹿港鎮中山路430號
1985/11/27	興賢書院	縣定古蹟	書院	員林鎮三民街1號
1985/11/27	餘三館	縣定古蹟	宅第	永靖鄉港西村中山路1段451巷2號
1985/11/27	二林仁和宮	縣定古蹟	寺廟	二林鎮中正路58號
1985/08/19	彰化關帝廟	縣定古蹟	寺廟	彰化市民族路467號
1985/08/19	道東書院	國定古蹟	書院	和美鎮和卿路101號
1985/08/19	元清觀	國定古蹟	寺廟	彰化市民生路209號
1983/12/28	鹿港龍山寺	國定古蹟	寺廟	鹿港鎮金門巷81號
1983/12/28	彰化孔子廟	國定古蹟	寺廟	彰化市孔門路31號

南投縣古蹟計14筆				
公告日期	名稱	類別	種類	地址或位置
2006/07/11	竹山社寮敬聖亭	縣定古蹟	其他	竹山鎮集山路1段1738號
2006/07/11	竹山隆恩圳隧渠	縣定古蹟	產業設施	竹山鎮富州里（吊橋頭集集攔河堰南端）
2006/07/11	永濟義渡碑	縣定古蹟	其他	名間鄉濁水村福興宮左側&竹山鎮社寮紫南宮前廣場
2006/07/11	鹿谷聖蹟亭	縣定古蹟	碑碣	鹿谷鄉中正路164-1號
2000/08/09	竹山連興宮	縣定古蹟	寺廟	竹山鎮下橫街28號
1994/08/18	國姓鄉北港溪石橋（糯米橋）	縣定古蹟	橋樑	國姓鄉北港村第10鄰

1993/02/05	草屯燉倫堂	縣定古蹟	寺廟	草屯鎮芬草路 335 號
1988/02/26	楠仔腳蔓社學堂遺蹟	縣定古蹟	其他	信義鄉望美村部落
1987/04/17	八通關古道	國定古蹟	其他	南投縣竹山鎮至花蓮縣玉里鎮（清光緒元年所開闢之古道）
1985/11/27	藍田書院	縣定古蹟	書院	南投市文昌街 140 號
1985/11/27	登瀛書院	縣定古蹟	書院	草屯鎮史館路文昌巷 30 號
1985/11/27	月眉厝龍德廟	縣定古蹟	寺廟	草屯鎮碧山路 1158 號
1985/11/27	明新書院	縣定古蹟	書院	集集鎮東昌巷 4 號
1985/11/27	林鳳池舉人墓	縣定古蹟	墓葬	鹿谷鄉初鄉村中村巷 23 號

雲林縣古蹟計 15 筆				
公告日期	名稱	類別	種類	地址或位置
2010/1/15	虎尾自來水廠	縣定古蹟	產業設施	虎尾鎮明正路 21 號
2009/12/25	虎尾糖廠廠長宿舍	縣定古蹟	近代宿舍	虎尾鎮民主九路 7 號
2009/12/25	虎尾糖廠第一公差宿舍	縣定古蹟	近代宿舍	虎尾鎮民主九路 1 號
2009/12/25	虎尾糖廠第三公差宿舍	縣定古蹟	近代宿舍	虎尾鎮民主九路 5 號
2006/12/22	北港自來水廠	縣定古蹟	產業設施	北港鎮民生路 1 號
2006/08/16	拱範宮	縣定古蹟	寺廟	麥寮鄉中正路三號
2006/08/10	口湖下寮萬善同歸塚	縣定古蹟	墓葬	口湖鄉下崙村下寮仔北邊
2005/09/12	二崙分駐所	縣定古蹟	衙署	二崙鄉中山路 102 號
2004/02/04	濁水水利發電所	縣定古蹟	產業設施	林內鄉烏塗村烏塗 100 號
2003/05/03	虎尾糖廠鐵橋	縣定古蹟	橋樑	虎尾同心公園及糖廠間河床

1996/08/27	大埤三山國王廟	縣定古蹟	寺廟	大埤鄉大德村新街 20 號
1991/11/23	北港義民廟	縣定古蹟	寺廟	北港鎮旌義街 20 號
1985/11/27	振文書院	縣定古蹟	書院	西螺鎮興農西路 6 號
1985/11/27	廖家祠堂	縣定古蹟	祠堂	西螺鎮福興路 222 號
1985/11/27	北港朝天宮	國定古蹟	寺廟	北港鎮中山路 178 號

嘉義市古蹟計 14 筆				
公告日期	名稱	類別	種類	地址或位置
2007/01/29	葉明屯墓	市定古蹟	墓葬	嘉義市植物園後方
2007/01/19	原嘉義農林學校校長官舍	市定古蹟	其他	嘉義市忠孝路 188 號
2005/05/26	嘉義舊監獄	國定古蹟	其他	嘉義市維新路 140（舊監獄）、142（舊看守所）號
2005/03/08	嘉義西門長老教會禮拜堂	市定古蹟	其他	嘉義市垂楊路 309 號
2000/06/07	嘉義蘇周連宗祠	市定古蹟	寺廟	嘉義市垂楊路 326 號
2000/06/07	菸酒公賣局嘉義分局	市定古蹟	其他	嘉義市中山路 659 號
1998/10/15	嘉義火車站	市定古蹟	其他	嘉義市中山路 528 號
1998/10/15	日本神社附屬館所（原嘉義神社附屬館所）	市定古蹟	寺廟	嘉義市公園街 42 號
1998/04/30	阿里山鐵路北門驛	市定古蹟	其他	嘉義市共和路 482 號
1998/04/30	嘉義營林俱樂部（阿里山林場招待所）	市定古蹟	其他	嘉義市共和路 370 號
1998/04/30	嘉義仁武宮	市定古蹟	寺廟	嘉義市北榮街 54 號
1988/02/26	八獎溪（八掌溪）義渡	市定古蹟	其他	嘉義市彌陀路 1 號（彌陀寺前）
1985/11/27	王祖母許太夫人墓	市定古蹟	墓葬	嘉義市嘉義市盧厝里羌母寮 41 號
1985/11/27	嘉義城隍廟	市定古蹟	寺廟	嘉義市佑民里吳鳳北路 168 號

嘉義縣古蹟計 15 筆				
公告日期	名稱	類別	種類	地址或位置
2009/03/04	竹崎車站	縣定古蹟	車站	竹崎鄉竹崎村舊車站 11 號

2009/03/02	阿里山貴賓館	縣定古蹟	宅第	阿里山鄉阿里山遊樂區內
2009/03/02	奮起湖車庫	縣定古蹟	車庫	竹崎鄉中和村奮起湖車站旁
2009/03/02	樹靈塔	縣定古蹟	碑碣	阿里山鄉阿里山遊樂區內
2009/03/02	琴山河合博士旌功碑	縣定古蹟	碑碣	阿里山鄉阿里山遊樂區內
2008/02/26	義竹翁清江宅	縣定古蹟	宅第	義竹鄉六桂村六桂段 517 地號
2003/03/13	朴子配天宮	縣定古蹟	寺廟	朴子市開元路 118 號
1985/11/27	半天巖紫雲寺	縣定古蹟	寺廟	番路鄉民和村 2 鄰岩仔 6 號
1985/11/27	吳鳳廟	縣定古蹟	寺廟	中埔鄉社口村 23 鄰社口 1 號
1985/11/27	六興宮	縣定古蹟	寺廟	新港鄉溪北路 65 號
1985/11/27	新港大興宮	縣定古蹟	寺廟	新港鄉中正路 73 號
1985/11/27	新港水仙宮	國定古蹟	寺廟	新港鄉南港村 3 鄰舊南港 58 號
1985/11/27	大士爺廟	縣定古蹟	寺廟	民雄鄉中樂路 81 號
1985/08/19	新港奉天宮	縣定古蹟	寺廟	新港鄉新民路 53 號
1983/12/28	王得祿墓	國定古蹟	墓葬	六腳鄉雙涵村東北邊農地上

臺南市古蹟計 112 筆

公告日期	名稱	類別	種類	地址或位置
2006/08/07	安平蚵灰窯暨附屬建築	直轄市定古蹟（應為市定古蹟）	其他	臺南市安北路 110-1 號
2005/11/07	金華府	市定古蹟	寺廟	臺南市神農街 71 號
2004/10/07	熱蘭遮城城垣暨城內建築遺構	國定古蹟	城郭	臺南市安平區古堡段 678、679、756、769、771、821、777-1、

				981、982、984、858、860、849、754、752、748、865 等地號內
2004/06/03	原水交社宿舍群暨文化景觀	市定古蹟	其他	臺南市興中街 73、75、79、81 號；興中街 116 巷 1、3、9、11 號；興中街 120 巷 2、4、6、8、10、10-1、12 號
2004/04/30	原台南大正公園	市定古蹟	其他	臺南市中山、民生、公園、中正、南門、開山、青年路交會處
2004/04/30	原臺南州立農事試驗場宿舍群	市定古蹟	其他	臺南市府東街 21 巷 2、14、16、18、20、23、25 號；東門路 2 段 158 巷 66、68、76、78 號
2004/03/17	原台南州會	市定古蹟	其他	臺南市中正路 3 號
2004/03/07	原台南神社事務所	市定古蹟	其他	臺南市忠義路 2 段 2 號忠義國小內
2004/02/06	原台南州立農事試驗場辦公廳舍	市定古蹟	其他	臺南市林森路 1 段 350 號
2003/11/10	原台南州廳	國定古蹟	其他	臺南市中正路 1 號
2003/09/22	原台灣府城東門段城垣殘蹟	市定古蹟	城郭	臺南市東門路 1 段 156 巷 23 號南側，光華街 225 號對面
2003/06/18	原日軍台南衛戍病院	市定古蹟	其他	臺南市小東路（成功大學力行校區內）
2003/05/13	原台南山林事務所	市定古蹟	其他	臺南市中正路 5 巷 1 號
2003/05/13	廣安宮	市定古蹟	其他	臺南市新美街 172 號
2003/05/13	原台南公園管理所	市定古蹟	其他	臺南市台南公園內
2003/05/13	原廣陞樓	市定古蹟	宅第	臺南市成功路 285 巷 3 號

2003/05/13	原台南刑務所官舍	市定古蹟	其他	臺南市和意路 16、20 號
2003/05/13	原台南刑務所要道館	市定古蹟	其他	臺南市永福路 1 段 233 巷 21、23、25、27、29、31 號；和意路 48、50 號
2003/05/13	原台南刑務所合宿（原台南刑務所醫務所之修正）	市定古蹟	其他	臺南市永福路 1 段 233 巷 33、35、39、41、43、45、47、51、53、55 號
2003/05/13	西市場	市定古蹟	其他	臺南市西門路、中正路、正興街與國華街街廓
2003/05/13	原台南州青果同業組合香蕉倉庫	市定古蹟	其他	臺南市西門路、中正路、正興街與國華街街廓內
2003/05/13	原安平鹽田船溜暨專賣局台南支局安平出張所	市定古蹟	其他	臺南市四草野生動物保護區安順鹽場內
2003/05/13	安平海頭社魏宅	市定古蹟	宅第	臺南市安北路 121 巷 16 弄 6 號
2003/05/13	安平盧經堂厝	縣（市）定古蹟	其他	臺南市安平路 802 號
2003/05/13	原台南運河安平海關	市定古蹟	其他	臺南市安平路 97-15 號
2003/05/13	原安平港導流堤南堤	市定古蹟	堤閘	臺南市舊安平港海邊
2003/05/13	安平市仔街何旺厝	市定古蹟	宅第	臺南市延平街 86 號
2003/05/13	原台南總督府專賣局台南支局安平分室	市定古蹟	其他	臺南市古堡街 196 號
2003/05/13	原台灣總督府專賣局台南出張所	市定古蹟	其他	臺南市北門路 2 段 10 號
2003/05/13	原日軍步兵第二聯隊官舍群	市定古蹟	其他	臺南市公園路三二一巷
2003/05/13	原寶公學校本館	市定古蹟	其他	臺南市西門路 3 段 41 號

2003/05/13	王姓大宗祠	市定古蹟	其他	臺南市佑民街 41 號
2003/05/13	施瓊芳墓	市定古蹟	墓葬	臺南市南山公墓內
2003/05/13	台灣糖業試驗所	市定古蹟	其他	臺南市生產路 54 號
2003/05/13	原台灣總督府專賣局台南支局	市定古蹟	其他	臺南市鹽埕路 125 號
2002/06/25	原台南神學校校舍暨禮拜堂	市定古蹟	其他	臺南市東門路 1 段 17 號
2002/06/25	原台南師範學校本館	市定古蹟	其他	臺南市樹林街 2 段 33 號
2002/06/25	原台南長老教女學校本館暨講堂	市定古蹟	其他	臺南市長榮路 2 段 135 號
2002/06/25	原台南長老教中學校講堂暨校長宿舍	市定古蹟	其他	臺南市林森路 2 段 79 號
2001/07/16	原台南運河海關	市定古蹟	其他	臺南市民生路 2 段 257 號
2001/07/16	原台南放送局	市定古蹟	其他	臺南市南路路 38 號
2001/07/16	原台南廳長官邸	市定古蹟	其他	臺南市育樂街 197 巷 2 號
1999/11/19	大井頭	市定古蹟	其他	臺南市民權路 2 段 225 號前
1999/11/19	原台南高等工業學校校舍	市定古蹟	其他	臺南市大學路 1 號（成大成功校區內）
1999/11/19	原臺南州立第二中學校校舍本館暨講堂	市定古蹟	其他	臺南市民族路一段 1 號
1998/12/18	台南火車站	國定古蹟	其他	臺南市北門路 2 段 4 號
1998/06/26	原台南高等女學校本館	市定古蹟	其他	臺南市大埔街 97 號
1998/06/26	原台南愛國婦人會館	市定古蹟	其他	臺南市府前路 1 段 195 號
1998/06/26	原嘉南大圳組合事務所	市定古蹟	其他	臺南市友愛街 25 號
1998/06/26	原台南警察署	市定古蹟	其他	臺南市南門路 37 號
1998/06/26	原台南武德殿	市定古蹟	其他	臺南市忠義路 2 段 2 號

1998/06/26	原臺南合同廳舍	市定古蹟	其他	臺南市中正路 2 之 1 號
1998/06/26	原台南公會堂	市定古蹟	其他	臺南市民權路 2 段 30 號
1998/06/26	原台南縣知事官邸	市定古蹟	其他	臺南市東區衛民街 1 號
1997/06/26	原林百貨店	市定古蹟	其他	臺南市忠義路 2 段 63 號
1997/06/26	原日本勸業銀行台南支店	市定古蹟	其他	臺南市中正路 28 號
1997/06/26	原台南中學校講堂	市定古蹟	其他	臺南市北門路 2 段 125 號
1997/04/02	台南石鼎美古宅	市定古蹟	宅第	臺南市西門路 2 段
1993/11/10	原台南測候所	國定古蹟	其他	臺南市公園路 21 號
1993/11/10	原日軍台灣步兵第二聯隊營舍	國定古蹟	其他	臺南市大學路 1 號(成大光復校區內)
1992/04/02	全台吳氏大宗祠	市定古蹟	祠堂	臺南市成功路 175 巷 57 號
1991/04/19	台南地方法院	國定古蹟	衙署	臺南市府前路 1 段 307 號
1985/11/27	臺灣府城城垣南門段殘蹟	市定古蹟	城郭	臺南市大埔街 97 號後（臺南女中校內）
1985/11/27	臺灣府城大南門	市定古蹟	城郭	臺南市南門路 34 巷 32-1 號後面
1985/11/27	臺南水仙宮	市定古蹟	寺廟	臺南市神農街 1 號
1985/11/27	風神廟	市定古蹟	寺廟	臺南市民權路 3 段 143 巷 80 號
1985/11/27	臺南景福祠	市定古蹟	寺廟	臺南市人和街 44 號
1985/11/27	臺南東嶽殿	市定古蹟	寺廟	臺南市民權路 1 段 110 號
1985/11/27	總趕宮	市定古蹟	寺廟	臺南市中正路 131 巷 13 號
1985/11/27	臺南德化堂	市定古蹟	祠堂	臺南市府前路 1 段 178 號

1985/11/27	萬福庵照牆	市定古蹟	寺廟	臺南市民族路 2 段 317 巷 5 號
1985/11/27	開基武廟原正殿	市定古蹟	寺廟	臺南市新美街 116 號
1985/11/27	陳德聚堂	市定古蹟	寺廟	臺南市永福路 2 段 152 巷 20 號
1985/11/27	臺南天壇	市定古蹟	寺廟	臺南市忠義路 2 段 84 巷 16 號
1985/11/27	擇賢堂	市定古蹟	寺廟	臺南市中正路 21 巷 15 號
1985/11/27	臺南報恩堂	市定古蹟	寺廟	臺南市忠義路 2 段 38 巷 8 號
1985/11/27	兌悅門	國定古蹟	城郭	臺南市文賢路與信義街 122 巷交叉口
1985/11/27	臺灣府城隍廟	國定古蹟	寺廟	臺南市青年路 133 號
1985/11/27	臺灣府城巽方砲臺（巽方靖鎮）	市定古蹟	關塞	臺南市光華街 10 號（修禪院內）
1985/11/27	臺灣府城大東門	市定古蹟	城郭	臺南市東門路 1 段 302 號前
1985/11/27	臺灣府城城垣小東門段殘蹟	市定古蹟	城郭	臺南市大學路1號(成功大學光復校區大學池旁)
1985/11/27	曾振暘墓	市定古蹟	墓葬	臺南市南區竹溪里桶盤淺段墓園內
1985/11/27	烏鬼井	市定古蹟	其他	臺南市自強街 146 巷 10 號前右側
1985/11/27	重道崇文坊	市定古蹟	牌坊	臺南市公園路 356 號（中山公園燕潭畔內）
1985/11/27	西華堂	市定古蹟	寺廟	臺南市西華街 59 巷 16 號
1985/11/27	台南興濟宮	市定古蹟	寺廟	臺南市成功路 86 號
1985/11/27	大觀音亭	市定古蹟	寺廟	臺南市成功路 86 號
1985/11/27	開基天后宮	國定古蹟	寺廟	臺南市自強街 12 號

1985/11/27	原德商東興洋行	市定古蹟	其他	臺南市安北路 183 巷 19 號
1985/11/27	原英商德記洋行	市定古蹟	其他	臺南市安北路 194 號
1985/11/27	臺南延平街古井	市定古蹟	其他	臺南市延平街 148 巷 3 號
1985/11/27	海山館	市定古蹟	寺廟	臺南市效忠街 52 巷 7 號
1985/11/19	臺南鄭氏家廟	市定古蹟	寺廟	臺南市忠義路 2 段 36 號
1985/08/19	蕭氏節孝坊	市定古蹟	牌坊	臺南市府前路 1 段 304 巷 9 號前
1985/08/19	接官亭	市定古蹟	牌坊	臺南市民權路 3 段 143 巷 7 號前
1985/08/19	北極殿	國定古蹟	寺廟	臺南市民權路 2 段 89 號
1985/08/19	臺南開基靈祐宮	市定古蹟	寺廟	臺南市民族路 2 段 208 巷 31 號
1985/08/19	臺南法華寺	市定古蹟	寺廟	臺南市法華街 100 號
1985/08/19	藩府二鄭公子墓	市定古蹟	墓葬	臺南市南區桶盤淺段墓園內（俗稱旗杆）
1985/08/19	藩府曾蔡二姬墓	市定古蹟	墓葬	臺南市南區桶盤淺段墓園內
1985/08/19	臺南三山國王廟	國定古蹟	寺廟	臺南市西門路 3 段 100 號
1985/08/19	開元寺	國定古蹟	寺廟	臺南市北園街 89 號
1985/08/19	大天后宮（寧靖王府邸）	國定古蹟	寺廟	臺南市永福路 2 段 227 巷 18 號
1985/08/19	安平小砲臺	市定古蹟	關塞	臺南市安平區西門里安平小段 1006-7 地號
1985/08/19	妙壽宮	市定古蹟	寺廟	臺南市國勝路 26 號
1985/08/19	四草砲臺（鎮海城）	國定古蹟	關塞	臺南市顯草街 1 段 381 號

1983/12/28	赤崁樓	國定古蹟	衙署	臺南市民族路 2 段 212 號（包括蓬壺書院）
1983/12/28	台南孔子廟	國定古蹟	寺廟	臺南市南門路 2 號
1983/12/28	台灣城殘蹟(安平古堡殘蹟)	國定古蹟	城郭	臺南市國勝路 82 號
1983/12/28	二鯤鯓砲臺（億載金城）	國定古蹟	關塞	臺南市光州路 3 號
1983/12/28	五妃廟	國定古蹟	寺廟	臺南市五妃街 201 號
1983/12/28	祀典武廟	國定古蹟	寺廟	臺南市永福路 2 段 229 號

臺南縣古蹟計 18 筆

公告日期	名稱	類別	種類	地址或位置
2010/01/25	原鹽水港製糖株式會社總社辦公室	縣定古蹟	辦公室	新營市中興路 31 巷 48 號
2009/05/27	永康三崁店糖廠神社遺蹟	縣定古蹟	神社	永康市仁愛街與三民街交界
2009/05/11	鹽水八角樓	縣定古蹟	宅第	鹽水鎮中境里中山路 4 巷 1 號
2008/04/09	後壁黃家古厝	縣定古蹟	宅第	後壁鄉後壁村 40 號
2005/09/29	原台南水道	國定古蹟	產業設施	山上鄉山上村 16 號
2005/02/01	菁寮金德興藥舖	縣定古蹟	宅第	後壁鄉墨林村 4 聯菁寮 191 號
2002/11/14	月津港聚波亭	縣定古蹟	寺廟	鹽水鎮武廟路 7 號
2001/12/31	保安車站	縣定古蹟	車站	仁德鄉文賢路一段 529 巷 10 號
1999/11/19	麻豆總爺糖廠	縣定古蹟	產業設施	麻豆鎮南勢里總爺 5 號
1999/11/19	新營太子宮	縣定古蹟	寺廟	新營市太北里 45 之 2 號
1998/02/13	鐵線橋通濟宮	縣定古蹟	寺廟	新營市鐵線里鐵線橋 40 號
1998/02/13	關子嶺碧雲寺	縣定古蹟	寺廟	白河鎮仙草里火山 1 號

1997/04/02	善化慶安宮	縣定古蹟	寺廟	善化鎮中山路 470 號
1985/11/27	佳里金唐殿	縣定古蹟	寺廟	臺南縣佳里鎮建南里中山路 289 號
1985/11/27	佳里震興宮	縣定古蹟	寺廟	佳里鎮禮化里佳里興 325 號
1985/11/27	南鯤鯓代天府	國定古蹟	寺廟	北門鄉鯤江村蚵寮 468 號
1985/11/27	白河大仙寺	縣定古蹟	寺廟	白河鎮仙草里岩前 1 號
1985/08/19	學甲慈濟宮	縣定古蹟	寺廟	學甲鎮濟生路 170 號

高雄市古蹟計 22 筆

公告日期	名稱	類別	種類	地址或位置
2007/05/31	楠梓天后宮	直轄市定古蹟	寺廟	楠梓區楠梓路 1 號
2006/12/05	卓夢采墓	直轄市定古蹟	墓葬	鼓山區清泉街 100 號
2005/06/10	高雄州水產試驗場〈英國領事館〉	直轄市定古蹟	衙署	鼓山區高雄市鼓山區哨船街 7 號
2005/03/11	台灣煉瓦會社打狗工場〈中都唐榮磚窯廠〉	國定古蹟	產業設施	三民區中華橫路 220 號
2004/10/18	原高雄市役所（高雄市立歷史博物館）	直轄市定古蹟	其他	鹽埕區中正四路 272 號
2004/10/18	原愛國婦人會館〈紅十字育幼中心〉	直轄市定古蹟	其他	鼓山區登山街 28 號
2004/10/18	打狗英國領事館登山古道	直轄市定古蹟	其他	鼓山區哨船街水產試驗所後方
2004/04/09	打狗水道淨水池	直轄市定古蹟	其他	鼓山區鼓山一路 53 巷 31-1 號
2004/04/09	西子灣蔣介石行館	直轄市定古蹟	其他	鼓山區蓮海路 70 號-國立中山大學內
2004/04/09	三塊厝火車站	直轄市定古蹟	車站	三民區三德西街 3 巷 8 號
2002/08/27	楊家古厝	直轄市定古蹟	其他	楠梓區右昌街 223 巷 41 號

1999/05/25	武德殿	直轄市定古蹟	其他	鼓山區登山街 36 號
1999/05/25	李氏古宅	直轄市定古蹟	宅第	鼓山區內惟路 379 巷 11 號
1999/05/25	打狗公學校（旗津國小）	直轄市定古蹟	其他	旗津區中洲三路 623 號
1996/08/27	陳中和墓	直轄市定古蹟	墓葬	苓雅區福安路 326 號
1987/04/17	打狗英國領事館（官邸）	直轄市定古蹟	衙署	鼓山區蓮海路 20 號（高雄港口哨船頭山丘上）
1985/11/27	旗後燈塔	直轄市定古蹟	燈塔	旗津區旗下里旗下巷 34 號
1985/11/27	旗後天后宮	直轄市定古蹟	寺廟	旗津區廟前路 93 號
1985/08/19	雄鎮北門	直轄市定古蹟	關塞	鼓山區蓮海路 6 號
1985/08/19	旗後砲臺	直轄市定古蹟	關塞	旗津區旗港段 1231 地號（旗津區旗後山頂）
1985/08/19	鳳山舊城孔廟崇聖祠	直轄市定古蹟	寺廟	左營區蓮潭路 47 號（舊城國民小學內）
1985/08/19	鳳山縣舊城	國定古蹟	城郭	左營區興隆段 158-1 號等

高雄縣古蹟計 21 筆				
公告日期	名稱	類別	種類	地址或位置
2008/05/21	原烏樹林製鹽株式會社辦公室	縣定古蹟	產業設施	永安鄉鹽田村鹽田路 51 號
2008/03/03	橋仔頭糖廠	縣定古蹟	產業設施	橋頭鄉糖廠路 24 號
2007/09/26	原日本海軍鳳山無線電信所	縣定古蹟	其他	鳳山市勝利路
2006/06/20	美濃水橋	縣定古蹟	橋樑	美濃鎮永安路旁
2000/05/31	舊鼓山國小	縣定古蹟	其他	旗山鎮文中路 7 號

2000/05/31	旗山國小	縣定古蹟	其他	旗山鎮華中街 10 鄰 44 號
2000/05/31	旗山天后宮	縣定古蹟	寺廟	美濃鎮永福街 23 巷 16 號
2000/05/31	金瓜寮聖蹟亭	縣定古蹟	其他	美濃鎮德興段 574 地號
2000/05/31	瀰濃東門樓	縣定古蹟	城郭	美濃鎮東門段 415、414、416 地號
1998/12/31	竹寮取水站	縣定古蹟	產業設施	大樹鄉竹寮路 47 號
1998/12/31	旗山鎮農會	縣定古蹟	產業設施	旗山鎮中山路 67 號
1998/12/31	九芎林里社真官伯公	縣定古蹟	其他	美濃鎮廣林里
1998/12/31	瀰濃庄里社真官伯公	縣定古蹟	其他	美濃鎮瀰濃里
1998/12/31	龍肚庄里社真官伯公	縣定古蹟	其他	美濃鎮龍肚里
1992/05/25	竹仔門電廠	國定古蹟	產業設施	美濃鎮獅山里竹門 20 號
1991/11/23	甲仙鎮海軍墓	縣定古蹟	墓葬	甲仙鄉五里路 58 號前方果園
1991/05/24	瀰濃庄敬字亭	縣定古蹟	其他	美濃鎮中山路與永安路口
1988/02/26	明寧靖王墓	縣定古蹟	墓葬	湖內鄉東方路寧靖段 1043 號
1988/02/26	鳳山縣城殘蹟	縣定古蹟	城郭	鳳山市曹公路 25 之 3 號（平成砲臺）
1985/11/13	鳳儀書院	縣定古蹟	書院	鳳山市中正路 129 巷 3 弄 12 號
1985/11/13	鳳山龍山寺	國定古蹟	寺廟	鳳山市中山路 7 號
屏東縣古蹟計 18 筆				
公告日期	名稱	類別	種類	地址或位置
2006/08/21	北勢寮保安宮	縣定古蹟	寺廟	枋寮鄉保安路 215 號
2006/05/22	朝林宮	縣定古蹟	寺廟	潮州鎮泗林里通潮一巷 4 號

2004/08/16	崇蘭蕭氏家廟	縣定古蹟	祠堂	屏東市崇蘭里 69 號
2004/05/27	九如三山國王廟	縣定古蹟	寺廟	九如鄉仁愛街 174 號
2002/01/08	宗聖公祠	縣定古蹟	寺廟	屏東市勝豐里謙仁巷 23 號
1997/04/02	下淡水溪鐵橋（高屏溪舊鐵橋）	國定古蹟	橋樑	屏東市竹寮村起至屏東縣
1996/08/27	佳冬楊氏宗祠	縣定古蹟	祠堂	佳冬鄉冬根路 19 之 30 號
1991/05/24	魯凱族好茶舊社	國定古蹟	其他	霧台鄉好茶段
1988/02/26	石頭營聖蹟亭	縣定古蹟	其他	枋寮鄉玉泉村大嚮營段 947 地號
1985/11/27	阿猴城門（朝陽門）	縣（市）定古蹟	關塞	屏東市中山公園內
1985/11/27	屏東書院	縣定古蹟	書院	屏東市勝利路 38 號
1985/11/27	新北勢庄東柵門	縣定古蹟	關塞	內埔鄉懷忠路 1 號
1985/11/27	六堆天后宮	縣定古蹟	寺廟	內埔鄉廣濟路 111 號
1985/11/27	萬金天主教堂（萬金聖母聖殿）	縣定古蹟	教堂	萬巒鄉萬興路 24 號
1985/11/27	建功庄東柵門	縣定古蹟	關塞	新埤鄉建功路 150 號
1985/11/27	茄冬西隘門	縣定古蹟	關塞	佳冬鄉冬根路上
1985/11/27	佳冬蕭宅	縣定古蹟	宅第	佳冬鄉溝渚路 1 號
1985/08/19	恆春古城	國定古蹟	城郭	恆春鎮城南里；城北里;城西里
澎湖縣古蹟計 23 筆				
公告日期	名稱	類別	種類	地址或位置
2001/11/21	馬公風櫃尾荷蘭城堡	國定古蹟	城郭	馬公市風櫃尾段 1128 地號
2001/11/21	馬公金龜頭砲臺	國定古蹟	關塞	馬公市馬公段 2664、2664-3 地號
2001/11/21	湖西拱北砲臺	國定古蹟	關塞	湖西鄉大城北段 1071 、 1071-2 、 1071-4 地號
2000/01/28	鎖港南北石塔	縣定古蹟	其他	馬公市南塔：鎖港段

				97-10 地號，北塔：海堤段 957 地號
2000/01/28	高雄關稅局馬公支關	縣定古蹟	其他	馬公市臨海路 31 號
2000/01/28	西嶼內垵塔公、塔婆	縣定古蹟	其他	西嶼鄉內垵段 1845 地號
2000/01/28	龍門里正角日軍上陸紀念碑	縣定古蹟	碑碣	湖西鄉良文港段 619-1、623-1 地號
2000/01/28	林投日軍上陸紀念碑	縣定古蹟	碑碣	湖西鄉林投段 1611-49 地號
1998/12/10	乾益堂中藥行	縣定古蹟	其他	馬公市中央街 42 號
1998/12/10	第一賓館	縣定古蹟	其他	馬公市馬公段 1938 地號
1991/11/23	西嶼東臺	國定古蹟	關塞	西嶼鄉內垵段 379-1，379-4 地號
1988/04/25	澎湖二崁陳宅	縣定古蹟	宅第	西嶼鄉二崁村 6 號
1987/11/10	媽宮城隍廟	縣定古蹟	寺廟	馬公市光明路 8 鄰 20 號
1987/04/17	西嶼燈塔	國定古蹟	燈塔	西嶼鄉外垵村 35 鄰 195 號
1985/11/27	四眼井	縣定古蹟	其他	馬公市中央街 40 號 厝前
1985/11/27	馬公觀音亭	縣定古蹟	寺廟	馬公市介壽路 7 號
1985/11/27	施公祠及萬軍井	縣定古蹟	寺廟	馬公市中央街1巷(施公祠 10 號,萬軍井 11 號旁)
1985/11/27	臺廈郊會館	縣定古蹟	寺廟	馬公市中山路 6 巷 9 號
1985/11/27	文澳城隍廟	縣定古蹟	寺廟	馬公市西文里 3 鄰 25 號
1985/11/27	蔡廷蘭進士第	縣定古蹟	宅第	馬公市興仁里雙頭掛 29 號
1985/08/19	媽宮古城	國定古蹟	城郭	馬公市（順承門：復興里金龍路；大西門：澎防司令部內）

| 1983/12/28 | 澎湖天后宮 | 國定古蹟 | 寺廟 | 馬公市正義街 1 號 |
| 1983/12/28 | 西嶼西臺 | 國定古蹟 | 關塞 | 西嶼鄉外垵村 278 地號 |

花蓮縣古蹟計 8 筆				
公告日期	名稱	類別	種類	地址或位置
2009/10/30	邱家古厝	縣定古蹟	宅第	富里鄉道化路 30 號
2008/07/23	花蓮台肥招待所	縣定古蹟	宅第	花蓮市中美路 160 號
2005/02/23	美崙溪畔日式宿舍	縣定古蹟	其他	花蓮市民勤段 1426 地號
2005/02/23	新城天主教會	縣定古蹟	其他	新城鄉新城村博愛路 64 號
2003/07/31	花蓮吉野開村紀念碑	縣定古蹟	碑碣	吉安鄉慶豐村中山路三段 473 號
2003/03/19	花蓮港山林事業所	縣定古蹟	其他	花蓮市菁華街 10 號旁
1997/04/01	吉安橫斷道路開鑿記念碑	縣定古蹟	碑碣	吉安鄉干城村吉安段 4781-9 號
1997/04/01	吉安慶修院	縣定古蹟	寺廟	吉安鄉中興路 349 號

金門縣古蹟計 44 筆				
公告日期	名稱	類別	種類	地址或位置
2010/01/12	許丕簡古厝	縣定古蹟	宅第	金寧鄉后沙 20 號
2007/09/26	烈嶼東林宋代東井	縣定古蹟	水利設施：古井	烈嶼鄉東林段 664 地號
2007/09/26	王世傑古厝與古墓	縣定古蹟	宅第	金沙鎮浦邊 39、40 號（古厝），太武山下北麓金沙鎮大山段 0719-0000、0719-0001、0921-0000 地號
2007/09/26	小西門模範廁	縣定古蹟	公共衛生	金城鎮小西門劃測段 150、147、148、149、168 地號）

2007/09/26	官澳龍鳳宮	縣定古蹟	寺廟	金沙鎮官澳 16 號
2006/06/13	黃宣顯六路大厝	縣定古蹟	其他	金沙鎮後浦頭 3 號
2006/06/13	睿友學校	縣定古蹟	其他	金沙鎮三山村碧山-號
2006/06/13	莒光樓	縣定古蹟	其他	金城鎮西南郊
2006/06/13	邱良功古厝	縣定古蹟	其他	金城鎮浯江街 27 號
2006/06/13	陳詩吟洋樓	縣定古蹟	宅第	金城鎮珠浦東路 44 號
2004/12/16	烏坵燈塔	縣定古蹟	其他	烏坵鄉大坵村
1999/06/16	東溪鄭氏家廟	縣定古蹟	寺廟	金沙鎮大洋村東溪 14 號
1999/06/15	黃汴墓	縣定古蹟	墓葬	金沙鎮英坑石鼓山腳
1999/06/15	黃偉墓	縣定古蹟	墓葬	金沙鎮後浦頭烏鴉落田
1999/06/15	慈德宮	縣定古蹟	寺廟	金沙鎮浦頭 99 號
1999/06/15	觀德橋	縣定古蹟	橋樑	金沙鎮高坑重劃區 636-1 地號
1999/06/15	浦邊周宅	縣定古蹟	宅第	金沙鎮浦邊 95 號
1999/06/15	西山前李氏家廟	縣定古蹟	寺廟	金沙鎮西山前 22 號
1999/06/15	陳顯墓	縣定古蹟	墓葬	金湖鎮漁村段 330、342 地號
1999/06/15	楊華故居	縣定古蹟	宅第	金寧鄉湖浦村湖下 114 號
1999/06/15	文應舉墓	縣定古蹟	墓葬	金城鎮珠山段 766 地號
1999/06/15	將軍第	縣定古蹟	宅第	金城鎮珠浦北路 24 號
1999/06/15	烈嶼吳秀才厝	縣定古蹟	宅第	烈嶼鄉上庫 25 號
1991/11/23	蔡攀龍墓	縣定古蹟	墓葬	金湖鎮太武山武揚道旁
1991/11/23	古龍頭水尾塔	縣定古蹟	其他	金寧鄉古寧國民小學南邊
1991/11/23	清金門鎮總兵署	縣定古蹟	衙署	金城鎮浯江街 53 號

1991/11/23	盧若騰故宅及墓園	縣定古蹟	宅第	金城鎮賢奄村賢厝 9號（盧若騰故宅）
1991/11/23	金門朱子祠	國定古蹟	祠堂	金湖鎮珠埔北路 35號
1991/11/23	虛江嘯臥碣群	國定古蹟	碑碣	金城鎮古城村金門城南磐山南端
1988/11/11	陳禎恩榮坊	縣定古蹟	牌坊	金沙鎮東珩段 707 號
1988/11/11	西山前李宅	縣定古蹟	宅第	金沙鎮三山村西山前 17：18 號
1988/11/11	陳健墓	國定古蹟	墓葬	金沙鎮東珩村外
1988/11/11	海印寺、石門關	縣定古蹟	其他	金湖鎮太武山頂峰（梅園）後方
1988/11/11	瓊林一門三節坊	縣定古蹟	牌坊	金湖鎮瓊林村外
1988/11/11	古龍頭振威第	縣定古蹟	宅第	金寧鄉古寧村北山 21號
1988/11/11	豐蓮山牧馬侯祠	縣定古蹟	寺廟	金城鎮山字第 3121地號
1988/11/11	水頭黃氏酉堂別業	國定古蹟	宅第	金城鎮金水村前水頭 55 號
1985/08/19	陳禎墓	國定古蹟	墓葬	金沙鎮埔山村黃龍山上
1985/08/19	邱良功母節孝坊	國定古蹟	牌坊	金城鎮東門里莒光路 1 段觀音亭邊
1985/08/19	邱良功墓園	縣定古蹟	墓葬	金湖鎮小徑段 785、784 號
1985/08/19	瓊林蔡氏祠堂	國定古蹟	寺廟	金湖鎮瓊林村瓊林街 13 號
1985/08/19	漢影雲根碣	縣定古蹟	碑碣	金城鎮古城村獻臺山上
1985/08/19	魁星樓（奎閣）	縣定古蹟	寺廟	金城鎮南門里塗山頭
1985/08/19	文臺寶塔	國定古蹟	其他	金城鎮古城村金門城南磐山南端
連江縣古蹟計 3 筆				
公告日期	名稱	類別	種類	地址或位置

1988/11/11	大埔石刻	縣定古蹟	碑碣	莒光鄉大坪村大坪段620地號
1988/11/11	東犬燈塔	國定古蹟	燈塔	莒光鄉福正村福正段26地號
1988/11/11	東湧燈塔	縣定古蹟	燈塔	東引鄉樂華村142地號
古蹟計699筆				

資料來源：依行政院文化建設委員會文化資產總管理處籌備處公告資料製作
http://www.hach.gov.tw/hach/frontsite/cultureassets/announceAllQuery
Action.do?method=doFindAll

附錄二　歷史建築統計表

2010.6.12

臺北市歷史建築計 130 筆			
公告日期	名稱	種類	地址或位置
2010/02/02	臺北市福景宮	寺廟	大安區光復南路 698 號
2009/12/09	太平町店屋一	店屋	大同區延平北路 2 段 25 號
2009/12/09	國立教育廣播電台	其他	中正區南海路 41 號
2009/07/21	十字軒糕餅舖	宅第	大同區延平北路 2 段 66、68 號
2009/06/25	竹子湖蓬萊米原種田事務所	其他	北投區竹子湖路 15-1 號
2009/06/11	李臨秋故居	宅第	大同區西寧北路 86 巷 4 號
2009/04/30	保安街 84 號順天外科醫院	宅第	大同區保安街 84 號
2009/03/26	太原五百完人紀念建築群	祠堂	中山區中山北路 4 段 1 巷 1 號
2009/02/27	南京西路 237 號暨迪化街 1 段 2、4、6 號店屋	宅第	大同區南京西路 237 號
2009/02/23	迪化街 1 段 13 號店屋	宅第	大同區迪化街 1 段 13 號
2009/02/05	清代機器局第一號工場遺構	產業設施	大同區塔城街西側與鄭州街交叉口
2009/01/07	迪化街 1 段 186 號店屋	宅第	大同區迪化街 1 段 186 號
2009/01/08	廣和堂藥舖	宅第	大同區迪化街 1 段 207 號
2008/12/31	松山機場第一航廈	其他	松山區敦化北路 340 之 9 號
2008/09/23	延平北路 1 段 149 及 151 號店屋（太和堂藥房）	宅第	大同區延平北路 1 段 151 號
2008/09/17	六館街尾洋式店屋（南京西路 241、243、245、247、249、251 號）	其他	大同區南京西路 247 號
2008/09/17	迪化街 1 段 198 號店屋	宅第	大同區迪化街 1 段 198 號
2008/08/08	安西街周宅	宅第	大同區安西街 1 巷 5 號
2008/06/25	泰興漆行	宅第	大同區迪化街 1 段 227 號暨安西街 70 號

2008/06/23	迪化街 1 段 202 號店屋	宅第	大同區迪化街 1 段 202 號
2008/05/27	舊總督府第二師範學校小使室及便所（國立臺北教育大學舊琴房）	其他	大安區和平東路二段 134 號
2008/04/15	張協成石場	宅第	大同區迪化街一段 282 號
2008/03/25	杭州南路一段 75 號日式宿舍	宅第	中正區杭州南路一段 75 號
2007/12/31	太平町店屋—延平北路 2 段 79 號	宅第	大同區延平北路 2 段 79 號
2007/11/16	涼州街 108 號店屋	宅第	大同區涼州街 108 號
2007/10/17	國父史蹟館	其他	中正區中山北路 1 段 46 號
2007/10/16	金山南路 1 段 30 巷 12 號日式宿舍	宅第	中正區金山南路 1 段 30 巷 12 號
2007/10/12	原樟腦精製工場	產業設施	中正區八德路 1 段 1 號
2007/10/09	臺大農業陳列館	其他	大安區羅斯福路 4 段 1 號
2007/09/28	山仔后前美軍宿舍	宅第	士林區愛富二街 1 號、愛富二街厚生巷 2 號、愛富二街厚生巷 4 號、愛富三街 2 號與 4 號、愛富三街長生巷 1 號與 3 號、2 號與 4 號、5 號與 7 號、6 號與 8 號、9 號與 11 號、13 號與 15 號
2007/09/28	「陽明山美國在臺協會（原美援運用委員會）宿舍」	宅第	士林區中庸一路 2、4 號及中庸二路 1、2、3、4、5、6、7、8、10 及 12 號
2007/09/20	黑美人大酒家	其他	大同區延平北路 2 段 1 號
2007/06/11	迪化街一段 274 號店屋	宅第	大同區迪化街 1 段 274 號
2007/06/06	原周進春茶行（部分）	產業設施	大同區迪化街 1 段 72 巷 25 號及西寧北路 79-1 號
2007/05/30	錦町日式宿舍群	宅第	大安區金華街 84 及 86 號、金華街 90 號、杭州南路 2 段 61 巷 33、35 號、杭州南路 2 段 61 巷 37、39 號、杭州南路 2 段 61 巷 43 號、

			杭州南路 2 段 61 巷 49、51號
2007/05/30	幸町日式宿舍—臨沂街 27 巷 1 號	宅第	中正區臨沂街 27 巷 1 號
2007/05/24	迪化街 1 段 200 號店屋	宅第	大同區迪化街 1 段 200 號
2007/05/02	迪化街 1 段 176 號店屋	宅第	大同區迪化街 1 段 176 號
2007/05/02	迪化街 1 段 278 號店屋	宅第	大同區迪化街 1 段 278 號
2007/04/03	漢口街 2 段 125 號店屋	宅第	萬華區漢口街 2 段 125 號
2007/03/27	國立臺灣大學日式宿舍—新生南路 1 段 97 巷 5 號	宅第	大安區新生南路 1 段 97 巷 5 號
2007/03/27	國立臺灣大學日式宿舍—丁觀海、丁肇中寓所	宅第	大安區泰順街 33 巷 4 號
2007/03/27	國立臺灣大學日式宿舍—和平東路 1 段 183 巷 7 弄 6 號	宅第	大安區和平東路 1 段 183 巷 7 弄 6 號
2007/03/27	國立臺灣大學日式宿舍—潮州街 9 號	宅第	中正區潮州街 9 號
2007/03/27	國立臺灣大學日式宿舍—戴運軌寓所	宅第	中正區潮州街 7 號
2007/03/27	國立臺灣大學日式宿舍—戴炎輝寓所	宅第	中正區南昌路 2 段 1 巷 2 號
2007/03/27	國立臺灣大學日式宿舍—方東美寓所	宅第	中正區牯嶺街 60 巷 4 號
2007/03/27	國立臺灣大學日式宿舍—銅山街 4 號	宅第	中正區銅山街 4 號
2007/03/02	海軍將官官舍	宅第	中正區泰安街 1 巷 2、4 及 6 號
2007/02/27	臺鐵舊宿舍—濟南路3段15號	宅第	大安區濟南路 3 段 15 號
2007/02/27	臺鐵舊宿舍—臨沂街 63 巷 19 號	宅第	中正區臨沂街 63 巷 19 號
2007/02/27	鐵路局機務段員工連棟宿舍—建國北路 1 段 17 巷 1、3 號	宅第	中山區建國北路 1 段 17 巷 1、3 號
2007/02/27	鐵路局機務段員工連棟宿舍	宅第	中山區建國北路 1 段 17 巷

	一建國北路 1 段 17 巷 16、18、20、22 號		16、18、20、22 號
2007/02/27	鐵路局機務段員工連棟宿舍一建國北路 1 段 17 巷 8、10、12、14 號	宅第	中山區建國北路 1 段 17 巷 8、10、12、14 號
2007/02/27	鐵路局機務段員工連棟宿舍一建國北路 1 段 11 巷 43、45、47 號	宅第	中山區建國北路 1 段 11 巷 43、45、47 號
2007/02/27	鐵路局機務段員工連棟宿舍一建國北路 1 段 11 巷 35、37、39、41 號	宅第	中山區建國北路 1 段 11 巷 35、37、39、41 號
2007/02/27	鐵路局機務段員工連棟宿舍一建國北路 1 段 11 巷 31、33 號	宅第	中山區建國北路 1 段 11 巷 31、33 號
2007/02/27	鐵路局機務段員工連棟宿舍一建國北路 1 段 11 巷 25、27、29 號	宅第	中山區建國北路 1 段 11 巷 25、27、29 號
2007/02/27	鐵路局機務段員工連棟宿舍一建國北路 1 段 11 巷 48、50、52、54 號	宅第	中山區建國北路 1 段 11 巷 48、50、52、54 號
2007/02/27	鐵路局機務段員工連棟宿舍一建國北路 1 段 11 巷 40、42、44、46 號	宅第	中山區建國北路 1 段 11 巷 40、42、44、46 號
2007/02/27	鐵路局機務段員工連棟宿舍一建國北路 1 段 11 巷 36、38 號	宅第	中山區建國北路 1 段 11 巷 36、38 號
2007/02/27	鐵路局機務段員工連棟宿舍一建國北路 1 段 11 巷 28、30、32、34 號	宅第	中山區建國北路 1 段 11 巷 28、30、32、34 號
2007/02/27	鐵路局機務段員工連棟宿舍一建國北路 1 段 11 巷 13、15、17、19、21 號	宅第	中山區建國北路 1 段 11 巷 13、15、17、19、21 號
2007/02/27	鐵路局機務段員工連棟宿舍一建國北路 1 段 11 巷 18、	宅第	中山區建國北路 1 段 11 巷 18、20、22、24、26 號

	20、22、24、26 號		
2007/02/27	鐵路局機務段員工連棟宿舍—建國北路 1 段 11 巷 5、7、9、11 號	宅第	中山區建國北路 1 段 11 巷 5、7、9、11 號
2007/02/27	鐵路局機務段員工連棟宿舍—建國北路 1 段 11 巷 10、12、14、16 號	宅第	中山區建國北路 1 段 11 巷 10、12、14、16 號
2007/02/09	國立歷史博物館	其他	中正區南海路 49 號
2007/02/09	獻堂館	其他	中正區南海路 45 號
2007/01/22	鐵路局局長宿舍	宅第	大同區鄭州路 38 巷 7 號
2006/12/20	國立台灣藝術教育館	其他	中正區南海路 47 號
2006/12/20	大龍國小	其他	大同區哈密街 47 號
2006/12/07	錦町日式宿舍—杭州南路 2 段 67 號	宅第	大安區杭州南路 2 段 67 號
2006/12/07	松山療養所所長宿舍	宅第	南港區昆陽街 164 號
2006/12/05	新生北路 3 段 62 巷 27 號	宅第	中山區新生北路 3 段 62 巷 27 號
2006/12/05	新生北路 3 段 62 巷 24 號	宅第	中山區新生北路 3 段 62 巷 24 號
2006/11/23	建國啤酒廠—包裝工場	產業設施	中山區八德路 2 段 85 號
2006/11/23	建國啤酒廠—儲酒室	產業設施	中山區八德路 2 段 85 號
2006/11/23	建國啤酒廠—釀造大樓	產業設施	中山區八德路 2 段 85 號
2006/10/30	下內埔營舍	其他	大安區辛亥路三段位於（復興南路與基隆路間）和平國小用地範圍內
2006/10/30	仁濟療養院	其他	萬華區西園路 2 段 42 號
2006/08/15	衡陽路 54、56、58、60 號店屋	宅第	中正區衡陽路 54 號、56 號、58 號、60 號
2006/07/10	北投梅庭	宅第	北投區中山路 6 號
2006/05/17	章嘉活佛舍利塔塔蹟	墓葬	北投區奇岩路 151 號中和禪寺後方山坡
2006/05/17	迪化街 1 段 156 號店屋	宅第	大同區迪化街一段 156 號
2006/05/17	迪化街 1 段 67 號店屋	宅第	大同區迪化街一段 67 號

2006/05/17	波麗路餐廳（本店）	其他	大同區民生西路 314 號
2006/03/31	總督府山林課宿舍群—金山南路 2 段 203 巷 34 及 36 號	宅第	大安區金山南路 2 段 203 巷 34 及 36 號
2006/03/31	總督府山林課宿舍群—金山南路 2 段 203 巷 28 及 30 號	宅第	大安區金山南路 2 段 203 巷 28 及 30 號
2006/03/31	總督府山林課宿舍群—金山南路 2 段 203 巷 23 號	宅第	大安區金山南路 2 段 203 巷 23 號
2006/03/31	總督府山林課宿舍群—金山南路 2 段 203 巷 19 及 21 號	宅第	大安區金山南路 2 段 203 巷 19 及 21 號
2006/02/21	西本願寺輪番所，遺跡（參道、本堂、御廟所）	其他	萬華區中華路 1 段（長沙街 2 段與貴陽街 2 段間）之廣場用地
2006/02/17	迪化街 1 段 183 號店屋	宅第	大同區迪化街 1 段 183 號
2006/02/17	迪化街 1 段 181 號店屋	宅第	大同區迪化街 1 段 181 號
2006/02/17	迪化街 1 段 178 號店屋	宅第	大同區迪化街 1 段 178 號
2006/02/17	迪化街 1 段 174 號店屋	宅第	大同區迪化街 1 段 174 號
2006/02/17	迪化街 1 段 85 號店屋	宅第	大同區迪化街 1 段 85 號
2006/02/17	迪化街 1 段 79 號店屋	宅第	大同區迪化街 1 段 79 號
2006/01/16	艋舺王宅二進遺構	宅第	萬華區臺北市萬華區西昌街 177 號
2005/10/13	原內湖庄役場	衙署	內湖區內湖路 2 段 342-1 號
2005/10/13	內湖路統制倉	其他	內湖區文德段 1 小段 86 地號
2005/10/04	革命實踐研究院院舍	其他	文山區木柵路 1 段 290 號
2005/07/22	大千百貨	其他	大同區延平北路 2 段 2、3、5、7、9 及 11 號
2005/07/25	迪化街 1 段 155 號	宅第	大同區迪化街 1 段 155 號
2005/03/15	草山行館	宅第	北投區湖底路 89 號
2005/02/04	十四份圳舊水閘門	堤閘	內湖區大湖南端
2005/01/24	士林神農宮（芝蘭廟）	寺廟	士林區舊佳里前街 74 號
2004/12/30	延平南路 45 號	宅第	中正區延平南路 45 號
2004/12/22	汀州路台鐵舊宿舍	宅第	中正區羅斯福路 3 段 316 巷 9 弄 1.3.5.7 號

2004/10/01	濟南路 2 段 27 號日式宿舍	宅第	中正區濟南路 2 段 27 號
2004/10/01	濟南路 2 段 25 號日式宿舍	宅第	中正區濟南路 2 段 25 號
2004/10/01	齊東街 53 巷 13 號日式宿舍	宅第	中正區齊東街 53 巷 13 號
2004/10/01	齊東街 53 巷 10 號日式宿舍	宅第	中正區齊東街 53 巷 10 號
2004/10/01	齊東街 53 巷 9 號日式宿舍	宅第	中正區齊東街 53 巷 9 號
2004/10/01	齊東街 53 巷 8 號日式宿舍	宅第	中正區齊東街 53 巷 8 號
2004/10/01	齊東街 53 巷 6 號日式宿舍	宅第	中正區齊東街 53 巷 6 號
2004/10/01	齊東街 53 巷 4 號日式宿舍	宅第	中正區齊東街 53 巷 4 號
2004/10/01	齊東街 53 巷 2 號日式宿舍	宅第	中正區齊東街 53 巷 2 號
2004/07/19	劍潭寺	其他	中山區北安路 805 巷 6 號
2004/07/19	農禪寺	寺廟	北投區八仙里大業路 65 巷 89 號
2004/07/19	南港煙囪	產業設施	南港區南港路 2 段 51 號
2004/07/15	五分吊橋	橋樑	內湖區安康路 402 號旁涵洞對面
2004/05/14	寶藏巖歷史聚落	其他	中正區汀州路 3 段 230 巷 14 弄 2 號至 230 巷 73 號
2004/01/05	松山菸廠─育嬰室	產業設施	信義區光復南路 133 號
2004/01/05	松山菸廠─檢查室	產業設施	信義區光復南路 133 號
2004/01/05	松山菸廠─機器修理廠	產業設施	信義區光復南路 133 號
2003/12/24	公賣局球場	其他	中正區南昌路 1 段 10 之 1 號
2003/12/24	梁實秋故居	宅第	大安區雲和街 11 號
2003/12/23	四四南村	其他	松山區松勤路與莊敬路交會區域內
2003/11/12	章太炎故居	其他	萬華區廣州街 123 號
2003/05/05	第一外科診所	其他	中正區開封街 1 段 32 號
基隆市歷史建築計 20 筆			
公告日期	名稱	種類	地址或位置
2007/01/29	七堵火車（前）站	車站	七堵區正光里崇禮街 1 號
2006/07/20	仙洞隧道	產業設施	仁愛區中山二路與中華路、健民街口
2006/07/20	靈泉三塔	墓葬	仁愛區六合路 2 號

2004/10/12	基隆站南北號誌樓轉轍站	其他	仁愛區港西街 5 號
2004/10/12	白米甕砲臺附屬遺跡	其他	中山區光華路 37 巷 122 號之 1，138 號之 2，位於監守衛舍錢方道路斜前方
2004/10/12	武昌街日式宿舍群	其他	中正區武昌街 104 巷 14 號、16 號、18 號、20 號
2004/03/01	許梓桑古厝	其他	仁愛區愛四路 2 巷 15 號
2004/03/01	靈泉禪寺開山堂	宅第	信義區六合路 2 號
2004/03/01	頂石閣砲台	其他	中正區正濱國中校門口旁階梯下行處
2004/03/01	基隆要塞司令部	關塞	中正區祥豐街 46 號
2004/03/01	和平島蕃字洞	其他	中正區和平島北面山腰臨海處
2004/03/01	北部火力發電廠	其他	中正區北寧路 367 號內
2003/01/20	海港大樓	其他	仁愛區港西街 6 號
2003/01/20	北白川宮紀念碑	碑碣	中正區中正路與義二路交叉口南側
2003/01/20	民族英雄紀念碑	碑碣	中正區中正路海門天險對面
2003/01/20	基隆要塞司令官邸	宅第	中正區中正路 230 號
2003/01/20	漁會正濱大樓	其他	中正區中正路 391 號
2003/01/20	基隆市政府大樓	衙署	中正區義一路 1 號
2003/01/20	陽明海運大樓	其他	仁愛區港西街 4 號
2003/01/20	建港紀念碑	碑碣	中山區中山三路沿港西 15、16 碼頭間山路上行於高遠新村旁

臺北縣歷史建築計 19 筆			
公告日期	名稱	種類	地址或位置
2009/08/20	汐止白雲派出所	衙署	汐止市汐碇路 436 巷 36 號一帶
2007/12/28	淡水日本警官宿舍	宅第	淡水鎮中正路 12 巷 5 號
2007/12/12	新店二十張景美軍事看守所	衙署	新店市復興路 131 號
2007/11/07	新店臺北菸廠	產業設施	新店市安康路 2 段 235 號

2007/11/01	安坑國小宿舍	宅第	新店市安忠路 36 號
2007/06/27	八里國民小學紅磚教室	教室	八里鄉中山路 2 段 338 號
2006/08/28	空軍三重一村	其他	三重市正義南路 86 巷
2006/08/22	龜山發電廠	產業設施	新店市直潭段廣興小段 1-33、1-106 地號
2006/08/22	新店市屈尺道碣	碑碣	新店市直潭段灣潭小段 8-25 地號
2006/07/17	鶯歌成發居	宅第	鶯歌鎮將拆遷重組至鶯歌 三鶯新生地
2005/08/23	八里大眾廟	寺廟	八里鄉龍米路 2 段 200 巷 5 號
2005/04/01	樹林聖蹟亭	其他	樹林市備內段 223 地號
2004/11/07	瑞芳瑞三礦業	其他	瑞芳鎮柴寮路 36 之 2 號
2004/08/31	瑞芳翁山英故居	其他	瑞芳鎮基山街 142 號
2004/03/17	蘆洲八角樓	其他	蘆洲市中山二路 195 巷 12 號
2003/09/01	明志書院	書院	泰山鄉明志路 2 段 276 號
2003/08/28	臺陽公司瑞芳辦事處歷史建築群	其他	瑞芳鎮招魂碑（瑞芳鎮第 19 號公墓內）、八番坑（瑞芳鎮豎崎路 54 號）、頌德碑（瑞芳鎮輕便路頌德公園內）、瑞芳辦事處（瑞芳鎮豎崎路 54 號）、修路碑（瑞芳鎮豎崎路 54 號）
2003/05/01	五堵鐵路隧道	其他	汐止市保長坑段保長坑小段 132-1 地號、基隆市七堵區台五線段 1001-1 地號
2003/03/17	公司田溪程氏古厝	其他	淡水鎮淡海新市鎮內新民街 1 段 138 巷 7 號
宜蘭縣歷史建築計 66 筆			
公告日期	名稱	種類	地址或位置
2007/10/09	宜蘭大學民權日式眷舍（舊農校教職員宿舍）	宅第	宜蘭市中華路 200 號及中華路 192 巷 5 號
2006/09/21	蘭陽溪舊鐵路橋	橋樑	宜蘭市與五結鄉交界，跨越

			蘭陽溪
2005/10/24	湯圍溫泉溝	其他	礁溪鄉福崇寺前段出水口至中山路口為止
2005/10/24	台鐵宜蘭工務段辦公室	其他	宜蘭市宜興路一段 236 號
2005/10/24	宜蘭市建業里舊軍事掩體（1）	其他	宜蘭市建業路 22-92 號北側
2005/10/24	台鐵頭城車站員工宿舍	其他	頭城鎮站舍巷 5、7、9 號
2005/10/24	台鐵頭城車站舊站長宿舍	其他	頭城鎮站舍巷 1 號
2005/06/27	舊日軍通信中心	其他	宜蘭市中山公園內
2005/06/27	羅東林區管理處礁溪工作站宿舍區	其他	礁溪鄉忠孝路 129 巷 1.2.3.4.6.8.10.12.號（共 8 戶）
2005/06/27	羅東鎮中山路北側公有宿舍區	其他	羅東鎮中山西路 4 段公有宿舍區
2005/06/27	蘇澳鎮金字山清兵古墓群	其他	蘇澳鎮金字山日月宮忠靈塔附近及前方相思林內
2005/06/27	台灣省政府糧食局宜蘭市神農路宿舍	其他	宜蘭市神農路 2 段 96 號及 90 巷 1 號.1 號 2 樓.3 號.3 號 2 樓.5 號.5 號 2 樓.7 號.7 號 2 樓.9 號.9 號 2 樓.11 號.11 號 2 樓
2005/06/01	宜蘭市台鐵宿舍（1）	其他	宜蘭市宜興路一段 178 號
2005/05/14	台鐵宜蘭車站舊警察派出所	其他	宜蘭市光復路 3 號
2004/10/07	舊宜蘭農林學校娛樂室	其他	宜蘭市神農路一段 1 號
2004/10/07	開蘭吳宅公廳	其他	礁溪鄉吳沙村北門巷 44 號旁巷子轉入
2004/10/07	舊三星警察分室總機及油印間	其他	三星鄉三星路五段六號
2004/05/14	台鐵宜蘭運務段防空洞	其他	宜蘭市宜蘭火車站宜蘭運務段舊辦公室後
2004/05/14	台鐵宜蘭運務段舊辦公室	其他	宜蘭市宜興路 200 號台鐵工務段旁
2004/05/14	羅東林區管理處舊勞工俱樂部	其他	羅東鎮中正北路 118 號

2004/05/14	羅東林區管理處貯木池區	其他	羅東鎮中正北路 118 號
2004/05/14	羅東林區管理處碉堡（1）	其他	羅東鎮中正北路 120 巷 19 號
2004/05/14	羅東林區管理處碉堡（2）	其他	羅東鎮中正北路 88 號
2004/05/14	羅東林區管理處舊檢車庫	其他	羅東鎮中正北路 118 號
2004/05/14	羅東林區管理處舊辦公室	其他	羅東鎮中正北路 118 號
2004/05/14	太平山林鐵舊天送埤站	其他	三星鄉三星天福村（天送埤市街北側）
2004/03/12	台鐵宜蘭車站舊倉庫群	其他	宜蘭市宜蘭火車站北側倉庫群
2004/03/12	台鐵宜蘭工務段舊檔案室	其他	宜蘭市宜興路 236 號
2004/03/12	台鐵宜蘭工務段舊木工房	其他	宜蘭市宜興路 236 號
2004/03/12	台鐵宜蘭工務段舊鐵匠房	其他	宜蘭市宜興路 236 號
2004/03/12	忠靈塔	其他	宜蘭市中山公園內
2003/10/29	冬山鄉順安國小舊禮堂	其他	冬山鄉永興路 2 段 17 號
2003/10/29	羅東鎮國華國中九年國教校舍	其他	羅東鎮國華路 101 號
2003/10/29	羅東鎮東光國中舊校門	其他	羅東鎮興東南路 201 號
2003/10/29	羅東鎮成功國小校長宿舍	其他	羅東鎮文化街 53、55 號
2003/10/29	羅東鎮成功國小舊禮堂	其他	羅東鎮文化街 45 號
2003/10/29	蘇澳鎮舊垃圾焚化場	其他	蘇澳鎮中山路 211 巷 95 號
2003/06/20	宜蘭火車站加水塔	其他	宜蘭市林森路（宜蘭火車站旁）
2003/06/20	舊蘇澳區漁會大樓	其他	蘇澳鎮漁港路 36 號
2002/12/24	礁溪鄉公所舊辦公廳	其他	礁溪鄉六結村中山路 2 段 3 號
2002/12/24	台灣銀行礁溪訓練中心	其他	礁溪鄉中山路 2 段 140 號
2002/12/24	舊宜蘭縣議會	其他	宜蘭市渭水路 96 號
2002/09/20	台灣銀行宜蘭分行	其他	宜蘭市中山路 1 號
2002/09/20	頭城鎮頭城國小校長宿舍	其他	頭城鎮開南舊路 4 號
2002/06/21	宜蘭測候所宜蘭飛行場出張所	其他	宜蘭市建軍路 25 號
2002/06/21	思源里飛機掩體（1）	其他	宜蘭市思源里永金二橋旁

公告日期	名稱	種類	地址或位置
2002/06/21	思源里飛機掩體（2）	其他	宜蘭市思源里金六結軍區南面竹林內
2002/06/21	進士里天主教救主會	其他	宜蘭市進士路 39 號
2002/06/21	進士里飛機掩體（1）	其他	宜蘭市進士路 24 號旁
2002/06/21	進士里飛機掩體（2）	其他	宜蘭市進士路 20 號旁
2002/06/21	南機場八角塔台	其他	宜蘭市南橋里南機場北處
2002/06/21	舊蘭陽大橋	其他	宜蘭市和平路南端
2002/06/21	二結王公廟	其他	五結鄉舊街路 98 號
2002/06/21	四結基督長老教會	其他	五結鄉中正路 2 段 72 號
2002/05/21	冬瓜山橋	其他	冬山鄉義成路 1 段與冬山路交接處
2001/06/29	舊糧食局宜蘭辦公廳	其他	宜蘭市光復路 13 號
2001/06/29	舊宜蘭監獄門廳	其他	宜蘭市神農路二段 117 號
2001/06/29	副總統陳公手植紀念圍	其他	宜蘭市舊城南路南側自治不基旁
2001/06/29	南門外防空壕	其他	宜蘭市舊城南路南側自治不基旁
2001/06/29	宜蘭縣設縣紀念碑	其他	宜蘭市舊城南路南側
2001/06/29	南門外石砌牆	其他	宜蘭市舊城南路南側
2001/06/29	舊農校校長宿舍	其他	宜蘭市舊城南路縣府 2 巷
2001/06/29	舊主秘公館	其他	宜蘭市舊城南路縣府 1 巷 8 號
2001/06/29	宜蘭設治紀念館	其他	宜蘭市舊城南路力行三巷 3 號
2001/06/29	大三鬮林宅	其他	員山鄉尚德村三鬮路 61 號
2001/06/29	慈林紀念館	其他	五結鄉中正東路中 4 巷 1 號
2001/05/18	西鄉廳憲德政碑	其他	宜蘭市堤中山橋東側堤防上
桃園縣歷史建築計 53 筆			
公告日期	名稱	種類	地址或位置
2010/03/10	楊梅「江夏堂」	祠堂	楊梅鎮永寧里小楊梅 4 鄰 28 號
2009/10/27	溪口吊橋遺構	橋樑	復興鄉澤仁村

2009/08/19	大溪鎮中山路 19 號	宅第	大溪鎮中山路 19 號
2009/08/19	大溪鎮中山路 54 號	宅第	大溪鎮中山路 54 號
2009/08/19	大溪鎮中山路 48、48-1 號	宅第	大溪鎮中山路 48、48-1 號
2009/03/30	大溪太武新村	其他	大溪鎮太武新村
2009/03/27	八德林奇珍古墓	墓葬	八德市建興街 92 巷
2009/03/27	八德呂達川祠堂	祠堂	八德市福興里 1 鄰面前厝 15 號
2008/12/04	大溪鎮中央路 148 號	宅第	大溪鎮中央路 148 號
2008/05/16	黃繼炯公墓園	墓葬	桃園市龜山鄉文明路
2008/02/01	龍潭武德殿	宅第	龍潭鄉中正路 198 號
2007/12/24	大溪國小日式宿舍	宅第	大溪鎮中正路 68 號
2007/09/29	八德市中正堂	宅第	八德市大華段 91、94-2450-1 號
2007/09/29	八德市喻竹居	宅第	八德市霄裡里霄裡路468-1 號
2007/04/24	桃園市大樹林橋	橋樑	桃園市長安街 30 巷口
2006/11/13	角板山勵風閣	其他	復興鄉澤仁村中山路 1 號
2006/10/26	龜山鄉憲光二村	其他	龜山鄉明德路憲光二村
2005/06/13	八德三元宮	其他	八德市中山路 1 號
2005/02/23	角板山賓館	其他	復興鄉中正路 129、131、133 號
2004/10/13	新屋鄉農會倉庫	其他	新屋鄉新屋村中華路 242 號、新屋村福德街 13-4 號
2004/08/30	基國派教堂	教堂	復興鄉基國派段 413 號
2004/08/30	新竹林區管理處大溪工作站復興分站招待所	其他	復興鄉澤仁村忠孝路 14 號
2004/08/30	佐久間總督追懷紀念碑台基	碑碣	復興鄉角板山公園內
2004/08/30	溪口吊橋	其他	復興鄉澤仁村
2004/04/29	中壢市新街國小日式宿舍	其他	中壢市延平路 176 號
2004/03/03	前龜山陸光三村活動中心	其他	龜山鄉光峰路千禧新城國宅第二期旁
2004/03/03	中壢市馬祖新村	其他	中壢市龍岡馬祖新村
2004/01/13	大溪鎮和平金記同興	宅第	大溪鎮和平路 61 號

2004/01/13	大溪鎮石板古道	其他	大溪鎮普濟路 41 巷
2004/01/13	大溪武德殿	其他	大溪鎮普濟路 33 號
2004/01/13	大溪公會堂	其他	大溪鎮興和里普濟路 21-3 號（大溪公會堂及蔣公行館）、37 號（中正公園）
2004/01/13	大溪鎮中央路翠鳳	其他	大溪鎮中央路 90 號
2004/01/13	大溪鎮中央路廖宅	其他	大溪鎮中央路 88 號
2004/01/13	大溪鎮中央路赤龍	其他	大溪鎮中央路 86 號
2004/01/13	大溪鎮中央路隆泰	其他	大溪鎮中央路 84-1 號
2004/01/13	大溪鎮和平路金源	其他	大溪鎮和平路 79 號
2004/01/13	大溪鎮和平路錦發	其他	大溪鎮和平路 77 號
2004/01/13	大溪鎮和平路李記興源	其他	大溪鎮和平路 55 號
2004/01/13	月眉通路	其他	大溪鎮和平路 38 號旁巷道
2004/01/13	大溪鎮和平路茂發	其他	大溪鎮和平路 28 號
2004/01/13	大溪鎮和平路廣大	其他	大溪鎮和平路 26 號
2004/01/13	大溪鎮和平路永發	其他	大溪鎮和平路 24 號
2004/01/13	大溪鎮和平路協興	其他	大溪鎮和平路 23 號
2004/01/13	大溪鎮和平路 Kenko「堅固」	其他	大溪鎮和平路 20 號
2004/01/13	大溪鎮和平路玉寶堂	其他	大溪鎮和平路 15-1 號
2004/01/13	大溪陵寢	其他	大溪鎮福安里 12 鄰猴洞坑 19-1 號
2004/01/13	慈湖陵寢	其他	大溪鎮福安里 4 鄰埤尾 3 號
2004/01/13	大溪鎮林宅梅鶴山莊	其他	大溪鎮福安里 6 鄰 1 號
2004/01/05	中壢市聖蹟亭	其他	中壢市延平路新街國小旁
2003/10/15	龍潭鄉三坑村翁宅	宅第	龍潭鄉三坑村 14 鄰 80 號
2003/10/15	龍潭鄉三和村江夏科文祖堂	宅第	龍潭鄉 5 鄰泥橋子 11 號
2003/10/15	龍潭鄉烏樹林村翁宅祖堂六桂傳香	宅第	龍潭鄉烏樹林村 12 鄰 24 號
2003/10/15	大平橋	橋樑	龍潭鄉大平村 14 鄰打鐵坑溪
新竹市歷史建築計 5 筆			
公告日期	名稱	種類	地址或位置
2010/03/16	新竹市孔廟	寺廟	新竹市公園路 289 號

2010/03/16	日本海軍第六燃料廠新竹支廠	產業設施	新竹市建美路 24 巷 6 號週邊
2004/03/03	內天后宮	寺廟	新竹市西門街 184 號
2004/03/03	竹蓮寺	寺廟	新竹市竹蓮街 102 號
2004/03/03	香山天后宮	寺廟	新竹市中華路五段 420 巷 191 號

新竹縣歷史建築計 11 筆			
公告日期	名稱	種類	地址或位置
2010/02/06	蕭如松故居建築群	宅第	竹東鎮榮樂街 68 巷 1 號-26 號
2009/06/10	峨眉富興製茶工廠含魯國世第、曾正章宅	產業設施	峨眉鄉富興村 8 號
2007/01/15	湖口裝甲新村（乙村）	城郭	湖口鄉北湖小段 815、816
2006/08/08	老湖口天主堂	教堂	湖口鄉湖口老街 108 號
2006/08/08	關西台灣紅茶公司	產業設施	關西鎮中山路 73 號
2006/08/08	植松材木竹東出張所	產業設施	竹東鎮東林路 131 號
2006/08/08	內灣派出所	衙署	橫山鄉內灣村 4 鄰 141 號
2006/08/08	北埔鄧南光故居	宅第	北埔鄉公園街 15 號
2006/08/08	北埔忠恕堂	宅第	北埔鄉南興村 7 鄰公園街 20 號
2004/02/19	竹東頭重並禁、示禁二碑	碑碣	竹東鎮竹中路 104 巷 14 號（竹中國小內）
2001/07/11	大湖口公學校	碑碣	新豐鄉中崙段 413、414 地號

苗栗縣歷史建築計 20 筆			
公告日期	名稱	種類	地址或位置
2010/04/30	通霄鐵道糧倉	產業設施	通霄鎮通西里中山路 109 號
2010/03/03	尋常小學校禮堂	學校	竹南鎮中正路 92 號大門口
2009/05/19	苗栗市謝家祠陳留堂	宅第	苗栗市清華里田心 26 號
2009/05/19	南埔國小日式宿舍	宅第	南庄鄉南富村 134 號
2009/05/19	南庄永昌宮廟坪前古井	歷史遺跡	南庄鄉東村永昌宮廟坪前
2008/03/21	談文火車站	車站	造橋鄉談文村仁愛路 29 號

2007/09/19	卓蘭詹氏繼述堂	祠堂	卓蘭鎮新榮里 16 號
2007/06/14	林務局南庄鄉東村宿舍群	建築物類	南庄鄉東村 75 號
2007/05/16	黃春城校長故居	宅第	造橋鄉平興村 9 鄰 9 號
2007/01/30	林務局南庄鄉大同路宿舍	建築物	南庄鄉大同路 4 號
2007/01/23	建中國小日式宿舍	宅第	三義鄉廣盛村廣盛 83 號
2005/06/24	崎頂一、二號隧道	其他	竹南鎮崎頂里
2005/06/10	大山火車站	車站	後龍鎮大山里明山路 180 號
2005/06/07	新埔火車站	車站	通霄鎮新埔里
2004/08/09	銅鑼重光診所	其他	銅鑼鄉銅鑼村武聖路 10 號
2003/12/05	苑裡鎮山腳國小日治後期宿舍群	其他	苑裡鎮舊社里 47 號
2003/10/23	南庄郵便局	其他	南庄鄉文化路 5 號
2002/12/25	竹南蛇窯	其他	竹南鎮公館里 7 鄰大埔頂 7 號
2002/11/26	通霄神社	祠堂	通霄鎮通東里虎頭山公園內
2002/09/17	三義建中國小奉安殿	其他	三義鄉廣盛村 80 號

臺中縣歷史建築計 19 筆

公告日期	名稱	種類	地址或位置
2009/03/27	清水國姓黃宅	宅第	清水鎮三美路 57 號
2008/10/01	清水公學校日式宿舍群	宿舍	清水鎮鎮南街 59 號
2007/08/09	白冷圳矮山支線過水吊橋	橋樑	新社鄉清西村湖興 17 號下方約 200 公尺
2007/04/25	殉職山岡先生之碑	碑碣	新社鄉中和街 4 段 240 巷 2 號下方平台
2006/09/27	舊大安溪橋	橋樑	大甲鎮北端橋台坐落北堤東路與中山路二段，南端橋台坐落中山路一段與防汛道路交接處
2004/04/13	林振芳古墓	其他	神岡鄉大富路與大豐路交岔口
2004/04/13	縱貫鐵路（海線）清水車站	其他	清水鎮中正街 5 號

2004/04/13	清水街震災紀念碑	碑碣	清水鎮大街路 130 號對面
2004/02/06	（原）烏日庄役場	其他	烏日鄉
2004/02/06	豐原萬選居	其他	豐原市豐年路 149 巷 10 弄 16 號
2004/02/06	舊山線鐵道―大甲溪鐵橋	橋樑	豐原市
2004/02/06	豐榮水利紀念碑	其他	豐原市萬順二街盡頭
2004/02/06	（原）葫蘆墩圳入水口	其他	豐原市萬順二街盡頭
2002/04/16	頂街派出所	其他	豐原市中正路 5 號
2002/04/16	石岡鄉農會碾米穀倉	產業設施	石岡鄉萬安村石岡街 67 號
2002/04/16	金門橋	其他	東勢鎮東關路和興巷 31 號旁
2002/04/16	月恆門	其他	東勢鎮東關路和興巷 32 號旁
2002/04/16	白冷圳入水口	其他	和平鄉天輪村東關路 2 段三民巷
2002/04/16	白冷圳―抽藤坑倒虹吸管	其他	新社鄉中和村中 95 線道旁

臺中市歷史建築計 49 筆

公告日期	名稱	種類	地址或位置
2010/02/10	臺中市鐵路沿線崇倫碉堡	軍事設施	南區建國南路 198 號對面鐵道邊號
2009/09/30	臺灣省糧食局中市西屯一號穀倉	產業設施	西屯區西屯路二段 307 號
2009/09/30	臺灣省糧食局稻種倉庫	產業設施	西屯區西屯路二段 307 號
2009/08/06	張家祖廟左護龍旁建築	祠堂	西屯區協仁段 529-2 號
2009/08/06	日治時期警察宿舍	衙署	西區樂群街 48 號
2009/03/10	金源吉林宅門廳	宅第	北屯區仁美里豐樂路 51 號
2009/03/10	輔之居	宅第	南屯區豐樂里昌明巷 15 號
2009/03/10	水源地上水塔	產業設施	北區雙十路二段 2 之 1 號
2009/03/10	水源地第二集水井	產業設施	北區雙十路二段 2 之 1 號
2009/03/10	臺中教師會館	會館建築	南區台中路 287 號
2008/02/18	西大墩窯陶瓷堆	產業設施	西屯區中科路 1 號
2007/07/13	帝國製糖台中營業所	產業設施	東區泉源里樂業路旁，台中糖廠原址廠區內現存日治時期建物。

2007/07/13	一德洋樓	宅第	北屯區舊街二巷62號及69號兩戶及其附屬建築
2007/07/13	林之助畫室	宅第	西區柳川西路2段158號、162號
2006/11/17	台中州廳附屬建築群	衙署	西區民生路、三民路1段等
2006/11/17	大屯郡役所	衙署	西區民生路38巷1號、1之1號、1之2號、36號、37號、38號等
2006/11/17	台灣省城大北門	城郭	北區台中公園內
2006/04/24	二次大戰5號碉堡	其他	西屯區大肚山都會公園北側出口前主要道路旁
2006/04/24	二次大戰13號碉堡	其他	南屯區大肚山可愛動物園區旁人行道上
2006/04/24	二次大戰機場碉堡	其他	西屯區水湳機場貿易九村入口旁
2006/04/24	戰後1號碉堡	其他	西屯區大肚山都會公園北側軍事營區內
2006/04/24	戰後2號碉堡	其他	西屯區大肚山都會公園內東側體健區內
2006/04/24	戰後3號碉堡	其他	西屯區大肚山都會公園內北側停車場旁
2006/04/24	戰後4號碉堡	其他	西屯區大肚山都會公園入口前主要道路東側
2006/04/24	戰後6號碉堡	其他	西屯區大肚山都會公園入口前主要道路西側
2006/04/24	戰後A01碉堡	其他	南屯區大肚山望高寮地區
2006/04/24	戰後A02碉堡	其他	南屯區大肚山望高寮地區
2006/04/24	戰後A03碉堡	其他	南屯區大肚山望高寮地區
2006/04/24	戰後A04碉堡	其他	南屯區大肚山望高寮地區
2006/02/20	放送電台擴音台（放送頭）	其他	中區自由路2段53號
2005/03/16	合作金庫銀行台中分行（原名：台中州立圖書館）	其他	中區自由路2段2號
2005/03/16	農委會農糧署中區分署台中辦事處	其他	北區太平路147號

2004/02/20	台中市大同國小前棟大樓（明治小學校）	其他	西區自由路 1 段 138 號
2004/02/20	台中師範學院前棟大樓（台中師範學校）	其他	西區民生路 140 號
2004/02/20	台中市警察局第一分局（台中警察署廳舍）	其他	西區三民路 1 段 178 號
2004/02/20	原刑務所演武場（刑務所演武場）	其他	西區林森路 33 號
2004/02/20	台中市後火車站（中南驛）	其他	中區台中站中區建國路 172 號
2004/02/20	中山綠橋（新盛橋）	其他	中區中山路與綠川上
2004/02/20	台中高農前棟大樓（第二中學校）	其他	東區台中路 283 號
2004/02/20	台中一中校史室（第一中學校講堂）	其他	北區育才街 2 號
2004/02/20	砲台山（大墩）	其他	北區台中公園內
2002/07/01	柳原教會	其他	中區興中街 119 號
2002/07/01	公賣局第五酒廠（台中酒廠舊廠）	其他	南區復興路 3 段 362 號
2002/07/01	孫立人將軍故居	宅第	西區向上路一段 18 號
2002/07/01	台中市役所	其他	西區民權路 97 號
2002/07/01	文英館	其他	北區雙十路 1 段 10 之 5 號
2002/07/01	台中市市長公館（宮原氏別墅）	其他	北區雙十路 1 段 125 號
2002/07/01	台中放送局	其他	北區電台街 1 號
2002/07/01	貓霧栜井（番子井）	其他	南屯區永春南路 188 巷 79 號內
彰化縣歷史建築計 55 筆			
公告日期	名稱	種類	地址或位置
2009/06/15	二水鼻仔頭鄭氏古厝	宅第	二水鄉英義路 2 號
2009/06/15	鹿港施進益古厝	宅第	鹿港鎮大有街 12 號
2009/06/15	北斗郡路口厝派出所	衙署	埤頭鄉溪林路 337-1 及 337-4 號

2008/05/13	鹿港蔡氏宗祠	祠堂	鹿港鎮中山路 256 號
2008/05/13	和美街長宿舍	宿舍	和美鎮彰美路 5 段 385 號
2008/04/21	永靖魏成美公堂	祠堂	永靖鄉中山路 1 段 972 巷 25 號
2008/04/21	北斗郡守官舍	宿舍	北斗鎮地政二巷 18 號
2008/04/11	北斗中正堂	其他	北斗鎮文苑路 1 段 136 號
2008/04/11	北斗普度公壇	寺廟	北斗鎮五權里光復路 54 號
2008/04/11	北斗大眾爺廟	寺廟	北斗鎮西德里西德街 7 號
2008/04/11	北斗紅磚市場	產業設施	北斗鎮新市街
2008/04/11	二林公學校職員宿舍群	其他	二林鎮東和里斗苑路 5 段 22 號
2008/04/11	大城咸安宮	寺廟	大城鄉大城村中平路 56 號
2007/05/15	鹿港敬義園紀念碑	碑碣	鹿港鎮洛津里鹿港公園內
2007/05/15	員林曹家開台祖塋	墓葬	員林鎮大峯巷與中州技術學院間，原第一公墓
2007/05/15	社頭張厝土地公廟(永安宮)	寺廟	社頭鄉張厝村內
2007/05/15	田中書山祠	祠堂	田中鎮東閔路 3 段 446 巷 17 號
2006/09/26	原彰化第二幼稚園	其他	彰化市孔門路 30 號（彰化孔子廟旁）
2006/09/26	彰化梨春園曲館	其他	彰化市華山路 138 巷 51 號
2006/09/26	員林游氏宗祠	祠堂	員林鎮員大路 2 段 59 巷 129 弄 31 號
2006/09/26	永靖邱氏宗祠	祠堂	永靖鄉中山路 2 段 230 號
2006/09/26	八堡圳取水口	其他	二水鄉鼻子頭段小段 25-1、24-44 地號
2006/08/01	八卦山紅毛井	其他	彰化市中山路二段 542 之 11 號（彰化市中山堂後側）
2006/08/01	鹿港友鹿軒	其他	鹿港鎮瑤林街 18 號
2006/08/01	鹿港意和行	其他	鹿港鎮瑤林街 17 號
2006/08/01	鹿港玉珍齋	其他	鹿港鎮民族路 168 號
2006/08/01	員林神社遺跡	其他	員林鎮百果山風景區內，近員林鎮源水路與湖水巷

2005/01/27	原海埔厝警察官吏派出所	衙署	鹿港鎮鹿草路 2 段 909 號
2005/01/27	埔東派出所舊廳舍	其他	埔鹽鄉中正路 48 號
2005/01/27	原台中州農會田中倉庫	其他	田中鎮中南路 3 段 405 號
2005/01/27	田尾公學校宿舍	其他	田尾鄉光復路 3 段 45 號
2005/01/27	西螺大橋（北段）	其他	溪州鄉水尾村
2004/10/20	彰化女中紅樓	其他	彰化市光復路 26 號
2004/10/20	原福興外埔機場防空砲台	其他	福興鄉番婆村新生段 172 地號、外埔村復興路 28 號 旁。
2004/10/20	社頭月眉池劉氏古厝	其他	社頭鄉山腳路 3 段 632 號
2004/10/20	二林武德殿	其他	二林鎮斗苑路 5 段 110 號
2003/06/10	八卦山銀橋	橋樑	彰化市八卦山風景區
2003/06/10	福興鄉農會碾米廠暨穀倉	其他	福興鄉復興路 27 號
2003/06/10	員林鐵路穀倉	其他	員林鎮靜修路 50 號
2003/06/10	二林公學校禮堂	其他	二林鎮斗苑路 5 段 22 號
2002/11/20	彰化市公會堂	其他	彰化市中山路 2 段 542 號
2002/11/20	彰化八卦山大佛	其他	彰化市溫泉路 31 號
2002/11/20	彰化不老泉	其他	彰化市公園 2 段 1 號
2002/11/20	社頭同仁社	其他	社頭鄉社站路 6 號
2002/11/20	鹿港街長宿舍	其他	鹿港鎮民權路 160 巷 2 號
2002/04/10	花壇中庄李宅正身	宅第	花壇鄉內厝街 131 巷 16 號
2002/04/10	員林江九合濟陽堂	祠堂	員林鎮三條街 194 巷 13 號
2002/04/10	永靖公學校宿舍	其他	永靖鄉永坡路 25 巷 2、4 號
2002/04/10	埔心羅厝天主堂原教堂（文物館）	教堂	埔心鄉羅厝村羅永路 109 號
2002/04/10	溪湖公學校校門及禮堂	其他	溪湖鎮二溪路 1 段 35 號
2002/04/10	溪湖庄役場	其他	溪湖鎮員鹿路 3 段 245 號
2001/12/13	彰化市中山國小北棟教室	其他	彰化市中山路 2 段 678 號
2001/12/13	鹿港十宜樓	其他	鹿港鎮中山路 149 號
2001/12/13	鹿港元昌行	其他	鹿港鎮中山路 4 鄰 188 號
2001/12/13	社頭斗山祠	祠堂	社頭鄉埤斗村清興路 19 號
南投縣歷史建築計 27 筆			

公告日期	名稱	種類	地址或位置
2009/07/10	添興窯及其附屬設施	產業設施	集集鎮田寮里楓林巷 10 號
2009/04/23	新庄國小日治宿舍	宿舍	草屯鎮新庄三路 32 號
2009/04/23	南投稅務出張所	官署	南投市中山街 260 號
2009/04/23	國姓鄉南港村一林屋伙房	宅第	國姓鄉南港路 40-1 號
2009/04/23	朝陽宮	寺廟	草屯鎮史舘路 223 號
2006/06/23	甘泉井及石頭公	其他	竹山鎮山崇里第二鄰頂溝巷 38-39 號對面
2005/12/21	行政院農業委員會茶業改良場魚池分場	其他	魚池鄉中山路 270 巷 13 號
2005/10/21	振昌興業股份有限公司建築群	其他	水里鄉車埕村民權巷 8-1 號、36 號、34 號
2005/10/21	台中菸葉場竹山輔導站	其他	竹山鎮祖師街 32 號
2005/10/21	社寮農會穀倉	其他	竹山鎮集山路 1 段 1762 巷 2 號
2004/12/21	南投市中山公園「聚芳館」	其他	南投市民生街 2 號
2004/12/21	集集林尾里陳宅永福堂	其他	集集鎮林尾巷 25 號
2004/12/21	集集火車站	車站	集集鎮民生路 75 號
2004/12/21	新庄國小禮堂	其他	草屯鎮芬草路 219 號
2002/08/01	碧峰國民小學禮堂	其他	草屯鎮立人路 439 號
2002/08/01	草屯國民小學禮堂	其他	草屯鎮玉屏路 210 號
2002/08/01	埔里鐵山里黃宅	其他	埔里鎮鐵山路 1 巷 5 號
2002/08/01	國立中興大學農學院埔里實驗林管理處	其他	埔里鎮隆生路 86 號
2002/01/29	武德殿	其他	南投市彰南路 2 段 65 號
2002/01/29	南投市農會	其他	南投市龍井街 62 號
2002/01/29	旗杆厝	其他	南投市復興路 32 號
2002/01/29	祭祀公業張琯溪公宗祠	祠堂	南投市南陽 196 巷 20 號
2002/01/29	敷榮堂	其他	草屯鎮芬草路 225 號
2002/01/29	崇善堂	其他	草屯鎮草溪路 168 號
2002/01/29	南投縣陳姓宗親會西水祠	其他	名間鄉新街村客庄巷 1 號
2002/01/29	賴家古厝	其他	水里鄉永興村林朋巷 141、142、143 號

2002/01/29	陳家古厝（武秀才陳獻瑞家宅）	其他	竹山鎮集山路 1 段 1135 巷 42 號
雲林縣歷史建築計 22 筆			
公告日期	名稱	種類	地址或位置
2010/01/15	虎尾驛	車站	虎尾鎮中山路 10 號
2006/12/22	斗六市公正街 196 號	宅第	斗六市公正街 196 號
2006/12/22	石榴站車站及職員宿舍	車站	斗六市榴北里文明路 26 號
2006/12/22	北港農工舊圖書館	圖書館	北港鎮新街里 19 鄰太平路 80 號。
2006/12/22	虎尾台糖舊診所及理髮廳	產業設施	虎尾鎮民主路 1-3 號
2006/06/20	海口庄長官舍	衙署	台西鄉民權路 24 號
2006/06/20	海口庄派出所	衙署	台西鄉台西村 15 中山路 108 號前
2006/06/20	原三菱製紙所辦公廳舍	產業設施	林內鄉林中村新興路 9 號
2006/05/01	石龜溪鐵橋	橋樑	嘉義縣大林鎮與雲林縣大埤鄉交接處
2006/01/24	鎮西國小大禮堂	其他	斗六市西平路 3 號
2006/01/24	農糧署宿舍	宅第	斗六市中正路 145 巷 25 號
2006/01/24	斗六稅捐處職務宿舍	宅第	斗六市文化路 239、241、243、245、247、249 號及文化路 251 巷 1、3、5、7、9、11、13、15、17、19、21、23、24、25 至 36、38、44、46、48、50 號
2005/09/12	警察局舊宿舍群	宅第	斗六市雲中街 16、18 號，雲中街 8 巷 1、3 號，雲林路一段 75 巷 7、9 號
2005/08/10	公有單身宿舍	宅第	斗六市公正街 195 巷 8、10、12、22、24 號
2001/10/31	虎尾郡役所官邸	其他	虎尾鎮林森路一段 498 號
2001/10/31	虎尾郡役所	其他	虎尾鎮林森路一段 498 號
2001/10/31	斗六行啟記念館	其他	斗六市府前街 101 號
2001/10/31	西螺大橋	橋樑	西螺鎮 145 縣線道

2001/10/31	西螺戲院	其他	西螺鎮觀音街 2 號
2001/10/31	北港溪鐵橋	橋樑	北港鎮與新港鄉交界處
2001/09/05	虎尾合同廳舍	其他	虎尾鎮林森路一段 491 號

<table>
<tr><td colspan="4" align="center">嘉義市歷史建築計 13 筆</td></tr>
<tr><td>公告日期</td><td>名稱</td><td>種類</td><td>地址或位置</td></tr>
<tr><td>2009/03/31</td><td>原嘉義城隍廟戲臺</td><td>其他</td><td>台斗街 124 號</td></tr>
<tr><td>2008/12/23</td><td>紅毛井</td><td>其他</td><td>蘭井街 83 號前</td></tr>
<tr><td>2007/10/05</td><td>嘉義區監理所宿眷舍</td><td>宅第</td><td>和平路 136 巷 2 號</td></tr>
<tr><td>2005/10/26</td><td>原嘉義郡水利組合之水閘門及水道</td><td>堤閘</td><td>竹圍子段</td></tr>
<tr><td>2005/10/26</td><td>嘉義林區管理處辦公區內木構造建築群</td><td>其他</td><td>林森西路 1 號</td></tr>
<tr><td>2005/10/26</td><td>嘉義市共和路與北門街林管處國有宿眷舍</td><td>其他</td><td>共和街 191 巷 1-12 號 199 巷 1-11 號 201 巷 2-5 號 243 巷 2.4-7 號 356 巷 2-8 號 378 巷 1-12 號 14-17 號 382.384.354.372 號北門街 1-3 號 19.19-1.21 號共 65 戶</td></tr>
<tr><td>2005/10/26</td><td>原嘉義製材廠（竹材工藝品加工廠）</td><td>其他</td><td>泰安里 6 鄰林森西路 4 號</td></tr>
<tr><td>2004/11/01</td><td>原嘉義郵局</td><td>產業設施</td><td>東區府路里 6 鄰文化路 134 號</td></tr>
<tr><td>2004/11/01</td><td>原嘉義電信局</td><td>其他</td><td>東區府路里 6 鄰光彩街 269 號</td></tr>
<tr><td>2003/02/14</td><td>原嘉義酒廠</td><td>其他</td><td>中山路 616 號</td></tr>
<tr><td>2002/08/06</td><td>嘉義農業試驗分所辦公室</td><td>其他</td><td>王田里民權路 2 號</td></tr>
<tr><td>2002/08/06</td><td>水源地水錶室</td><td>其他</td><td>王田里民權路旁</td></tr>
<tr><td>2002/08/06</td><td>嘉義市北社尾王姓宗祠</td><td>其他</td><td>北湖里北社尾路 210 號</td></tr>
<tr><td colspan="4" align="center">嘉義縣歷史建築計 10 筆</td></tr>
<tr><td>公告日期</td><td>名稱</td><td>種類</td><td>地址或位置</td></tr>
<tr><td>2009/07/06</td><td>後寮羅氏宗祠</td><td>祠堂</td><td>水上鄉南和村後寮 9 鄰 2 之 1 號旁</td></tr>
</table>

2009/07/06	中央廣播電台民雄分台日式宿舍區	宅第	民雄鄉民權路 50.52.54.56.58.60.62.66.68.70.72 號等 11 棟
2009/07/06	何元英祠堂	祠堂	民雄鄉平和村 28 號
2008/03/12	新港藝術高中傳統民宅	宅第	新港鄉宮後村藝高路 1 號
2008/01/09	貞愛親王殿下御上陸紀念之碑	碑碣	布袋鎮岑海里入船路 8 號
2006/09/07	朴子水塔	產業設施	朴子市文明路 28 號
2006/07/27	東石郡役所	衙署	朴子市光復路 33 號
2001/11/28	台糖嘉北線五分仔鐵道暨北港溪鐵橋	其他	新港鄉
2001/11/28	中央廣播電台民雄分台日式招待所	其他	民雄鄉寮頂村民權路 50 號
2001/11/28	中央廣播電台民雄分台廣播文物館	其他	民雄鄉寮頂村民權路 74 號

臺南市歷史建築計 8 筆			
公告日期	名稱	種類	地址或位置
2009/03/23	原臺南刑務所長宿舍	宅第	中西區和意路 8 號
2007/04/26	臺南重慶寺	其他	中西區中正路 5 巷 2 號
2001/07/16	原南門尋常小學校舍	其他	中西區府前路一段 239 號
2005/10/06	原勝利國民學校禮堂	其他	東區勝利路 10 號
2007/09/11	原臺南陸軍偕行社	其他	北區公園南路 21 號
2003/07/10	原花園尋常小學校本館	其他	北區公園路 180 號
2006/07/05	原安平陳保正厝	宅第	安平區石門里延平街 58 號
2005/10/06	原日本鐘淵曹達株式會社台南工場辦公廳舍	其他	安南區北汕尾 2 路 421 號

臺南縣歷史建築計 36 筆			
公告日期	名稱	種類	地址或位置
2010/01/25	後菁寮義昌碾米廠	產業設施	後壁鄉墨林村 243 號
2010/01/25	台糖新營廠區宿舍群	宿舍	新營市中興路 66 巷 4 號；中興路 31 巷 4 號
2009/12/21	八田與一故居群	宅第	官田鄉嘉南 65、66 號
2009/12/21	下營文貴醫院	醫院	下營鄉玄德街 1 號

2009/08/24	七股台區鹽警槍樓	槍樓	七股鄉鹽埕村北郊
2009/08/24	七股頂山鹽警槍樓	槍樓	七股鄉頂山村東南郊
2009/08/24	北門井仔腳瓦盤鹽田	鹽田	北門鄉永華村西南郊。
2009/08/24	北門鹽場減資建物群及周邊古鹽田	建物群及鹽田	北門鄉舊埕村 105 號；北門鄉北門村 20 鄰舊埕 100、102、104、105、106、106 之 1 號；北門鄉北門村 21 鄰舊埕 113、114、115、119、舊埕 119 號
2009/08/24	七股鹽場減資建物群	產業設施	將軍鄉鯤鯓村 253-286 號；七股鄉頂山村 25-30 號
2009/08/18	東山牛肉崎警察官吏派出所	衙署	東山鄉水雲村 12 號
2009/08/18	原台南農校日式宿舍群	宿舍	永康市中山南路 948 號
2009/07/16	鹿陶洋江家宗祠	祠堂	楠西鄉鹿田村鹿陶洋 101 號
2009/05/27	飛雁新村傳原通訊所	軍事設備	永康市六甲頂南台街 135 巷 8 號旁
2009/05/27	永康三崁店糖廠防空洞群	防空洞	永康市仁愛街與三民街交界
2009/05/11	麻豆護濟宮	寺廟	麻豆鎮光復路 106 號
2009/05/11	鹽水竹埔國小時鐘座	時鐘座	鹽水鎮竹埔裏 92 之 1 號
2009/05/11	陳永華墓原址及墓碑	碑碣	柳營鄉果毅後
2008/06/10	後壁新東國小木造辦公室及校長宿舍	校舍	後壁鄉仕安村 81 號
2008/06/10	原新化郡公會堂	公會堂	新化鎮中山路 134 號
2008/11/10	曾文溪鐵道舊橋遺蹟	歷史文化遺蹟	善化鎮東勢寮段 1286 地號之河川地、官田鄉拔子林段 263-28 地號之河川地
2006/06/05	新化武德殿	其他	新化鎮東榮里和平街 53 號
2005/09/05	東山鄉農會日式碾米廠	產業設施	東山鄉東中村中興路 1 號
2005/03/18	台鹽七股機車庫	產業設施	七股鄉
2005/03/18	林鳳營車站	車站	六甲鄉林鳳營 16 號
2005/03/18	柳營吳晉淮故居	宅第	柳營鄉柳營火燒寮界和路 158 號

2005/03/18	鹽水國小神社	其他	鹽水鎮朝琴路 137 號鹽水國小內
2005/03/18	後壁車站	車站	後壁鄉後壁村 77 號
2004/09/22	台鹽隆田儲運站	產業設施	官田鄉隆田村新生街 43、45、47 號
2004/09/22	後壁安溪國小原辦公廳及禮堂	其他	後壁鄉長安村 5 號
2004/09/22	鹽水歡雅國小原大禮堂及時鐘座	其他	鹽水鎮歡雅里 31 號
2004/04/08	原新化尋常小學校「御真影奉安殿」	其他	新化鎮中興路 722 號
2003/05/27	歸仁穎川家廟	祠堂	歸仁鄉大廟村大廟一街 28 巷 46 號
2003/05/27	佳里北極玄天宮	寺廟	佳里鎮鎮山里仁愛路 300 號
2003/05/27	菁寮國小木造禮堂、辦公室暨日治時期升旗台	其他	後壁鄉墨林村 282 號
2003/01/22	白河沈氏宗祠	祠堂	白河鎮昇安里三間厝 81 號
2002/11/18	原新化街役場	衙署	新化鎮中正路 500 號
高雄市歷史建築計 20 筆			
公告日期	名稱	種類	地址或位置
2010/01/26	逍遙園〈起居空間〉	日式建築	新興區六合一路 55 巷內
2009/04/03	高雄代天宮	寺廟	鼓山區鼓波街 27 號
2007/12/21	高雄市忠烈祠及原高雄神社遺跡	祠堂	鼓山區忠義路 30、32 號
2006/08/11	葉宗禮墓	墓葬	旗津區旗津公墓（旗津二路與中洲二路間，靠近清靜寺、慈惠堂）
2004/04/09	美麗島雜誌社高雄服務處原址	其他	新興區中山一路 53 號
2004/04/09	柯旗化故居	宅第	新興區八德二路 37 號
2004/04/09	西子灣隧道及其防空設施	其他	鼓山區臨海二路與哨船街口

2004/02/25	台灣煉瓦會社打狗工場〔中都唐榮磚窯廠〕—東北角倒焰窯	其他	三民區中華橫路 220 號
2003/12/01	香蕉棚（高雄港香蕉出口專用倉庫）	其他	鼓山區七賢三路底／三號碼頭
2003/12/01	高雄港棧二庫、棧二之一庫	其他	鼓山區七賢三路底右側
2003/08/15	舊城國小後曾家古建物	宅第	左營區左營下路 1 巷 22 弄 1、3、5 號，30 弄 1、3、5、7、9、11 號
2003/07/08	舊城國小內閩南式三合院	宅第	左營區埤仔頭街 99 巷 8、10、10-1、11、12、13、15 號
2003/02/26	陳中和紀念館	宅第	苓雅區苓東路 14 號
2003/02/26	玫瑰聖母堂	教堂	苓雅區五福三路 151 號
2003/02/26	舊三和銀行	其他	鼓山區臨海三路 7 號
2003/02/26	高雄港港史館	其他	鼓山區蓬萊路 3 號
2003/02/26	高雄港車站	其他	鼓山區鼓山一路 30 號
2003/02/26	高雄中學紅樓	其他	三民區建國三路 50 號
2003/02/26	高雄火車站	車站	三民區建國二路 318 號
2003/02/26	薛家古厝	宅第	左營區海平路 40 號

高雄縣歷史建築計 19 筆			
公告日期	名稱	種類	地址或位置
2009/04/08	原岡山日本海軍航空隊宿舍群（醒村）	宅第	岡山鎮白米路與介壽西路交接處
2007/06/05	原頂林仔邊警察官吏派出所	衙署	林園鄉福興街 97 號（福興街上、郵局對面）
2007/04/09	美濃警察分駐所	衙署	美濃鎮永安路 122 號
2005/07/15	旗山火車站	車站	旗山鎮湄洲里中山路 1 號
2005/06/29	旗山亭仔腳（石拱圈）	產業設施	旗山鎮復新街 21、23、25、27、29、26、28、30、32 號、中山路 3 號
2005/05/24	美濃舊橋	橋樑	美濃鎮瀰濃里永安路 213 號旁
2005/05/24	美濃廣善堂	寺廟	美濃鎮福美路 281 號

2004/03/09	曹公圳舊圳頭	堤閘	大寮鄉屏二路 396 號
2004/03/09	旗山碾米廠	產業設施	旗山鎮延平一路 688 巷 20 號
2004/03/09	原旗山上水道	產業設施	旗山鎮仁和路中山路交叉口（社福館基地內）
2004/03/02	岡山水塔	產業設施	岡山鎮岡山路 450 號
2004/03/02	原橋仔頭驛站（橋頭車站）	車站	橋頭鄉站前街 14 號
2004/03/02	九曲堂泰芳商會鳳梨罐詰工廠	產業設施	大樹鄉久堂村復興街 24 號
2004/03/02	大樹鄉三和瓦窯	產業設施	大樹鄉竹寮村竹寮路 94 號
2003/12/15	阿蓮鄉中路村吳厝	宅第	阿蓮鄉中路村中路 1 號
2003/12/15	林園鄉港埔村黃家(江夏派)古厝	宅第	林園鄉港埔村港埔 1 路 78 號
2003/12/15	林園鄉清水巖原日軍戰備坑道	關塞	林園鄉境內鳳山丘陵清水巖
2003/09/08	原六龜里池田屋（六龜鄉高雄客運六龜站）	產業設施	六龜鄉六龜村華南街 30 號
2003/09/08	茂林鄉得樂的卡（瑪雅）部落遺址	其他	茂林鄉萬山地區
屏東縣歷史建築計 16 筆			
公告日期	名稱	種類	地址或位置
2007/10/17	鵝鑾鼻燈塔	燈塔	恆春鎮鵝鑾里燈塔路 90 號
2007/05/08	屏東市勝利新村、崇仁新村（成功區）日治時期軍官眷舍	其他	屏東市成功路 134 號、136 號、138 號、140 號、146 號，成都街 22 弄 2 號、3 號、4 號，中山路 56 號、57 號，忠孝路 93 號、95 號、100 號、101 號、102 號，信義路 137 號、139 號，南京路 4
2006/07/21	舊潮州郵局	其他	潮州鎮建基路 58 號
2006/06/29	天主教道明會東港天主堂	教堂	東港鎮光復路二段 117 號
2006/06/23	阿緱糖廠辦公廳舍（第一.第二.第三.第四.第五本館）	產業設施	屏東市台糖街二號

2004/03/11	鄭家古厝	宅第	林邊鄉永樂村五鄰榮農路八號
2003/12/15	軍人之友社屏東縣軍人服務站	其他	屏東市公園路 28 號
2003/12/15	屏東縣長官邸	其他	屏東市文明里林森路 147 號
2003/12/15	光復紀念碑	其他	屏東市中山公園
2003/12/15	牛疫紀念碑	其他	屏東市水源街 100 號之 1 屏東縣家畜疾病防治所內
2003/12/15	中山公園內防空洞與涼亭	其他	屏東市中山公園
2003/12/15	中山公園水池橋樑	其他	屏東市中山公園
2003/08/06	邱姓河南堂忠實第	宅第	屏東市田寮巷 26 號
2002/02/07	日治時代空軍招待所	其他	屏東市中山路 61 號
2002/02/07	萬泉寺	其他	萬丹鄉寶厝村中興路 2 段 435 號
2002/02/07	台灣省自來水公司第七管理處林邊水源地高壓水塔	其他	林邊鄉永樂村堤防 10 號

澎湖縣歷史建築計 18 筆			
公告日期	名稱	種類	地址或位置
2003/12/11	馬公市合昌建材行	其他	馬公市新生路 14 號
2003/12/11	文石書院內石碑（六面）	其他	馬公市西文澳 104 之 7 號
2003/12/11	澎湖公賣局北側防空壕	其他	馬公市民族路、介壽路和民生路交會三角地帶，介於菸酒公司與中正堂之間
2003/12/11	澎湖縣政府前碉堡	其他	馬公市忠孝路與治平路交口西北側
2003/12/11	外垵餌砲	其他	西嶼鄉外垵村西埔頂
2003/12/11	目斗嶼燈塔	其他	白沙鄉吉貝村目斗嶼
2003/12/11	澎湖跨海大橋	其他	白沙鄉通樑村與西嶼鄉橫礁村之間
2003/12/11	湖西朝日貝釦工廠	其他	湖西鄉西溪村 101 號
2003/12/11	成功水庫水壩	其他	湖西鄉成功村
2002/12/13	澎湖廳舍	其他	馬公市中興里治平路 32 號

2002/12/13	馬公東甲北極殿	其他	馬公市啓明里啓明街 1 鄰 2 號
2002/12/13	西瀛勝境牌樓	其他	馬公市民生路和介壽路交叉口
2002/12/11	馬公文石書院魁星樓	其他	馬公市西文里 104 之 7 號
2002/12/13	澎湖廳憲兵隊	其他	馬公市馬公段 2448 之 0000 地號
2002/12/13	台灣總督府專賣局澎湖出張所	其他	馬公市民生路 42 號
2002/12/13	馬公市第三水源地一千噸配水塔	其他	馬公市中正堂後方介壽路和民族路交叉口處
2002/12/13	澎湖廳廳長官舍	其他	澎湖縣馬公市中興里治平路 30 號
2002/12/13	澎湖郵便局	其他	澎湖縣馬公市中山路 75 號之 1
臺東縣歷史建築計 44 筆			
公告日期	名稱	種類	地址或位置
2009/12/09	關山鎮里壠官舍	宅第	關山鎮中正路 1 號、5 號
2009/02/20	專賣局臺東出張所宿舍	衙署	臺東市大同路 17 號
2007/01/23	臺東市民權里日式建築宿舍群	宿舍	中山路 154 巷 34 號
2005/09/29	綠洲山莊（國防部感訓監獄）	其他	綠島鄉公館村將軍岩 20 號
2005/09/29	蘭嶼氣象站（紅頭嶼測候所、蘭嶼測候所）	其他	蘭嶼鄉紅頭村 1 鄰 2 號
2005/09/29	舊檳榔火車站（日奈敷乘降場、賓朗火車站）站房	其他	卑南鄉賓朗村賓朗路 474 巷 3 號（賓朗老人活動中心）旁
2005/09/29	小馬天主堂（聖尼各老堂）	其他	成功鎮信義里小馬路 58 號
2005/09/29	鹿野鄉龍田國小日式校長宿舍暨托兒所	其他	鹿野鄉龍田村光榮路 100 號
2005/09/29	東興水力發電廠（大南水力發電廠）	其他	卑南鄉東興村發電廠路 17 號
2004/12/16	天主教白冷外方傳教會	其他	臺東市民族里杭州街 34 號

2004/12/16	關山大圳五雷鎮水碑及泰山石敢當	其他	臺東市關山德高里北庄海端 2 號堤防離堤頭約 350 公尺處
2004/12/1	知本天主堂	其他	臺東市建業里知本路 3 段 331 巷 15 號
2004/12/16	台灣糖業公司台東糖廠	其他	臺東市中興路 2 段 191 號
2004/12/16	池上浮圳（池上圳第六支圳、盛土圳）	其他	臺東縣池上鄉錦新 2 號道路旁
2004/12/16	廣恆發商號和溫家古厝	其他	臺東縣成功鎮新港區忠孝里成廣路
2003/12/31	台灣糖業公司台東廠中山堂	其他	臺東縣台東市中興路 2 段 191 號
2003/12/31	知本農場第五村單身農莊（28 莊）	其他	臺東市建農里西康路 1 段 43 巷 122 號之 1、建農里西康路 1 段 43 巷 122 號之 2
2003/12/31	台東天后宮	其他	臺東市中華路 1 段 222 號
2003/12/31	私立公東高級工業職業學校教堂	其他	臺東市中興路 1 段 560 號
2003/12/31	國本農場	其他	臺東市更生北路596巷161號
2003/12/31	綠島燈塔	其他	綠島鄉中寮村燈塔路 1 號
2003/12/31	舊鹿鳴吊橋（舊鹿鳴鋼索吊橋）	其他	延平鄉桃源村（舊台 9 線公路）
2003/12/31	利吉流籠遺蹟	其他	卑南鄉利吉村利吉大橋東側河床
2003/12/31	龍田邱仁銘宅	其他	鹿野鄉龍田村 3 鄰光榮路 186 號
2003/12/31	永昌游泰瑞宅	其他	鹿野鄉 2 鄰永昌村永安路 125 巷 26 號
2003/12/31	關山鐵路舊站宿舍	其他	關山鎮博愛路 21 號
2003/12/31	天龍橋	其他	海端鄉霧鹿村天龍橋1-1號後方
2003/12/31	萬安磚窯廠	其他	池上鄉萬安村 1 鄰 1 號之 1

2003/12/31	都威橋	其他	成功鎮博愛里
2003/12/31	新港教會會館	其他	成功鎮中山東路 55 號
2003/12/31	宜灣天主堂	其他	成功鎮宜灣路 108 號
2003/12/31	宜灣長老教會	其他	成功鎮宜灣路 17 號
2003/12/31	樟原橋	其他	長濱鄉樟原村
2002/12/05	玉豐窯業（蛇窯）	其他	臺東市富豐里志航路 2 段 46 號
2002/12/05	市長公館	其他	臺東市中山路 190 號
2002/12/05	縣長公館	其他	臺東市更生路 15 號
2002/12/05	台東舊站機關車庫	其他	臺東市鐵花路 371 號
2002/12/05	中華會館	其他	臺東市中正路 143 號
2002/12/05	柚仔湖聚落遺址	其他	綠島鄉公館村柚子湖 3、4、4-1、5、6、7、7-1、8、10、11、12、13、16 號
2002/12/05	蘭嶼雅美族野銀部落傳統建築	其他	蘭嶼鄉東清村野銀部落
2002/12/05	關山舊火車站	其他	關山鎮新福里中山路 2 號
2002/12/05	東河舊橋	其他	東河鄉東河村
2002/12/05	新東糖廠	其他	東河鄉都蘭村 61 號
2002/12/05	泰源隧道	其他	成功鎮信義里
花蓮縣歷史建築計 30 筆			
公告日期	名稱	種類	地址或位置
2009/08/13	舊豐田移民村警察廳舍（壽豐文史館）	衙署	壽豐鄉豐裡村中山路 320 號
2009/08/13	舊花蓮港廳豐田小學校劍道館（豐裡國小禮堂）	其他	壽豐鄉豐裡村中山路 301 號
2009/08/13	豐田神社參道與遺構（碧蓮寺之週邊設施）	神社	豐裡村民權街與中山路交叉口及民權街與豐正路
2009/08/13	舊花蓮鐵路醫院	醫院	花蓮市廣東街 326 號
2009/08/13	壽豐豐裡村日本移民墓園	墓葬	壽豐鄉豐裡村中山路 280 號後側
2008/03/21	瑞穗鄉慶安宮土地公廟	寺廟	瑞穗鄉富興村海岸山脈西麓山腳下，縣道 193 號 77.5

			公里處
2007/02/12	富南磚窯廠	產業設施	富里鄉富南村 11 鄰 20 號
2006/11/02	林務局宿舍菁華街 33 號及 33-2 號	其他	花蓮市菁華街 33 號及 33-2 號
2006/11/02	舊花蓮港高等女學校校長宿舍	其他	花蓮市菁華街 11 號
2005/03/29	台灣鐵路局舊武道館	其他	花蓮市六期重劃區
2005/03/29	台灣鐵路局舊工務段	其他	花蓮市六期重劃區
2005/03/29	曙光橋	橋樑	美崙溪出海口花蓮市富裕二街 32-1 號
2005/03/29	郭子究故居	宅第	花蓮市民權 7 街 1 巷 3 號
2005/03/29	太魯閣牌樓	牌坊	秀林鄉台 8 線東側入口處 189k
2004/03/19	前花蓮火車站加水塔	其他	花蓮市六期重劃區內，光復街與成功街口
2004/03/19	台灣鐵路局花蓮管理處處長官邸	其他	花蓮市中山路 40 巷 1 弄 4 號
2004/03/19	光華農場旁牌樓	其他	吉安鄉光英段 186 道路上
2004/03/19	花蓮農場招待所	其他	壽豐鄉共和村大同路 1 號
2004/03/19	長良連家古厝	宅第	玉里鎮長良里 2 鄰長良 12 號
2004/03/19	安通溫泉旅舍	其他	玉里鎮樂合里 5 鄰溫泉 36 號
2002/09/23	菁華林苑	其他	花蓮市菁華街 10 號旁
2002/09/23	花蓮舊酒廠	其他	花蓮市中華路與中正路交叉口
2002/09/23	交通部台鐵管理局花蓮管理處	其他	花蓮市中山路 71 號
2002/09/23	松園別館	其他	花蓮市水源路 26 號
2002/09/23	林田山中山堂及康樂新村殘構	其他	鳳林鎮森榮里林森路
2002/09/23	光復鄉大豐村古厝（穎川堂）	其他	光復鄉大豐村 9 鄰 267 號
2002/09/23	光復鄉大華村古厝（益壽堂）	其他	光復鄉大華村中正路 1 段

			85 號
2002/09/23	光復鄉北富村富田納骨碑	其他	光復鄉北富村富強街 22 號
2002/09/23	光復鄉北富村富田古井	其他	光復鄉北富村富強街
2002/09/23	馬太鞍部落納骨碑	其他	光復鄉太平村延平街

金門縣歷史建築計 144 筆

公告日期	名稱	種類	地址或位置
2010/01/12	一品夫人藍門翁氏墓	墓葬	金城鎮鳳髻山下
2009/06/03	珠山大道宮	寺廟	金城鎮珠山 68 號
2009/06/03	海印寺大雄寶殿	寺廟	金湖鎮太武山頂峰（梅園）後方
2007/12/13	陳景成洋樓	宅第	金沙鎮何斗村 1 鄰斗門 2 號
2007/12/13	山后中堡中書第	宅第	金沙鎮山后 61 號
2007/10/09	陳酖六路大厝	宅第	金湖鎮正義里 13 鄰成功 120 號
2007/10/09	董石獅、董詩揚（石羊）二落大厝	宅第	金城鎮古城里 19 鄰大古崗 33 號
2007/10/09	翁德晏三蓋廊厝	宅第	金寧鄉盤山村頂堡 40 號
2007/01/19	張氏家廟	祠堂	金沙鎮官澳里青嶼 46 號
2007/01/19	張氏家廟（敕賜「褒忠祠」大宗）	祠堂	金沙鎮官澳里青嶼 46 號
2007/01/19	陳振芳古厝	宅第	金城鎮庵前村 33 號
2007/01/19	陳氏古厝	宅第	金城鎮庵前 11 號
2007/01/19	鄭由整洋樓	宅第	金湖鎮溪湖里溪邊村 73 號
2007/01/19	翁君琴、振團、耀韮三代古厝	宅第	金寧鄉頂堡 109 號
2007/01/19	楊金魚、楊篤選宅第	宅第	金寧鄉湖下 86、87 號
2006/11/09	李康塔洋樓	宅第	金沙鎮官澳
2006/11/09	黃昌命（納）古厝	寺廟	金沙鎮西園 57 號
2006/11/09	王世傑古厝	宅第	金沙鎮浦邊 39、40 號
2006/11/09	洪氏古厝	宅第	烈嶼鄉青岐 16、16-3 號
2005/12/19	陳清吉洋樓	其他	金沙鎮三山里三山村碧山
2005/12/19	蔡翰舉人宅（一）	宅第	金湖鎮瓊林 104 號
2005/12/19	蔡翰舉人宅（二）	其他	金湖鎮瓊林 106 號

2005/12/19	（明）丁肖鶴燈太武山題詩碑	其他	金湖鎮太武山
2005/12/19	吳氏古厝	其他	金湖鎮料羅里料羅 100、101 號
2005/12/19	金城城區地下坑道	其他	金城鎮
2004/12/16	黃樓洋樓	其他	金沙鎮西園里西園 151 號
2004/12/16	金門城北門外明遺古街	其他	金沙鎮金門城北門外
2004/12/16	順濟宮	其他	金湖鎮料羅
2004/12/16	呂克平古厝	其他	金湖鎮蓮庵里東村 35 號
2004/12/16	成功陳氏宗祠	其他	金湖鎮成功 64-1 號
2004/12/16	湖下三間樓仔	其他	金寧鄉湖浦村湖下 9 鄰 44、45、46 號
2004/12/16	翁贊商、翁贊榮洋樓	其他	金寧鄉盤山村下堡 87 號
2004/12/16	瓊林聚落	其他	金湖鎮瓊林村
2004/12/16	鐵漢堡	其他	烈嶼鄉黃埔村黃厝海岸
2004/12/16	勇士堡	其他	烈嶼鄉黃埔村黃厝海岸
2004/12/16	將軍堡	其他	烈嶼鄉黃埔村后頭海岸
2003/12/22	洪旭古厝	其他	金城鎮后豐港 8、9 號
2003/12/22	洪旭古厝（家廟右側）后豐港 11、12 號	其他	金沙鎮后豐港 11、12 號
2003/12/22	謹慎堂	其他	金寧鄉古寧村南山 102 號、103 號
2003/12/22	南山二落大厝群	其他	金寧鄉古寧村南山 101 號、107 號、112 號
2003/12/22	李開和洋樓	其他	金寧鄉古寧村南山 36 號
2003/12/22	陳氏古厝	其他	金湖鎮正義村夏興 27 號
2003/12/22	洪克保番仔厝	其他	金城鎮后豐港 7 號
2003/12/01	張氏古厝	其他	金沙鎮汶沙里沙美 111、111-1 號
2003/12/01	張氏古厝（沙美 102 號）	其他	金沙鎮沙美 102 號
2003/12/01	張璋滿古厝（87 號）	其他	金沙鎮沙美 87 號
2003/12/01	陳篤欽古厝	其他	金沙鎮陽翟 24 號
2003/12/01	陳篤浪古厝	其他	金沙鎮陽翟 18 號

2003/12/01	永昌堂暨浯陽小學校	其他	金沙鎮陽翟 1 號
2003/12/01	金東電影院	其他	金沙鎮翟陽 1 號
2003/12/01	張璋滿古厝	其他	金沙鎮沙美 85 號
2003/12/01	張氏三落大厝	其他	金沙鎮沙美 108 號
2003/12/01	張氏洋樓	其他	金沙鎮沙美 99 號
2003/12/01	金沙鎮沙美萬安堂	其他	金沙鎮汶沙里沙美
2003/12/01	張文帝洋樓	其他	金沙鎮沙美勝利路 1 號左旁
2003/12/01	沙美基督長老教會及牧師樓	其他	金沙鎮沙美 121 號（牧師樓）、沙美 122 號（沙美基督長老教會）
2003/12/01	黃氏家廟	其他	金沙鎮後埔頭 41 號
2003/12/01	黃卓彬洋樓	其他	金沙鎮後埔頭 7 號
2003/12/01	黃信堅宅	其他	金沙鎮英坑 23 號
2003/12/01	王金城洋樓	其他	金沙鎮后宅 2 號
2003/12/01	王仁吉、王仁乾、王仁忠兄弟洋樓	其他	金沙鎮后宅 1 號
2003/12/01	何肅榕洋樓	其他	金沙鎮浦邊 74 號
2003/12/01	何氏洋樓	其他	金沙鎮浦邊 30 號
2003/12/01	何永洋樓	其他	金沙鎮浦邊 28 號
2003/12/01	周安邦古厝	其他	金沙鎮浦邊 18 號
2003/12/01	周氏古厝	其他	金沙鎮浦邊 4 號
2003/12/01	周氏二落大厝	其他	金沙鎮浦邊 15 號
2003/12/01	方宅	其他	烈嶼鄉西口村西方 51 號旁
2003/12/01	林氏六路大厝	其他	烈嶼鄉西口村西方 36 號
2003/12/01	林天來洋樓	其他	烈嶼鄉西口村西方 13 號
2003/03/31	陳氏小宗宗祠	其他	金沙鎮碧山 14 號
2003/03/31	陳德幸洋樓	其他	金沙鎮碧山段 1438-0000 地號
2003/03/31	陳氏二落大厝	其他	金沙鎮碧山 70 號
2003/03/31	陳明侑古厝	其他	金沙鎮碧山 69 號
2003/03/31	昭靈宮	其他	金沙鎮碧山 38 號
2003/03/31	陳維淡古厝	其他	金沙鎮碧山 4 號

2003/03/31	何敬嚴宅（小築佳趣）	其他	金沙鎮浦邊 66 號
2003/03/31	何肅點、何肅海兄弟洋樓	其他	金沙鎮浦邊 22 號
2003/03/31	蔡永耀洋樓	其他	金沙鎮浦邊 99 號
2003/03/31	蔡永耀二落大厝	其他	金沙鎮浦邊 98 號
2003/03/31	陳氏一落四櫸頭	其他	金沙鎮碧山 35 號
2003/03/31	薛永南兄弟大樓	其他	金沙鎮珠山 84 號
2003/03/31	薛芳見洋樓	其他	金沙鎮珠山 07 號
2003/03/31	何肅闕、何肅坡洋樓	其他	金沙鎮沙 0084 房屋稅籍牌
2003/03/31	碧月軒	其他	金沙鎮浦邊 35 號
2003/03/31	陳景蘭洋樓（陳坑大洋樓）	其他	金湖鎮正義村成功街 1 號
2003/03/31	前水頭黃氏家廟	其他	金城鎮前水頭 30 號
2003/03/31	古崗學校	其他	金城鎮大古崗 54 號
2003/03/31	世懋堂（黃氏三房宗祠）	其他	金城鎮前水頭 134 號
2003/03/31	黃天露宅	其他	金城鎮水頭 4、5 號
2003/03/31	董允耀洋樓	其他	金城鎮大古崗 84 號
2003/03/31	董光習兄弟洋樓	其他	金城鎮大古崗 93 號
2003/03/31	董光得洋樓	其他	金城鎮大古崗 94 號
2003/03/31	薛清江宅	其他	金城鎮泗湖 24 號
2003/03/31	金門中學中正堂	其他	金城鎮光前路 94 號
2003/03/31	薛氏大宗宗祠	其他	金城鎮珠山 60 號
2003/03/31	下三落	其他	金城鎮珠山 81 號旁
2003/03/31	大夫第	其他	金城鎮珠山 41 號
2003/03/31	雄獅堡	其他	金城鎮南門海濱
2003/03/31	後浦武廟	其他	金城鎮莒光路 122 號
2003/03/31	靈濟古寺（觀音亭）	其他	金城鎮莒光路 2 號
2003/03/31	後浦陳氏祠堂	其他	金城鎮莒光路 106 號
2003/03/31	閩王祠	其他	金城鎮莒光路 26 巷 10 號
2003/03/31	珠浦許氏家廟	其他	金城鎮珠浦南路 28 號
2003/03/31	許金鐘洋樓	其他	金城鎮民族路 266 巷 7 號
2003/03/31	後浦何宅	其他	金城鎮民族路 210 巷 12 號
2003/03/31	鄧長壽洋樓	其他	金城鎮浯江街 53 號
2003/03/31	後浦大夫第	其他	金城鎮光前路 70 巷 3 號
2003/03/31	傅氏古厝	其他	金城鎮中興路 124 巷 3 號

2003/03/31	建威第	其他	金城鎮民族路 318 巷 3 號
2003/03/31	許允選洋樓	其他	金城鎮民族路 214 號
2003/03/31	洪合剩、洪合達宅	其他	金城鎮珠浦北路 15 之 2 號
2003/03/31	洪合淵宅	其他	金城鎮珠浦北路 15 之 1 號
2003/03/31	林可遠三落大厝	其他	金城鎮珠浦北路 12 巷 5 號
2003/03/31	林斐章大宅	其他	金城鎮珠浦北路 12 巷 2 號
2003/03/31	黃寬永宅	其他	金城鎮珠浦北路 11 號
2003/03/31	古崗蔡氏開基古厝	其他	金城鎮小古崗 17 號
2003/03/31	李氏家廟	其他	金城鎮前水頭 79 號右旁
2003/03/31	金水國小	其他	金城鎮水頭金水國小
2003/03/31	得月樓	其他	金城鎮水頭 44 號旁
2003/03/31	水頭 57 地號洋樓（僑鄉文化展示）	其他	金城鎮水頭地號 57 號
2003/03/31	水頭 417 地號洋樓（出洋客的故事）	其他	金城鎮水頭地號 41 號
2003/03/31	鄭文洲番仔厝	其他	金城鎮水頭 143 號
2003/03/31	黃汝楫番仔厝	其他	金城鎮水頭 74 號
2003/03/31	黃輝煌洋樓	其他	金城鎮水頭 44 號
2003/03/31	黃永遷、黃永鑿兄弟洋樓	其他	金城鎮水頭 42 號
2003/03/31	黃乃甫番仔厝	其他	金城鎮水頭 6 號
2003/03/31	黃水應宅	其他	金城鎮前水頭 177 號
2003/03/31	白氏先祖草寮舊址（現為王宅）	其他	金城鎮前水頭 151 號
2003/03/31	黃福星宅	其他	金城鎮前水頭 110 號
2003/03/31	黃輝古厝	其他	金城鎮前水頭 110 號
2003/03/31	水頭王氏古厝	其他	金城鎮前水頭 108 號
2003/03/31	黃廷參三落大厝	其他	金城鎮前水頭 82 號
2003/03/31	蔡開盛宅	其他	金城鎮水頭 63 號
2003/03/31	黃廷宙銃樓	其他	金城鎮水頭 32 號
2003/03/31	黃積啓古厝	其他	金城鎮前水頭 3 號
2003/03/31	黃文東宅	其他	金城鎮前水頭 17 號
2003/03/31	黃紹光宅	其他	金城鎮前水頭 9 號
2003/03/31	黃濟古厝	其他	金城鎮前水頭 29 號

2003/03/31	水頭（又名前水頭、金水）	其他	金城鎮前水頭金水里
2003/03/31	基督會教堂、牧師樓	教堂	金城鎮珠浦北路 30 號
2003/03/31	世澤堂（黃氏小宗宗祠）	其他	金城鎮前水頭 88 號～88 之 1 號
2003/03/31	珠山（薛厝坑、山仔兜）	其他	金城鎮珠山自然村
2003/03/31	模範街（一度於戰地政務時期稱為自強街）	其他	金城鎮東門里模範街 1-41 號
歷史建築計 853 筆			

資料來源：依行政院文化建設委員會文化資產總管理處籌備處公告資料製作
http://www.hach.gov.tw/hach/frontsite/cultureassets/announceAllQuery
Action.do?method=doFindAll

國家圖書館出版品預行編目

文化資產概論/ 李汾陽著.-- 一版. -- 臺北市：
　　秀威資訊科技, 2010.07
　　　面；　　公分. -- (社會科學類；AF0143
　　南方華人學派系列；2)
　　BOD 版
　　參考書目：面
　　ISBN 978-986-221-525-8 (平裝)
　　1.文化資產　　2.文化資產保存

541.27　　　　　　　　　　　　99011453

社會科學類　　AF0143

南方華人學派系列②
文化資產概論

作　　者 / 李汾陽
發 行 人 / 宋政坤
執行編輯 / 黃姣潔
圖文排版 / 陳湘陵
封面設計 / 陳佩蓉
數位轉譯 / 徐真玉　　沈裕閔
圖書銷售 / 林怡君
法律顧問 / 毛國樑　律師
出版發行 / 秀威資訊科技股份有限公司
　　　　　　台北市內湖區瑞光路 583 巷 25 號 1 樓
　　　　　　電話：02-2657-9211　　　傳真：02-2657-9106
　　　　　　E-mail：service@showwe.com.tw

2010 年 7 月 BOD 一版
定價：300 元

讀者回函卡

感謝您購買本書，為提升服務品質，請填妥以下資料，將讀者回函卡直接寄
回或傳真本公司，收到您的寶貴意見後，我們會收藏記錄及檢討，謝謝！
如您需要了解本公司最新出版書目、購書優惠或企劃活動，歡迎您上網查詢
或下載相關資料：http:// www.showwe.com.tw

您購買的書名：_____

出生日期：_____年_____月_____日

學歷：□高中 (含) 以下　　□大專　　□研究所 (含) 以上

職業：□製造業　□金融業　□資訊業　□軍警　□傳播業　□自由業
　　　□服務業　□公務員　□教職　　□學生　□家管　　□其它_____

購書地點：□網路書店　□實體書店　□書展　□郵購　□贈閱　□其他

您從何得知本書的消息？

　　□網路書店　□實體書店　□網路搜尋　□電子報　□書訊　□雜誌

　　□傳播媒體　□親友推薦　□網站推薦　□部落格　□其他_____

您對本書的評價：(請填代號　1.非常滿意　2.滿意　3.尚可　4.再改進)

　　封面設計____　版面編排____　內容____　文／譯筆____　價格____

讀完書後您覺得：

　　□很有收穫　□有收穫　□收穫不多　□沒收穫

對我們的建議：_____

_____

_____

_____